中华优秀传统文化在现代管理中的创造性转化与创新性发展工程
"中华优秀传统文化与现代管理融合"丛书

从文化探源到管理实践

兼谈对中国特色管理学的思考

冯彦明 ◎ 著

企业管理出版社
ENTERPRISE MANAGEMENT PUBLISHING HOUSE

图书在版编目（CIP）数据

从文化探源到管理实践 ： 兼谈对中国特色管理学的思考 / 冯彦明著. -- 北京 ： 企业管理出版社，2025.

1. --（"中华优秀传统文化与现代管理融合"丛书）.

ISBN 978-7-5164-3232-7

Ⅰ．C93

中国国家版本馆CIP数据核字第2025UE2856号

书　　名：	从文化探源到管理实践：兼谈对中国特色管理学的思考
书　　号：	ISBN 978-7-5164-3232-7
作　　者：	冯彦明
责任编辑：	刘玉双
特约设计：	李晶晶
出版发行：	企业管理出版社
经　　销：	新华书店
地　　址：	北京市海淀区紫竹院南路17号　邮　编：100048
网　　址：	http://www.emph.cn　电子信箱：654552728 @qq.com
电　　话：	编辑部（010）68701661　发行部（010）68417763　68414644
印　　刷：	北京联兴盛业印刷股份有限公司
版　　次：	2025年1月第1版
印　　次：	2025年1月第1次印刷
开　　本：	710mm×1000mm　1/16
印　　张：	17.25
字　　数：	213千字
定　　价：	98.00元

版权所有　翻印必究・印装有误　负责调换

编　委　会

主　任： 朱宏任　中国企业联合会、中国企业家协会党委书记、常务副会长兼秘书长

副主任： 刘　鹏　中国企业联合会、中国企业家协会党委委员、副秘书长
　　　　　孙庆生　《企业家》杂志主编

委　员： （按姓氏笔画排序）

丁荣贵　山东大学管理学院院长，国际项目管理协会副主席

马文军　山东女子学院工商管理学院教授

马德卫　山东国程置业有限公司董事长

王　伟　华北电力大学马克思主义学院院长、教授

王　庆　天津商业大学管理学院院长、教授

王文彬　中共团风县委平安办副主任

王心娟　山东理工大学管理学院教授

王仕斌　企业管理出版社副社长

王西胜　广东省蓝态幸福文化公益基金会学术委员会委员，菏泽市第十五届政协委员

王茂兴　寿光市政协原主席、关工委主任

王学秀　南开大学商学院现代管理研究所副所长

王建军　中国企业联合会企业文化工作部主任

王建斌　西安建正置业有限公司总经理

王俊清　大连理工大学财务部长

王新刚　中南财经政法大学工商管理学院教授

毛先华　江西大有科技有限公司创始人

方　军　安徽财经大学文学院院长、教授

邓汉成　万载诚济医院董事长兼院长

冯彦明	中央民族大学经济学院教授
巩见刚	大连理工大学公共管理学院副教授
毕建欣	宁波财经学院金融与信息学院金融工程系主任
吕　力	扬州大学商学院教授，扬州大学新工商文明与中国传统文化研究中心主任
刘文锦	宁夏民生房地产开发有限公司董事长
刘鹏凯	江苏黑松林粘合剂厂有限公司董事长
齐善鸿	南开大学商学院教授
江端预	株洲千金药业股份有限公司原党委书记、董事长
严家明	中国商业文化研究会范蠡文化研究分会执行会长兼秘书长
苏　勇	复旦大学管理学院教授，复旦大学东方管理研究院创始院长
李小虎	佛山市法萨建材有限公司董事长
李文明	江西财经大学工商管理学院教授
李景春	山西天元集团创始人
李曦辉	中央民族大学管理学院教授
吴通福	江西财经大学中国管理思想研究院教授
吴照云	江西财经大学原副校长、教授
吴满辉	广东鑫风风机有限公司董事长
余来明	武汉大学中国传统文化研究中心副主任
辛　杰	山东大学管理学院教授
张　华	广东省蓝态幸福文化公益基金会理事长
张卫东	太原学院管理系主任、教授
张正明	广州市伟正金属构件有限公司董事长
张守刚	江西财经大学工商管理学院市场营销系副主任
陈　中	扬州大学商学院副教授
陈　静	企业管理出版社社长兼总编辑
陈晓霞	孟子研究院党委书记、院长、研究员
范立方	广东省蓝态幸福文化公益基金会秘书长

范希春	中国商业文化研究会中华优秀传统文化传承发展分会专家委员会专家
林　嵩	中央财经大学商学院院长、教授
罗　敏	英德华粤艺术学校校长
周卫中	中央财经大学中国企业研究中心主任、商学院教授
周文生	范蠡文化研究（中国）联会秘书长，苏州干部学院特聘教授
郑俊飞	广州穗华口腔医院总裁
郑济洲	福建省委党校科学社会主义与政治学教研部副主任
赵德存	山东鲁泰建材科技集团有限公司党委书记、董事长
胡国栋	东北财经大学工商管理学院教授，中国管理思想研究院院长
胡海波	江西财经大学工商管理学院院长、教授
战　伟	广州叁谷文化传媒有限公司 CEO
钟　尉	江西财经大学工商管理学院讲师、系支部书记
宫玉振	北京大学国家发展研究院发树讲席教授、BiMBA 商学院副院长兼 EMBA 学术主任
姚咏梅	《企业家》杂志社企业文化研究中心主任
莫林虎	中央财经大学文化与传媒学院学术委员会副主任、教授
贾旭东	兰州大学管理学院教授，"中国管理 50 人"成员
贾利军	华东师范大学经济与管理学院教授
晁　罡	华南理工大学工商管理学院教授、CSR 研究中心主任
倪　春	江苏先锋党建研究院院长
徐立国	西安交通大学管理学院副教授
殷　雄	中国广核集团专职董事
凌　琳	广州德生智能信息技术有限公司总经理
郭　毅	华东理工大学商学院教授
郭国庆	中国人民大学商学院教授，中国人民大学中国市场营销研究中心主任

唐少清　北京联合大学管理学院教授，中国商业文化研究会企业创新文化分会会长
唐旭诚　嘉兴市新儒商企业创新与发展研究院理事长、执行院长
黄金枝　哈尔滨工程大学经济管理学院副教授
黄海啸　山东大学经济学院副教授，山东大学教育强国研究中心主任
曹振杰　温州商学院副教授
雪　漠　甘肃省作家协会副主席
阎继红　山西省老字号协会会长，太原六味斋实业有限公司董事长
梁　刚　北京邮电大学数字媒体与设计艺术学院副教授
程少川　西安交通大学管理学院副教授
谢佩洪　上海对外经贸大学学位评定委员会副主席，南泰品牌发展研究院首任执行院长、教授
谢泽辉　广东铁杆中医健康管理有限公司总裁
谢振芳　太原城市职业技术学院教授
蔡长运　福建林业技术学院教师，高级工程师
黎红雷　中山大学教授，全国新儒商团体联席会议秘书长
颜世富　上海交通大学东方管理研究中心主任

总编辑：陈　静
副总编：王仕斌
编　辑：（按姓氏笔画排序）
于湘怡　尤　颖　田　天　耳海燕　刘玉双　李雪松　杨慧芳
宋可力　张　丽　张　羿　张宝珠　陈　戈　赵喜勤　侯春霞
徐金凤　黄　爽　蒋舒娟　韩天放　解智龙

序 一

以中华优秀传统文化为源　启中国式现代管理新篇

中华优秀传统文化形成于中华民族漫长的历史发展过程中，不断被创造和丰富，不断推陈出新、与时俱进，成为滋养中国式现代化的不竭营养。它包含的丰富哲学思想、价值观念、艺术情趣和科学智慧，是中华民族的宝贵精神矿藏。党的十八大以来，以习近平同志为核心的党中央高度重视中华优秀传统文化的创造性转化和创新性发展。习近平总书记指出"中华优秀传统文化是中华民族的精神命脉，是涵养社会主义核心价值观的重要源泉，也是我们在世界文化激荡中站稳脚跟的坚实根基"。

管理既是人类的一项基本实践活动，也是一个理论研究领域。随着社会的发展，管理在各个领域变得越来越重要。从个体管理到组织管理，从经济管理到政务管理，从作坊管理到企业管理，管理不断被赋予新的意义和充实新的内容。而在历史进程中，一个国家的文化将不可避免地对管理产生巨大的影响，可以说，每一个重要时期的管理方式无不带有深深的文化印记。随着中国步入新时代，在管理领域实施中华优秀传统文化的创造性转化和创新性发展，已经成为一项应用面广、需求量大、题材丰富、潜力巨大的工作，在一些重要领域可能产生重大的理论突破和丰硕的实践成果。

第一，中华优秀传统文化中蕴含着丰富的管理思想。中华优秀传统文化源远流长、博大精深，在管理方面有着极为丰富的内涵等待提炼和转化。比如，儒家倡导"仁政"思想，强调执政者要以仁爱之心实施管理，尤其要注重道德感化与人文关怀。借助这种理念改善企业管理，将会推进构建和谐的组织人际关系，提升员工的忠诚度，增强其归属感。又如，道家的"无为而治"理念延伸到今天的企业管理之中，就是倡导顺应客观规律，避免过度干预，使组织在一种相对宽松自由的环境中实现自我调节与发展，管理者与员工可各安其位、各司其职，充分发挥个体的创造力。再如，法家的"法治"观念启示企业管理要建立健全规章制度，以严谨的体制机制确保组织运行的有序性与规范性，做到赏罚分明，激励员工积极进取。可以明确，中华优秀传统文化为现代管理提供了多元的探索视角与深厚的理论基石。

第二，现代管理越来越重视文化的功能和作用。现代管理是在人类社会工业化进程中产生并发展的科学工具，对人类经济社会发展起到了至关重要的推进作用。自近代西方工业革命前后，现代管理理念与方法不断创造革新，在推动企业从传统的小作坊模式向大规模、高效率的现代化企业，进而向数字化企业转型的过程中，文化的作用被空前强调，由此衍生的企业使命、愿景、价值观成为企业发展最为强劲的内生动力。以文化引导的科学管理，要求不仅要有合理的组织架构设计、生产流程优化等手段，而且要有周密的人力资源规划、奖惩激励机制等方法，这都极大地增强了员工在企业中的归属感并促进员工发挥能动作用，在创造更多的经济价值的同时体现重要的社会价值。以人为本的现代管理之所以在推动产业升级、促进经济增长、提升国际竞争力等方面须臾不可缺少,是因为其体现出企业的使命不仅是获取利润,更要注重社会责任与可持续发展,在环境保护、社会公平等方面发挥积极影响力,推动人类社会向着更加文明、和谐、包容、可持续的方向迈进。今天,管理又面临数字技术的挑战,更加需要更多元的思想基础和文化资源的支持。

第三,中华优秀传统文化与现代管理结合研究具有极强的必要性。随着全球经济一体化进程的加速,文化多元化背景下的管理面临着前所未有的挑战与机遇。一方面,现代管理理论多源于西方,在应用于本土企业与组织时,往往会出现"水土不服"的现象,难以充分契合中国员工与生俱来的文化背景与社会心理。中华优秀传统文化所蕴含的价值观、思维方式与行为准则能够为现代管理面对中国员工时提供本土化的解决方案,使其更具适应性与生命力。另一方面,中华优秀传统文化因其指导性、亲和性、教化性而能够在现代企业中找到新的传承与发展路径,其与现代管理的结合能够为经济与社会注入新的活力,从而实现优秀传统文化在企业管理实践中的创造性转化和创新性发展。这种结合不仅有助于提升中国企业与组织的管理水平,增强文化自信,还能够为世界管理理论贡献独特的中国智慧与中国方案,促进不同文化的交流互鉴与共同发展。

近年来,中国企业在钢铁、建材、石化、高铁、电子、航空航天、新能源汽车等领域通过锻长板、补短板、强弱项,大步迈向全球产业链和价值链的中高端,成果显著。中国企业取得的每一个成就、每一项进步,离不开中国特色现代管理思想、理论、知识、方法的应用与创新。中国特色的现代管理既有"洋为中用"的丰富内容,也与中华优秀传统文化的"古为今用"密不可分。

"中华优秀传统文化与现代管理融合"丛书（以下简称"丛书"）正是在这一时代背景下应运而生的，旨在为中华优秀传统文化与现代管理的深度融合探寻路径、总结经验、提供借鉴，为推动中国特色现代管理事业贡献智慧与力量。

"丛书"汇聚了中国传统文化学者和实践专家双方的力量，尝试从现代管理领域常见、常用的知识、概念角度细分开来，在每个现代管理细分领域，回望追溯中华优秀传统文化中的对应领域，重在通过有强大生命力的思想和智慧精华，以"古今融会贯通"的方式，进行深入研究、探索，以期推出对我国现代管理有更强滋养力和更高使用价值的系列成果。

文化学者的治学之道，往往是深入研究经典文献，挖掘其中蕴含的智慧，并对其进行系统性的整理与理论升华。据此形成的中华优秀传统文化为现代管理提供了深厚的文化底蕴与理论支撑。研究者从浩瀚典籍中梳理出优秀传统文化在不同历史时期的管理实践案例，分析其成功经验与失败教训，为现代管理提供了宝贵的历史借鉴。

实践专家则将传统文化理念应用于实际管理工作中，通过在企业或组织内部开展文化建设、管理模式创新等实践活动，检验传统文化在现代管理中的可行性与有效性，并根据实践反馈不断调整与完善应用方法。他们从企业或组织运营的微观层面出发，为传统文化与现代管理的结合提供了丰富的实践经验与现实案例，使传统文化在现代管理中的应用更具操作性与针对性。

"丛书"涵盖了从传统文化与现代管理理论研究到不同行业、不同

序 一

领域应用实践案例分析等多方面内容，形成了一套较为完整的知识体系。"丛书"不仅是研究成果的结晶，更可看作传播中华优秀传统文化与现代管理理念的重要尝试。还可以将"丛书"看作一座丰富的知识宝库，它全方位、多层次地为广大读者提供了中华优秀传统文化在现代管理中应用与发展的工具包。

可以毫不夸张地说，每一本图书都凝聚着作者的智慧与心血，或是对某一传统管理思想在现代管理语境下的创新性解读，或是对某一行业或领域运用优秀传统文化提升管理效能的深度探索，或是对传统文化与现代管理融合实践中成功案例与经验教训的详细总结。"丛书"通过文字的力量，将传统文化的魅力与现代管理的智慧传递给广大读者。

在未来的发展征程中，我们将持续深入推进中华优秀传统文化在现代管理中的创造性转化和创新性发展工作。我们坚信，在全社会的共同努力下，中华优秀传统文化必将在现代管理的广阔舞台上绽放出更加绚丽多彩的光芒。在中华优秀传统文化与现代管理融合发展的道路上砥砺前行，为实现中华民族伟大复兴的中国梦做出更大的贡献！

是为序。

朱宏任

中国企业联合会、中国企业家协会
党委书记、常务副会长兼秘书长

序 二

文化传承　任重道远

财政部国资预算项目"中华优秀传统文化在现代管理中的创造性转化与创新性发展工程"系列成果——"中华优秀传统文化与现代管理融合"丛书和读者见面了。

一

这是一组可贵的成果，也是一组不够完美的成果。

说她可贵，因为这是大力弘扬中华优秀传统文化（以下简称优秀文化）、提升文化自信、"振民育德"的工作成果。

说她可贵，因为这套丛书汇集了国内该领域一批优秀专家学者的优秀研究成果和一批真心践行优秀文化的企业和社会机构的卓有成效的经验。

说她可贵，因为这套成果是近年来传统文化与现代管理有效融合的规模最大的成果之一。

说她可贵，还因为这个项目得到了财政部、国务院国资委、中国企业联合会等部门的宝贵指导和支持，得到了许多专家学者、企业家等朋友的无私帮助。

说她不够完美，因为学习践行传承发展优秀文化永无止境、永远在进步完善的路上，正如王阳明所讲"善无尽""未有止"。

说她不够完美，因为优秀文化在现代管理的创造性转化与创新性发展中，还需要更多的研究专家、社会力量投入其中。

说她不够完美，还因为在践行优秀文化过程中，很多单位尚处于摸索阶段，且需要更多真心践行优秀文化的个人和组织。

当然，项目结项时间紧、任务重，也是一个逆向推动的因素。

二

2022年，在征求多位管理专家和管理者意见的基础上，我们根据有关文件精神和要求，成立专门领导小组，认真准备，申报国资预算项目"中华优秀传统文化在现代管理中的创造性转化与创新性发展工程"。经过严格的评审筛选，我们荣幸地获准承担该项目的总运作任务。之后，我们就紧锣密鼓地开始了调研工作，走访研究机构和专家，考察践行优秀文化的企业和社会机构，寻找适合承担子项目的专家学者和实践单位。

最初我们的计划是，该项目分成"管理自己""管理他人""管理事务""实践案例"几部分，共由60多个子项目组成；且主要由专家学者的研究成果专著组成，再加上几个实践案例。但是，在调研的初期，我们发现一些新情况，于是基于客观现实，适时做出了调整。

第一，我们知道做好该项目的工作难度，因为我们预想，在优秀文

序　二

化和现代管理两个领域都有较深造诣并能融会贯通的专家学者不够多。在调研过程中，我们很快发现，实际上这样的专家学者比我们预想的更少。与此同时，我们在广东等地考察调研过程中，发现有一批真心践行优秀文化的企业和社会机构。经过慎重研究，我们决定适当提高践行案例比重，研究专著占比适当降低，但绝对数不一定减少，必要时可加大自有资金投入，支持更多优秀项目。

第二，对于子项目的具体设置，我们不执着于最初的设想，固定甚至限制在一些话题里，而是根据实际"供给方"和"需求方"情况，实事求是地做必要的调整，旨在吸引更多优秀专家、践行者参与项目，支持更多优秀文化与现代管理融合的优秀成果研发和实践案例创作的出版宣传，以利于文化传承发展。

第三，开始阶段，我们主要以推荐的方式选择承担子项目的专家、企业和社会机构。运作一段时间后，考虑到这个项目的重要性和影响力，我们觉得应该面向全社会吸纳优秀专家和机构参与这个项目。在请示有关方面同意后，我们于2023年9月开始公开征集研究人员、研究成果和实践案例，并得到了广泛响应，许多人主动申请参与承担子项目。

三

这个项目从开始就注重社会效益，我们按照有关文件精神，对子项目研发创作提出了不同于一般研究课题的建议，形成了这个项目自身的特点。

（一）重视情怀与担当

我们很重视参与项目的专家和机构在弘扬优秀文化方面的情怀和担当，比如，要求子项目承担人"发心要正，导人向善""充分体现优秀文化'优秀'二字内涵，对传统文化去粗取精、去伪存真"等。这一点与通常的课题项目有明显不同。

（二）子项目内容覆盖面广

一是众多专家学者从不同角度将优秀文化与现代管理有机融合。二是在确保质量的前提下，充分考虑到子项目的代表性和示范效果，聚合了企业、学校、社区、医院、培训机构及有地方政府背景的机构；其他还有民间传统智慧等内容。

（三）研究范式和叙述方式的创新

我们提倡"选择现代管理的一个领域，把与此密切相关的优秀文化高度融合、打成一片，再以现代人喜闻乐见的形式，与选择的现代管理领域实现融会贯通"，在传统文化方面不局限于某人、某家某派、某经典，以避免顾此失彼、支离散乱。尽管在研究范式创新方面的实际效果还不够理想，有的专家甚至不习惯突破既有的研究范式和纯学术叙述方式，但还是有很多子项目在一定程度上实现了研究范式和叙述方式的创新。另外，在创作形式上，我们尽量发挥创作者的才华智慧，不做形式上的硬性要求，不因形式伤害内容。

（四）强调本体意识

"本体观"是中华优秀传统文化的重要标志，相当于王阳明强调的"宗旨"和"头脑"。两千多年来，特别是近现代以来，很多学者在认知优秀文化方面往往失其本体，多在细枝末节上下功夫；于是，著述虽多，有的却如王阳明讲的"不明其本，而徒事其末"。这次很多子项目内容在优秀文化端本清源和体用一源方面有了宝贵的探索。

（五）实践丰富，案例创新

案例部分加强了践行优秀文化带来的生动事例和感人故事，给人以触动和启示。比如，有的地方践行优秀文化后，离婚率、刑事案件大幅度下降；有家房地产开发商，在企业最困难的时候，仍将大部分现金支付给建筑商，说"他们更难"；有的企业上新项目时，首先问的是"这个项目有没有公害？""符不符合国家发展大势？""能不能切实帮到一批人？"；有家民营职业学校，以前不少学生素质不高，后来他们以优秀文化教化学生，收到良好效果，学生素质明显提高，有的家长流着眼泪跟校长道谢："感谢学校救了我们全家！"；等等。

四

调研考察过程也是我们学习总结反省的过程。通过调研，我们学到了许多书本中学不到的东西，收获了满满的启发和感动。同时，我们发现，在学习阐释践行优秀文化上，有些基本问题还需要进一步厘清和重视。试举几点：

（一）"小学"与"大学"

这里的"小学"指的是传统意义上的文字学、音韵学、训诂学等，而"大学"是指"大学之道在明明德"的大学。现在，不少学者特别是文史哲背景的学者，在"小学"范畴苦苦用功，做出了很多学术成果，还需要在"大学"修身悟本上下功夫。陆九渊说："读书固不可不晓文义，然只以晓文义为是，只是儿童之学，须看意旨所在。"又说"血脉不明，沉溺章句何益？"

（二）王道与霸道

霸道更契合现代竞争理念，所以更为今人所看重。商学领域的很多人都偏爱霸道，认为王道是慢功夫、不现实，霸道更功利、见效快。孟子说："仲尼之徒无道桓、文之事者。"（桓、文指的是齐桓公和晋文公，春秋著名两霸）王阳明更说这是"孔门家法"。对于王道和霸道，王阳明在其"拔本塞源论"中有专门论述："三代之衰，王道熄而霸术焻……霸者之徒，窃取先王之近似者，假之于外，以内济其私己之欲，天下靡然而宗之，圣人之道遂以芜塞。相仿相效，日求所以富强之说，倾诈之谋，攻伐之计……既其久也，斗争劫夺，不胜其祸……而霸术亦有所不能行矣。"

其实，霸道思想在工业化以来的西方思想家和学者论著中体现得很多。虽然工业化确实给人类带来了福祉，但是也带来了许多不良后果。联合国《未来契约》（2024年）中指出："我们面临日益严峻、关乎存亡的灾难性风险"。

（三）小人儒与君子儒

在"小人儒与君子儒"方面，其实还是一个是否明白优秀文化的本体问题。陆九渊说："古之所谓小人儒者，亦不过依据末节细行以自律"，而君子儒简单来说是"修身上达"。现在很多真心践行优秀文化的个人和单位做得很好，但也有些人和机构，日常所做不少都还停留在小人儒层面。这些当然非常重要，因为我们在这方面严重缺课，需要好好补课，但是不能局限于或满足于小人儒，要时刻也不能忘了行"君子儒"。不可把小人儒当作优秀文化的究竟内涵，这样会误己误人。

（四）以财发身与以身发财

《大学》讲："仁者以财发身，不仁者以身发财"。以财发身的目的是修身做人，以身发财的目的是逐利。我们看到有的身家亿万的人活得很辛苦、焦虑不安，这在一定意义上讲就是以身发财。我们在调查过程中也发现有的企业家通过学习践行优秀文化，从办企业"焦虑多""压力大"到办企业"有欢喜心"。王阳明说："常快活便是功夫。""有欢喜心"的企业往往员工满足感、幸福感更强，事业也更顺利，因为他们不再贪婪自私甚至损人利己，而是充满善念和爱心，更符合天理，所谓"得道者多助"。

（五）喻义与喻利

子曰："君子喻于义，小人喻于利"。义利关系在传统文化中是一个很重要的话题，也是优秀文化与现代管理融合绕不开的话题。前面讲到的那家开发商，在企业困难的时候，仍坚持把大部分现金支付给建筑商，他们收获的是"做好事，好事来"。相反，在文化传承中，有的机构打着"文化搭台经济唱戏"的幌子，利用人们学习优秀文化的热情，搞媚俗的文化活动赚钱，歪曲了优秀文化的内涵和价值，影响很坏。我们发现，在义利观方面，一是很多情况下把义和利当作对立的两个方面；二是对义利观的认知似乎每况愈下，特别是在西方近代资本主义精神和人性恶假设背景下，对人性恶的利用和鼓励（所谓"私恶即公利"），出现了太多的重利轻义、危害社会的行为，以致产生了联合国《未来契约》中"可持续发展目标的实现岌岌可危"的情况。人类只有树立正确的义利观，才能共同构建人类命运共同体。

（六）笃行与空谈

党的十八大以来，党中央坚持把文化建设摆在治国理政突出位置，全国上下掀起了弘扬中华优秀传统文化的热潮，文化建设在正本清源、守正创新中取得了历史性成就。在大好形势下，有一些个人和机构在真心学习践行优秀文化方面存在不足，他们往往只停留在口头说教、走过场、做表面文章，缺乏真心真实笃行。他们这么做，是对群众学习传承优秀文化的误导，影响不好。

五

文化关乎国本、国运，是一个国家、一个民族发展中最基本、最深沉、最持久的力量。

中华文明源远流长，中华文化博大精深。弘扬中华优秀传统文化任重道远。

"中华优秀传统文化与现代管理融合"丛书的出版，不仅凝聚了子项目承担者的优秀研究成果和实践经验，同事们也付出了很大努力。我们在项目组织运作和编辑出版工作中，仍会存在这样那样的缺点和不足。成绩是我们进一步做好工作的动力，不足是我们今后努力的潜力。真诚期待广大专家学者、企业家、管理者、读者，对我们的工作提出批评指正，帮助我们改进、成长。

企业管理出版社国资预算项目领导小组

前　言

　　管理是人类集体活动的产物。为了实现集体目标，首先要协调组成集体的每一个成员的行动，协调成员的思想和意识；而为了协调成员的思想和意识，就要了解人类思想和意识产生与变化的缘由和规律。因此，管理既是"管控"，又是"理顺"；既是据"理"管控，也是管控入"理"。而管控本身就需要"理"，"理"即管控之魂。也就是说，不论是管理实践，还是管理学的研究，也不论是把管理看成一种思想，还是把管理看成一种艺术，都要先把握贯穿于管理的"理"和魂。中华优秀传统文化探求宇宙人生的真相，不仅揭示了自然宇宙之原理，也阐述了人类思想意识及行为活动之规律，从而成为管理所需要的"理"和魂；中华优秀传统文化发挥作用的过程，就是管理的过程，也是管理目标与人生目标统一和实现的过程。

　　目前人们所说的管理学，主要是西方管理学，而且是西方的企业管理学，而且是泰勒制以来的西方（科学）管理学，既没有考虑包括中国在内的东方的管理学研究和成果，也几乎没有考虑与包括国际管理（如联合国等国际组织的管理）、国家宏观管理（治国平天下）、政府管理、军事管理、事业单位管理、社会团体管理等在内的非以实现利润为目标的组织和单位相关的管理学研究和成果，甚至没有考虑存在和传承数千年之久的传统中西方管理学的研究和成果。这导致了以下问题和后果。第一，逻辑与历史不统一。似乎管理特别是管理学过去没有，是在西方工厂化生产后突然产生的"天外来客"。第二，理论与实践不统一。似乎过去的人都在"胡打乱撞"，没有对管理学理论的研究——中国的中庸之道不属于管理学，西欧的东印度公司也没有管理学理论的指导。第三，存在与思维不统一。似乎过去的管理实践都是在不思考，不分析，不审时度势，没有考虑组织、计划、协调等，没有考虑发挥人的积极性的情况下进行的；似乎过去人们对包括政府、军队、企业等在内的组织的思考都不属于管理学。第四，科学与人类不统一。似乎科学是科学，人类是人类，科学不是人类（所做）的科学，而是对自然的研究，而对自然的研究不是"人"进行的；似乎对人文社会的研究都不是科学，都是不科学的。这种以点代面、以偏概全，以话语权代替真理，以所谓的科学代替真相的说法和做法，不仅给包括管理学在内的各学科的研究和发展制造了障碍，也造成了自身的迷惑和自相矛盾；不仅导致"管理学非科学"的疑问，也造成了类似"管理理论丛林"[1]的各学科"丛林"；不仅使管理和管理学失去了意义和价值，更会造成公司倒闭、危机频发以及"文明冲突""增长的极限"和人类发展的不可持续。

丛林本是各种树木共生共长、相互依存的一种生态系统，在学术上可以体现为百花齐放、百家争鸣的和谐统一、相互支撑，但在"管理理论丛林"中，此"丛林"非生态系统，此"百花齐放"非百家争鸣，而

---

[1]"这种理论'丛林'看似百花齐放、百家争鸣，实际上是'公说公的理，婆说婆的理'，只能让人思想混乱、无所适从，更谈不上解决问题。"黄速建，黄群慧. 中国管理学发展研究报告［M］. 北京：经济管理出版社，2007：3-12.

前　言

是丢掉了生态平衡的本意，失去了相互启发和借鉴的效能，演化出了公公、婆婆的自说自话，盲人摸象的固执己见和恃强凌弱的丛林法则。这在表明一些人缺乏格局和造诣，不了解历史，特别是不了解中国的历史、中国的文化和中华文明，实际上也不了解管理，不了解管理的本质的同时，也表明建立中国的文化自信需要打一场持久战，构建真正解决人类问题、实现管理和人类目标的管理学需要正本清源，"重打鼓，另开张"。

2022年4月25日习近平总书记在中国人民大学考察时发表了重要讲话，系统阐述了加快构建中国特色哲学社会科学的时代背景、原则方向、目标任务和现实要求，这是习近平总书记继2016年5月17日在哲学社会科学工作座谈会上发表重要讲话之后，就加快构建中国特色哲学社会科学发表的又一次重要讲话，为加快构建中国特色哲学社会科学指明了发展方向，提供了根本遵循。[1] 习近平总书记强调："加快构建中国特色哲学社会科学，归根结底是建构中国自主的知识体系。"中华优秀传统文化是开放和包容的文化，不拒绝任何进步和先进的思想和文明，那为什么要构建中国哲学社会科学自主知识体系呢？显然这既不是夜郎自大，也不是故步自封，而在于中西文化不同。"文化是一个国家、一个民族的灵魂。"[2] "中华文明五千多年绵延不断、经久不衰，在长期演进过程中，形成了中国人看待世界、看待社会、看待人生

---

[1] 谢伏瞻. 建构中国自主的知识体系（深入学习贯彻习近平新时代中国特色社会主义思想）[N]. 人民日报，2022-05-17（09）.

[2] 习近平《决胜全面建成小康社会 夺取新时代中国特色社会主义伟大胜利——在中国共产党第十九次全国代表大会上的报告》.

的独特价值体系、文化内涵和精神品质，这是我们区别于其他国家和民族的根本特征，也铸就了中华民族博采众长的文化自信。"[1]

文化不同意味着灵魂不同，灵魂不同意味着看法和做法不同，意味着世界观和方法论不同，当然也就意味着包括管理学在内的各门学科的目标、方法、逻辑等不同。这种不同如果只是爱吃咸的与爱吃甜的，喜欢冬天与喜欢夏天的区别，就只是个人的事情，不必计较和干涉；但如果这种不同涉及是以利为本（唯利是图）还是以人为本（生命至上），是胜者独食、侵略掠夺的零和博弈甚至损人不利己，还是天下一家、天人合一的共商共建、共享共赢，是穷途末路的"增长的极限"，还是持续发展的光明未来，这显然不是研究者一个人的事情，而需要大家共同思考和探究。

中西文化的不同在于中国的真相学和西方的现象学。真相是现象的本质，现象只是真相的表现形式。人有多个层次和维度，科学研究也有多个层次和维度。从现实看，科学研究的直接目的是透过现象看本质，最终目的是通过现象揭示真相，指导人成为真正的人，实现人的全面发展和人类的可持续发展，而不是让人逐渐堕落为"为食亡"的"鸟"，让人类成为"为财死"的普通动物[2]；科学管理的目的应该是实践和检验管理科学研究的成果，以是否有助于实现人的全面和可持续发展为评价标准，发现管理实践和管理理论研究中的问题。因此，包括管理学在内的所有科学研究要避免盲人摸象的片面观，树立既见木又见林的整

---

[1] 习近平《在敦煌研究院座谈时的讲话》。
[2] 鸟可以为食而亡，但人不能为财而死。

体观。虽然社会科学不能脱离社会，避免不了"主观"和习惯[1]，但"主观"并非都错，习惯也不一定全误。儒家文化向来讲究通过"格物致知诚意正心"而"修身齐家治国平天下"（《大学》第1章）；道家文化提出通过"常无欲以观其妙，常有欲以观其徼"而知"道生一，一生二，二生三，三生万物"（《道德经》第1章、第42章）。中国共产党第十九届中央委员会第六次全体会议通过的《中共中央关于党的百年奋斗重大成就和历史经验的决议》明确指出："党代表中国最广大人民根本利益，没有任何自己特殊的利益，从来不代表任何利益集团、任何权势团体、任何特权阶层的利益，这是党立于不败之地的根本所在。"包括管理学在内的人文社会科学，并不是科学不科学的问题，而是是否揭示和符合相关领域的真相的问题（自然科学其实也是如此）。即便用目前的西方话语体系"科学"来评判，一门学科是否"科学"，既不是数学模型说了算，也不是实证和循证说了算，更不是门生弟子多的专家说了算；既不是利润增加说了算，也不是GDP增长说了算，更不是野蛮和霸权说了算——是"人"说了算：是让所有人生活得越来越轻松、幸福，而不是让人类不断分层和分化；是将人培养成真正的人，而不是使人堕落成"为食而亡"的动物；是实现人的全面和可持续发展，而不是

---

[1] 丹尼尔·雷恩（Daniel A. Wren）和阿瑟·贝德安（Arthur G.Bedeian）在其所著的《管理思想史》（第7版）中一开始就非常客观地承认："在探索这段历史并准备每一版的《管理思想史》的过程中，我们始终面临着挑战，那就是像所有历史学家一样，我们必须承认我们是个人兴趣和偏见的产物，主观性固化在历史知识的每个阶段"，"除非教育能为我们建立一种认知图式，能使我们跳出我们的时代和地点来看待问题，否则我们可能不幸成为时间和地点的囚徒"。[美] 丹尼尔·雷恩，阿瑟·贝德安. 管理思想史 [M]. 李原，黄小勇，孙健敏，译. 7版. 北京：中国人民大学出版社，2022：前言1-2.

造成人的畸形存在和"今朝有酒今朝醉"的短视。简而言之，是实现了"三赢"而不是仅仅实现"单赢"或"双赢"。[1] 这应该是判断所有思想、行为和研究结论、政策建议是否正确和科学的标准和依据，也是判别一个人是专家还是大师[2]的标准和依据。

宇宙人生的真相早已经被古圣先贤揭示，体现为中华文明。习近平总书记在庆祝中国共产党成立100周年大会上的讲话中指出："中国特色社会主义是党和人民历经千辛万苦、付出巨大代价取得的根本成就，是实现中华民族伟大复兴的正确道路。我们坚持和发展中国特色社会主义，推动物质文明、政治文明、精神文明、社会文明、生态文明协调发展，创造了中国式现代化新道路，创造了人类文明新形态。"西方经过了"黑暗的中世纪"，虽然掠夺和生产了前所未有的物质财富，但并没有真正找到宇宙人生的真相。[3] 从管理学的角度讲，虽然一些人已在研究和证明人的核心作用，研究由人组成的各种组织（在西方主要是企业）的管理问题，研究由人的"测不准"导致的管理的"丛林（权变）"，研究和证明人性的决定作用，并由此创立了行为科学和实验科学，但这千转百折、点滴突破的过程除了伴随无数次的经济、政治、社会危机和战争，造成了西方

---

[1] 冯彦明. 对西方区域经济发展理论的思考——兼谈实现经济可持续发展的中国思路[J]. 财经理论研究，2020（01）：1-10.
[2] 习近平总书记在哲学社会科学工作座谈会上指出："总的看，我国哲学社会科学还处于有数量缺质量、有专家缺大师的状况，作用没有充分发挥出来。"
[3] 冯彦明. 中国经济学视角下的新商业文明问题研究[J]. 财经理论研究，2023（05）：1-17.

的制度性愚蠢[1]之外，至今也没有，按照目前的思路将来也很难真正地解决管理问题。从另一方面讲，中华优秀传统文化探求宇宙人生的真相，当然也包括人类管理问题的真相。如果说《道德经》既揭示人的本质又揭示自然的本质，那么，《大学》《中庸》至少解析和阐明了人生与人性的问题。正因如此，中华优秀传统文化就是关于人（人类）的文化；也正因如此，西方要从2500多年前的孔子那里寻找智慧，联合国总部大厅悬挂"己所不欲，勿施于人"（《论语·颜渊》）的横幅。这些不仅证明了中华文明的前瞻性和智慧，更说明了中国文化和中华文明的高瞻远瞩和未雨绸缪。

为此，我们试图从打破目前存在的片面性和矛盾性出发，追根溯源，从管理和管理学的产生入手，分析现代管理和现代管理学的中国文化渊源，发现管理学理论和实践的螺旋式上升及传统复归，进而为构建具有自主知识体系的中国特色管理学做些探索。

我们知道，管理问题虽纷繁复杂，但从实践到理论，从古代至现代，从国内到国际，无不是"人"的问题，无不是宇宙人生问题，无不需要中国文化和中华文明的智慧来解决。为了体现系统性，同时为了表述的方便，我们在阐释中华优秀传统文化的基础上，根据我们对中华优秀传统文化的认识和理解，重新审视管理以及管理学、管理思想、现代管理理论等，展现管理和管理学的中华优秀传统文化渊源，最后提出构建中国特色管理学的设想和思考。当然，这种表述方式也有不足之处，

---

[1] "如果人的贪婪和嫉妒之类的罪恶是通过系统培养而形成的，必然的一个结果只能是完全丧失智力。一个人受贪心或嫉妒心驱使，就会失去认识事物本来面目、认识事物全貌的能力。"
［英］E.F.舒马赫.小的是美好的［M］.虞鸿钧，郑关林，译.北京：商务印书馆，1984.

即没有体现管理的"融合与统一",因为管理作为一种实践活动,是主观与客观的融合与统一,是理论与应用的融合与统一,是思想与方法的融合与统一,也是历史与现实的融合与统一。

目　　录

第一章　认识中华优秀传统文化　1
第一节　文化的含义与价值　3
第二节　对中华优秀传统文化的界定　6
第三节　中华优秀传统文化的本质内涵　7
第四节　中华优秀传统文化的基本特征　17

第二章　重识管理　29
第一节　管理实践的产生　31
第二节　管理关系的构成　35
第三节　管理的权力基础　42
第四节　管理的目标　46
第五节　管理的属性　50
第六节　管理的含义　53

第三章　传统管理学与中华优秀传统文化　61
第一节　关于管理学范围的确定　63
第二节　关于管理学的产生　65
第三节　关于管理学的研究对象与基本任务　71
第四节　关于管理的本质　74
第五节　关于管理的主体与客体　79

第六节　关于管理学的目标　85
第七节　关于管理学的特点　89

第四章　传统管理思想与中华优秀传统文化　95
第一节　管理理论与管理思想的关系　97
第二节　管理科学还是管理艺术　103
第三节　学术（管理学）研究：既要直观也要反观　107
第四节　西方管理思想中的自相矛盾　111
第五节　中国管理思想与实践的"一以贯之"　125

第五章　现代管理理论与中华优秀传统文化　133
第一节　现代管理与现代管理理论的界定　135
第二节　西方现代管理理论　137
第三节　中国现代管理理论与实践　155
第四节　关于传统文化与现代管理的研究　172

第六章　以中华优秀传统文化为灵魂构建中国特色管理学　189
第一节　构建中国特色管理学的条件已经成熟　191
第二节　中国特色管理学的任务　204
第三节　中国特色管理学的学科定位　208
第四节　中国特色管理学的前景：塑造新商业文明　214

后　　记　245

第一章
认识中华优秀传统文化

中华优秀传统文化不仅是中华民族的根与魂，也是真正解决包括管理在内的人类一切问题的智慧和方案。因此，要了解和阐述现代管理的中华优秀传统文化的渊源，就必须首先认识和认知中华优秀传统文化；而要谈中华优秀传统文化，就必须首先认识文化和传统文化。

第一节　文化的含义与价值

据考证，"文化"是在古代汉语中就已经出现的词。"文"的本义是指纹理、花纹，《易·系辞下》载"物相杂，故曰文"，《礼记·乐记》称"五色成文而不乱"，《说文解字》称"文，错画也"，均指此意。纹理者，乃物质之结构的外化也，实际上标明的是"物有本末，事有终始，知所先后，则近道矣"（《大学》第1章），纹理反映了事物之道，"文"在此表达"道"之理。也就是说，能称为"文"者，须是对各种事物的道理的揭示和描述。在此基础上，"文"又有若干引申义。其一，为包括文字在内的各种象征符号，进而具体化为文物典籍、礼乐制度。《尚书·序》载伏羲画八卦，造书契，"由是文籍生焉"，《论语·子罕》载孔子说"文王既没，文不在兹乎"，是其实例。其二，装饰、人为修养之义，与"质""实"对称，所以《尚书·舜典》疏曰"经纬天地曰文"，《论语·雍也》称"质胜文则野，文胜质则史，文质彬彬，然后君子"。其三，美、善、德行之义，《礼记·乐记》谓"礼减而进，以进为文"，郑玄注"文犹美也，善也"；《尚书·大禹谟》谓"文命敷于四海，祗承于帝"。

"化"，本义为改易、生成、造化，如《庄子·逍遥游》"北冥有鱼，其名为鲲，鲲之大，不知其几千里也。化而为鸟，其名为鹏，鹏之背，不知其几千里也"，《易·系辞下》"男女构精，万物化生"，《黄帝内经·素问》"化不可代，时不可违"，《中庸》"可以赞天地之化育"。可见，"化"指事物形态或性质的改变，同时"化"又引申为教行迁善之义。

"文"与"化"并联使用，较早见于战国末年儒生编辑的《易·贲卦·象传》"刚柔交错，天文也；文明以止，人文也。观乎天文，以察时变，观乎人文，以化成天下"，这句话的意思是，天体运行的规律是刚柔交错，人类运行的目标是文明，通过观察天体运行的规律可以了解时序的变化，通过观察人类社会的运行规律可以用教育感化的手段来治理天下。这段话里"文"的含义即从纹理之义演化而来。日月往来交错文饰于天，即"天文"，亦即天道、自然规律；相应地，"人文"指人伦社会规律，即社会生活中人与人之间纵横交织的关系，如君臣、父子、夫妇、兄弟、朋友，构成复杂网络，具有纹理表象。这段话说，治国者须观察天文，以明了时序之变化；又须观察人文，使天下之人均能遵从文明礼仪，行为止其所当止。在这里，"人文"与"化成天下"紧密联系，"以文教化"的思想已十分明确。西汉的刘向将"文"与"化"二字联为一词，在《说苑·指武》中写道："圣人之治天下也，先文德而后武力。凡武之兴，为不服也。文化不改，然后加诛。"晋人《补亡诗》中有"文化内辑，武功外悠"。这里的"文化"，或与天造地设的自然对举，或与无教化的"质朴""野蛮"对举。因此，在汉语系统中，文化的本义就是"以文教化"，它表示根据自然和人类社会发展运行的规律（即"文"）对人的性情的陶冶、品德的教养、素质的提升（即"化"），属于精神领域的概念。随着时间的流变和空间的变化，文化逐渐成为一个内涵丰富、外延宽广的多维概念，成为众多学科探究、阐发、争鸣的对象。[1]

西方的"文化"（culture）一词来自拉丁文，它的原义是耕作，即对自然生长实施管理，又指（细胞、细菌等的）培养物、习俗等，最初与 husbandry（畜牧业，尤指精心经营的农牧业）同义。虽然英国的泰勒（Taylor）曾经认为文化或文明"乃是包括知识、信仰、艺术、道德、

---

[1] 罗钢，刘象愚. 文化研究读本[M]. 北京：中国社会科学出版社，2000.

法律、习俗和任何人作为一名社会成员而获得的能力和习惯在内的复杂整体",英国学者弗朗西斯·培根(Francis Bacon)也曾把文化定义为"心智的栽培与施肥",但英国诗人、评论家马修·阿诺德(Matthew Arnold)认为 culture 不包含"道德""知识"的成分。英国伯明翰文化研究的代表人物迪克·赫布迪奇(Dick Hebdige)指出"文化"一词因含义模糊而著称于世,其含义甚至出现了有"西方特色"的相互矛盾和大相径庭的情况。美国的克拉克洪和克罗伯将文化概括为"历史上所创造的生存式样的系统",巴格比则将文化定义为"社会成员的内在和外在的行为规则",德国的李凯尔特说,"文化"是一个用来区别于"自然"的概念,"自然产物是自然而然地从土地里生长出来的东西"。

　　由此可见,中国的"文化"与西方的 culture 并不是一个概念。一方面,西方的"文化"一词不包含"道德"的成分,而中国的"文化"从一开始就与"道德"联系在一起——不管是否符合道德,至少讲究道德,包含着"文以化人"的培育、道德、修养的内容。也正是由此,中华优秀传统文化不同于一般所说的"文化",更不同于西方所讲的"文化",可以称为"文明"。不过,随着时代的变迁,特别是西方文化的影响,"文"一词被泛化,只要是人们认识的总结都成了"文",并由此再"化"人,而不管认识是否正确,是否符合"道"。另一方面,与西方文化相比,中国文化具有形式上的包容性和内容上的融合性,即中国文化既不排斥和拒绝任何外来观念,也不强制别人接受自己的观点;西方文化是排他的,中国文化是包容的;西方文化强调独占,中国文化推崇共享;西方文化自我封闭,中国文化始终开放。所谓"礼闻来学,不闻往教"(《礼记》),"有教无类"(《论语·卫灵公》),就是这个意思。

第二节　对中华优秀传统文化的界定

习近平总书记在党的十九大报告中指出："中国特色社会主义文化，源自中华民族五千多年文明历史所孕育的中华优秀传统文化，熔铸于党领导人民在革命、建设、改革中创造的革命文化和社会主义先进文化，植根于中国特色社会主义伟大实践。"

迄今为止还没有看到学界对"中华优秀传统文化"的明确界定，虽然关于中华优秀传统文化的探讨成果可谓汗牛充栋。这既是由于中华优秀传统文化博大精深，确实难以明确界定，也是由于历史的原因，特别是中华民族曾遭受百年屈辱，失去文化自信，在西方的话语体系中徘徊。其实，文化是人类对自然界、社会、人类思维的认识的总结，包含着由此形成的各种物质形式和精神形式的财富，其中最主要的是精神财富。传统文化（traditional culture）主要是从时间角度进行的界定，一般是指悠久古老的文化，包含官方文化、民间文化，主流文化、边缘文化，也包括名号文化、礼仪文化、制度文化、服饰文化、教育文化、商业文化等。在传统文化中，儒家、道家、释家思想，以及儒道释"三位一体"的合流思想对中国传统影响最为直接而深刻，其通过"无我"的渠道（儒家"止于至善"，道家"常无欲""常有欲"，释家"无我相，无人相，无众生相，无寿者相"）揭示的宇宙人生的真相为人类的发展指明了正确的方向。因此，为了与日常所说的民间（民俗）文化、地方文化相区别，我们把中华优秀传统文化界定为以四书五经和《道德经》为代表的儒道思想作为本源，与释家融合发展的儒道释文化，即中华优秀传统文化以儒家、道家、释家三家之学为支柱。[1]

---

[1] 焦作文明网：传统文化释义。转引自：百度百科"传统文化"。

党的十九大报告指出："文化是一个国家、一个民族的灵魂。"中华优秀传统文化是中华民族在五千多年历史发展中积累下来的宝贵财富，是中华文明的智慧结晶和精华所在，是中华民族的根和魂，塑造了中华文明的连续性、创新性、统一性、包容性与和平性，反映了中华民族独特的精神世界和价值追求，是中国人民在长期生产生活中形成的宇宙观、天下观、社会观、道德观的重要体现，因而也是中国人看待世界、处理问题的基本出发点和归宿，是中国人看待和处理管理问题的起点和终点，贯穿于管理的全过程。没有能离开文化的管理，也没有不对管理产生影响甚至主宰作用的文化。不同的管理方式、管理理论和管理思想反映了不同的文化，也缘起于不同的文化。只有充分认识文化，才能真正理解管理；只有理解了管理的文化渊源，才能做出正确的管理决策，采取正确的管理方式，达到预期的管理目标。

第三节　中华优秀传统文化的本质内涵

汉语中的"文化"不同于英语中的 culture，中华优秀传统文化就更是不同于西方文化。正如前述，中华优秀传统文化博大精深，很难准确描述和总结，但从本质上讲，中华优秀传统文化揭示的是宇宙人生的真相，阐述的是人（做人）的学问，强调的是以人为本和以人民为中心，它最终实现的是让人成为真正的人，以及个人全面发展和人类可持续发展的基本目标。

一、中华优秀传统文化揭示宇宙人生的真相

文化是人类在社会活动过程中所创造的物质财富和精神财富的总

和。中华优秀传统文化作为中国人所创造的物质财富和精神财富的总和，本质上是关于"人"和"做人"的认识的总结，是围绕着"人"展开的关于宇宙人生真相的阐释。

宇宙人生的真相是什么？这是一个哲学问题，也是人类社会最基本的问题，人们至今仍在探究，但实际上，中华优秀传统文化中已有很好的答案。在任何一个社会中，从古至今，从内到外，首先存在的无不是人的问题，没有人就没有古今和内外，没有人也就没有任何问题。而人的问题无不是统一认识和思想，进而统一行动的问题。认识是前提，思想是系统的认识，行动是认识和思想指导的行为。由此我们说，从古至今，从内到外，不论是宗教还是政治，不论是伦理还是法律，不论是科学还是神学，不论是管理（学）还是经济（学），无不试图通过揭示宇宙人生的真相而达到统一认识和思想，进而统一行动的目的。当然，在此过程中，对宇宙人生真相的揭示可能有正确和错误之分，可能有正确性程度的不同。正因如此，古圣先贤才提出通过"格物致知"实现"诚意正心"，并进而实现"修身齐家治国平天下"。而《道德经》恰恰给我们提供了有效的"格物致知"之路。

在道家看来，宇宙与人生是一而二、二而一的，即本来一体，本出一源。从表面上看，自然界与人类社会是两个方面，甚至人类要征服自然和改造自然，但实际上，人类是自然界的一部分，也是自然界的有机组成部分。人类可以认识自然并利用自然，但不能随意改造自然，更不能征服自然。《道德经》第 25 章说："有物混成，先天地生。寂兮寥兮，独立不改，周行而不殆，可以为天下母。吾不知其名，字之曰道，强为之名曰大。……人法地，地法天，天法道，道法自然。"实际上，《道德经》第 1 章就已经说明"道可道，非常道；名可名，非常名。无名天地之始，有名万物之母"。这表明如果说宇宙的本来状态是一种自然存在，那么，当我们名之为"道"时就已经错了，因为不仅"道"非"常道"，即没有固定的状态，而且"道"的"名"也非"常名"，即我们无法用某种固定的名称和形态来形容宇宙万物之本来（真相）。也正如佛教《金刚经》中的"如来说一合相，即非一合相，是名一合相"（《金刚经》第30品一合相分），《道德经》中的"道生一，一生二，二生三，三生万物""天下有始，以为天下母。既得其母，以知其子；既知其子，复守其母，没身不殆"，也就是说，世界万物本为一体的"道（混沌）"，由于各种"有名"即执着而产生了包括人和其他事物在内的万千世界。这在其他经典中也有说明，如《易·系辞上》说"易有太极，是生两仪，两仪生四象，四象生八卦"，说的是同样的道理。

如果说这些对自然界（宇宙）及万物起源和变化的描述还是没有阐明人类与自然界的关系，那么我们可以学习《道德经》给我们提供的探究宇宙人生真相（当然也包括人与自然的关系）的方法。《道德经》第1章讲"常无欲，以观其妙；常有欲，以观其徼"，在这里，为了避免把"无"和"有"对立，避免二分法，又直接指出"此两者同出而异名，同谓之玄，玄之又玄，众妙之门"。《道德经》第16章又指出："致虚极，守静笃，万物并作，吾以观复。夫物芸芸，各复归其根。归根曰静，是谓复命。复命曰常，知常曰明，不知常，妄作，凶。知常容，容乃公，公乃王，王乃天，天乃道，道乃久，没身不殆。"也就是说，"常无欲"和"常有欲"是一不是二，也就是要一心一意，全神贯注，不要三心二意。只有一心一意、全神贯注才是"无欲"，即无杂念，无我相，无自私自利的念头，避免胡思乱想；也只有一心一意、全神贯注才是"有欲"，即制心一处，只观察事物的本来面目，只客观地反映事物，只有这样，才能入木三分，才能明察秋毫。

正是在此基础上，方知"天地不仁，以万物为刍狗；圣人不仁，以百姓为刍狗"(《道德经》第5章)。这句话是把宇宙与人生结合于一起进行了说明。天地"不仁"即大"仁",天地有大爱而无小爱,大爱无分别,小爱有你我;大爱无远近,小爱辨亲疏。与此相同,圣人无我,故有大爱,有了大爱方"有教无类",方能一视同仁地看待所有人,如此方能体悟人我一体,人类与自然同体,方能体悟"上善若水"的真谛。

二、中华优秀传统文化阐述人(做人)的学问

人类社会是由人(及其环境)组成的,人类社会的所有问题都由人引出,并最终靠人来解决,而解决任何问题也都是为了人,因此人是一切的根本。中国文化其实就是关于人的文化,只不过这里的"人"既不是一个个独立的人,也不是把自己凌驾于自然之上的人类,还不是历朝历代的统治者,当然也不是抽象的人,而是与社会、自然融为一体,和谐相处,并且有着成贤成圣即通过诚意正心修身齐家最后达到治国平天下之理想的人。楼宇烈在《中国文化的根本精神》中明确指出,与西方文化相比,以人为本的人文精神是中国文化最根本的精神,也是中国文化最重要的特征。中国文化中没有一个外在的神或造物主,中国家庭社会秩序的维护都是靠道德的自觉自律,中国传统文化强调人的主体性、独立性、能动性。也正因如此,李约瑟认为:"古代中国人在整个自然界寻求秩序和谐,并将此视为一切人类关系的理想。对中国人来说自然并不是某种应该永远被意志和暴力征服的具有敌意和邪恶的东西,而更像是一切生命体中最伟大的物体,应该了解它的统治原理,从而使生物与它和谐共处。如果你愿意的话,可把它称为有机的自然主义。"[1]

相对来看,不论是儒家、道家还是释家,讲的都是人的问题。如果

---

[1] 李约瑟.李约瑟文集[M].沈阳:辽宁科学技术出版社,1986:338-339.

说儒家讲人如何从凡人达圣人，道家讲人如何据圣人而做凡人，释家就是讲人如何凡圣同居、由凡入圣；如果说道家的《道德经》从"有"的角度揭示了宇宙人生的真相，释家的《金刚经》《心经》从"空（破相）"的角度阐释宇宙人生的本来，那么，儒家的四书五经则重点阐释了做人的学问；如果说从《道德经》的"道生万物"体会人与自然的一体，以及人与人的一体，从《楞严经》的"明心见性"了悟万法缘起、万物一体，那么，儒家的四书五经则从《大学》的做"大人（君子、圣人）"开始，指向"止于至善"的"君子不器"和可持续发展。

具体来说，四书在根本上是教人如何做人，如《大学》讲的是做圣人的学问。《大学》开门见山："大学之道，在明明德，在亲民，在止于至善。"这为我们做君子和圣人指明了方向。《中庸》开宗明义："天命之谓性，率性之谓道，修道之谓教。"这里的"性""道""教"体现了中庸的本质，说明了做人的最高原则，也是圣人的行为规范。《论语》的"学而时习之，不亦说乎？有朋自远方来，不亦乐乎？人不知而不愠，不亦君子乎？"，《孟子》的"王何必曰利？亦有仁义而已矣。王曰'何以利吾国'，大夫曰'何以利吾家'，士庶人曰'何以利吾身'，上下交征利而国危矣。万乘之国，弑其君者，必千乘之家；千乘之国，弑其君者，必百乘之家。万取千焉，千取百焉，不为不多矣。苟为后义而先利，不夺不餍。未有仁而遗其亲者也，未有义而后其君者也。王亦曰仁义而已矣，何必曰利？"，充分展示了孔子和孟子的做人之道和做事之规，展示了圣贤的教育理念和实践（治国理政）主张。

从五经[1]看，孔老夫子为我们做了很好的诠释："六艺于治一也。礼以节人，乐以发和，书以道事，诗以达意，易以神化，春秋

---

[1] 初为"六经"，即《诗》《书》《礼》《乐》《易》《春秋》。

以义。"[1]《礼记·经解》中有:"入其国,其教可知也。其为人也温柔敦厚,《诗》教也;疏通知远,《书》教也;广博易良,《乐》教也;洁静精微,《易》教也;恭俭庄敬,《礼》教也;属辞比事,《春秋》教也。……其为人温柔敦厚而不愚,则深于《诗》者矣;疏通知远而不诬,则深于《书》者矣;广博易良而不奢,则深于《乐》者矣;洁静精微而不贼,则深于《易》者矣;恭俭庄敬而不烦,则深于《礼》者矣;属辞比事而不乱,则深于《春秋》者矣。"《扬子法言》中有:"说天者莫辩乎《易》,说事者莫辩乎《书》,说体者莫辩乎《礼》,说志者莫辩乎《诗》,说理者莫辩乎《春秋》。"

圣人的境界常人难以理解和达到,《大学》的思想后人难以企及,但"龙场悟道"的王阳明做了很好的阐释。"《大学》者,昔儒以为大人之学矣。""大人者,以天地万物为一体者也,其视天下犹一家,中国犹一人焉。若夫间形骸而分尔我者,小人矣。大人之能以天地万物为一体也,非意之也,其心之仁本若是,其与天地万物而为一也。岂惟大人,虽小人之心亦莫不然,彼顾自小之耳。是故见孺子之入井,而必有怵惕恻隐之心焉,是其仁之与孺子而为一体也;孺子犹同类者也,见鸟兽之哀鸣觳觫,而必有不忍之心焉,是其仁之与鸟兽而为一体也;鸟兽犹有知觉者也,见草木之摧折而必有悯恤之心焉,是其仁之与草木而为一体也;草木犹有生意者也,见瓦石之毁坏而必有顾惜之心焉,是其仁之与瓦石而为一体也。是其一体之仁也,虽小人之心亦必有之。是乃根于天命之性,而自然灵昭不昧者也,是故谓之'明德'。小人之心既已分隔隘陋矣,而其一体之仁犹能不昧若此者,是其未动于欲,而未蔽于私之时也。及其动于欲,蔽于私,而利害相攻,忿怒相激,则将戕物圮类,无所不为,其甚至有骨肉相残者,而一体之仁亡矣。是故苟无私欲

---

[1]《史记·滑稽列传》。

之蔽，则虽小人之心，而其一体之仁犹大人也；一有私欲之蔽，则虽大人之心，而其分隔隘陋犹小人矣。故夫为大人之学者，亦惟去其私欲之蔽，以自明其明德，复其天地万物一体之本然而已耳，非能于本体之外而有所增益之也。""明明德者，立其天地万物一体之体也。亲民者，达其天地万物一体之用也。故明明德必在于亲民，而亲民乃所以明其明德也。是故亲吾之父，以及人之父，以及天下人之父，而后吾之仁实与吾之父、人之父与天下人之父而为一体矣；实与之为一体，而后孝之明德始明矣！亲吾之兄，以及人之兄，以及天下人之兄，而后吾之仁实与吾之兄、人之兄与天下人之兄而为一体矣；实与之为一体，而后弟之明德始明矣！君臣也，夫妇也，朋友也，以至于山川鬼神鸟兽草木也，莫不实有以亲之，以达吾一体之仁，然后吾之明德始无不明，而真能以天地万物为一体矣。夫是之谓明明德于天下，是之谓家齐国治而天下平，是之谓尽性。"至于"止于至善"，王阳明认为："至善者，明德、亲民之极则也。天命之性，粹然至善，其灵昭不昧者，此其至善之发见，是乃明德之本体，而即所谓良知也。至善之发见，是而是焉，非而非焉，轻重厚薄，随感随应，变动不居，而亦莫不自有天然之中，是乃民彝物则之极，而不容少有议拟增损于其间也。少有拟议增损于其间，则是私意小智，而非至善之谓矣。自非慎独之至，惟精惟一者，其孰能与于此乎？后之人惟其不知至善之在吾心，而用其私智以揣摸测度于其外，以为事事物物各有定理也，是以昧其是非之则，支离决裂，人欲肆而天理亡，明德、亲民之学遂大乱于天下。盖昔之人固有欲明其明德者矣，然惟不知止于至善，而骛其私心于过高，是以失之虚罔空寂，而无有乎家国天下之施，则二氏之流是矣。固有欲亲其民者矣，然惟不知止于至善，而溺其私心于卑琐，是以失之权谋智术，而无有乎仁爱恻怛之诚，则五伯功利之徒是矣。是皆不知止于至善之过也。故止至善之于明德、亲民也，犹之规矩之于方圆也，尺度之于长短也，权衡之于轻重也。故方圆而不止于规矩，爽其则矣；长短而不止于尺度，乘其剂矣；轻重而不止于权衡，失其准矣；明明德、亲民而不止于至善，亡其本矣。故止于至善以亲民，而明其明德，是之谓大人之学。"

这里，王阳明不仅阐释了做"大人"的境界，即"一体"，也间接指明了成"大人"的方法，即去"私"去"欲"。这体现了中华优秀传统文化的精髓。一方面，《大学》告诉我们，"知止而后有定，定而后能静，静而后能安，安而后能虑，虑而后能得。物有本末，事有终始，知所先后，则近道矣"，"物格而后知至，知至而后意诚，意诚而后心正，心正而后身修，身修而后家齐，家齐而后国治，国治而后天下平。自天子以至于庶人，壹是皆以修身为本。其本乱而末治者，否矣。其所厚者薄，而其所薄者厚，未之有也！"。另一方面，《道德经》告诉我们"常无欲以观其妙，常有欲以观其徼"，并且"五色令人目盲，五音令人耳聋，五味令人口爽，驰骋畋猎令人心发狂，难得之货令人行妨。是以圣人为腹不为目，故去彼取此"；《论语·为政》中有"子曰：诗三百篇，一言以蔽之，曰'思无邪'"，如此，则可达"不出户，知天下；不窥牖，见天道。其出弥远，其知弥少。是以圣人不行而知，不见而名，不为而成"（《道德经》第 47 章）之境界。

"知止""无欲""去私"等是一门大学问，也是人生之最终目标，似乎一般人难以达到，但实际上，中华优秀传统文化既不是要给人出难题，更不是让人可望而不可即，而是为普通人实现日常生活的智慧化，进而进行有效的管理提出具体的措施，一是"素其位"，二是"慎独"。

所谓"素其位"，简单来说就是既安于当下，知足常乐，又尽职尽责，积极创新；既要知己，又要知人；既要善于自省，又要换位思考。如《中庸》说："君子素其位而行，不愿乎其外。素富贵，行乎富贵;素贫贱,行乎贫贱;素夷狄,行乎夷狄;素患难,行乎患难。君子无入而不自得焉。在上位不陵下,在下位不援上,正己而不求于人,则无怨。上不怨天,下不尤人。故君子居易以俟命,小人行险以徼幸。子曰:'射有似乎君子,失诸正鹄,反求诸其身。'"《论语》也一再强调这一道理。如《论语·学而》中有:"其为人也孝悌而好犯上者,鲜矣;不好犯上而好作乱者,未之有也。君子务本,本立而道生。孝悌也者,其为仁之本与?""吾日三省乎吾身。为人谋而不忠乎?与朋友交而不信乎?传不习乎?""弟子入则孝,出则悌,谨而信,泛爱众,而亲仁,行有余力,则以学文""贤贤易色,事父母,能竭其力。事君,能致其身。与朋友交,言而有信。虽曰未学,吾必谓之学矣"。《论语·八佾》说:"定公问:'君使臣,臣事君,如之何?'孔子对曰:'君使臣以礼,臣事君以忠。'"《论语·里仁》指出:"富与贵,是人之所欲也,不以其道得之,不处也;贫与贱,是人之所恶也,不以其道得之,不去也。君子去仁,恶乎成名?君子无终食之间违仁,造次必于是,颠沛必于是。"《论语·公冶长》则说:"有君子之道四焉。其行己也恭,其事上也敬,其养民也惠,其使民也义。"

所谓"慎独",重在内在修养和自我约束,就是在自己独处时也要一丝不苟。正如《中庸》所说:"道也者,不可须臾离也,可离非道也。是故君子戒慎乎其所不睹,恐惧乎其所不闻。莫见乎隐,莫显乎微,故君子慎其独也。"在《论语》中,孔老夫子又进一步指出"参乎,吾道一以贯之",并要求"见贤思齐焉,见不贤而内自省也""非礼勿视,非礼勿听,非礼勿言,非礼勿动""出门如见大宾,使民如承大祭,己所不欲,勿施于人,在邦无怨,在家无怨"。

由此可见,中华优秀传统文化不仅指出了做人的方向,更强调了日常生活的常识和规则,为实现人的全面和可持续发展提供了遵循。宋代思想家、教育家张载的横渠四句"为天地立心，为生民立命，为往圣继绝学，为万世开太平"充分表达了儒学的精义，也显示了中国古代知识分子的文化理想。

三、中华优秀传统文化强调以人为本和以人民为中心

最早以文字明确提出"以人为本"的是春秋时期齐国名相管仲。在西汉刘向编成、辑录管仲众多思想观点的《管子》一书"霸言"篇中，记述了管仲对齐桓公陈述有关霸王之业的言论，其中有"夫霸王之所始也，以人为本。本理则国固，本乱则国危"，意为成就霸王事业的开端，是以人民为根本；这个本理顺了国家才能巩固，这个本搞乱了国家势必危亡。管仲所说的以人为本，就是以人民为本。在中国古文献中，"人"与"民"二字经常连用，合成一个词组。例如《诗经·大雅·抑》有"质尔人民，谨尔侯度，用戒不虞"，意为劝诫大臣要自警自律，要善于治理人民，谨慎运用法度，防止发生意外事故。

在中国古文献中，除了管仲明确提出的"以人为本"之外，还有"民为邦本""民为贵""民者，君之本也""闻之于政也，民无不为本也。国以为本，君以为本，吏以为本""国以民为本""水能载舟，亦能覆舟"等思想。应该说，"以人为本"与"以民为本"，意思完全相同。孟子强调"民为贵，社稷次之，君为轻"，又说"诸侯之宝三，土地、人民、政事"，可见孟子所说的"民为贵"也就是以人为本之意。当代国学大师张岱年主编的《中国文化概论》将"以人为本"与"天人合一、刚健有为、贵和尚中"并列为中国传统文化的四大要点。

以人为本，不仅主张人是发展的根本目的，回答了为什么发展、发展为了谁的问题，而且主张人是发展的根本动力，回答了怎样发展、发展依靠谁的问题。"为了谁"和"依靠谁"是分不开的。人是发展的根

本目的，也是发展的根本动力，一切为了人，一切依靠人，二者的统一构成以人为本的完整内容。

第四节　中华优秀传统文化的基本特征

在党的二十大报告中，习近平总书记指出："中华优秀传统文化源远流长、博大精深，是中华文明的智慧结晶，其中蕴含的天下为公、民为邦本、为政以德、革故鼎新、任人唯贤、天人合一、自强不息、厚德载物、讲信修睦、亲仁善邻等，是中国人民在长期生产生活中积累的宇宙观、天下观、社会观、道德观的重要体现，同科学社会主义价值观主张具有高度契合性。"

在中国文化中，大家信仰的是天人合一的一元观，实践的是道法自然和实现天人合一的诚意正心修身齐家生活，所有这些都是自发、自愿和自主的行为，既不是为了赎罪，也不是为了见"上帝"。中国的孔子、老子、墨子等既不是救世主，也不是审判人，实际上相当于当今的教师，这些"教师"经过学习（修行）达到了很高的境界，证得了正知正见。无论如何，他们奉行的是"君子如向""礼闻来学，不闻往教"的教育理念和方式，是随缘教化而非强迫接受，是教育人们达到"至善"的境界，而不是成为无所不能的救世主和主宰对错的裁判。从另一方面讲，中国文化教导的是"自作自受"，每一个人都是种瓜得瓜，种豆得豆，也正像现代人所说的，人的心胸有多大，事业就会有多大。

也正是从这一意义上讲，中国文化是真正科学的文化。西方现代管理不论是泰勒的"科学管理"还是法约尔的"职能管理"，不论是霍桑实验还是系统、决策，虽然试图摆脱宗教"救主"思想的束缚，实现

"人本"的革命，但由于这种摆脱没有建立在对人类及其与自然的关系的正确认识（正知正见）的基础之上，结果会导向"人类优先"和"人种优先"、物竞天择的思维模式。

一、中华优秀传统文化的一元论

《道德经》第42章讲"道生一，一生二，二生三，三生万物"，这是宇宙人生的真相，表明万物归一，万法归一。也就是说，中华优秀传统文化在根本上不是哲学上的二元论，而是一元论，是一体论，这与西方二元论，甚至多元论的认识论不同。这种情况反映在对"人"的认识上，就形成了西方的简单的自利者和中国复合的一元体的区别，也就形成了西方的"双标"和中国的一元（己所不欲，勿施于人）的差距。

从形而下的角度讲，中国文化中的"人"可以从不同的角度看待和分析，但其在本质上是存在与思维的统一体，是个人与社会（人类）的统一体，是人类与自然的统一体，也是现实与理想的统一体。也就是说，人不仅仅是一种存在，还是一种智慧的存在；人不仅仅是个人，也不仅仅是社会关系的总和，还是自然关系的总和，是社会关系与自然关系的总和。

所谓现实与理想的统一，即在中国人眼里，整个社会凡圣同居，人的生活和成长过程就是逐步修正认识、完善自我、实现去凡入圣即达"从心所欲而不逾矩""君子不器"之境界的过程。因为"五色令人目盲，五音令人耳聋，五味令人口爽，驰骋畋猎令人心发狂，难得之货令人行妨"，而"教之道，贵以专"，因此只有通过"虚其心，实其腹，弱其志，强其骨"的"圣人为腹不为目"才可达无为而无不为的圣人境界。而"大学之道，在明明德，在亲民，在止于至善"，"止于至善"的过程就是由凡入圣的过程，就是个人实现全面发展的过程。

所谓人类与自然的统一，亦即天人合一，"无名天地之始，有名万物之母"，故有"人法地，地法天，天法道，道法自然"。而真正了解天人合一之理，只有"常无欲（知止）"即一念不生方可"观其妙"，"常有欲（贵以专）"即一念不灭方可"观其徼"（《道德经》第1章）。习近平总书记指出："人与自然是生命共同体，人类必须尊重自然、顺应自然、保护自然。人类只有遵循自然规律才能有效防止在开发利用自然上走弯路，人类对大自然的伤害最终会伤及人类自身，这是无法抗拒的规律。"[1]

所谓个人与社会的统一，亦即自利利他，自觉觉他。一方面，"民为贵，社稷次之，君为轻"；另一方面，"为人君，止于仁；为人臣，止于敬；为人子，止于孝；为人父，止于慈"（《大学》）。一方面，从诚意正心修身开始，以达齐家治国平天下之境界；另一方面，"为政以德，譬如北辰，居其所而众星共之"（《论语·为政》）。

所谓存在与思维的统一，亦即存在与思维、物质与意识同源同宗，既非存在决定思维，物质决定意识，也非思维决定存在，意识决定物质，就如既非手心决定手背，也非手背决定手心，手心与手背互为存在的条件，同存共亡。所谓"有无相生，难易相成，长短相形，高下相盈，音声相和，前后相随"（《道德经》第2章），不论是从现实的某一时点观察整个人类，还是从人类的整个历史中观察任何一个人，都既不存在无物质（存在）的意识（思维）活动，也不存在无意识（思维）的物质（存在）形式，物质与意识、存在与思维本来互为一体，没有思维不称其为人，没有存在（身体）也不能成为人。一些人或者认为物质

---

[1] 习近平《决胜全面建成小康社会 夺取新时代中国特色社会主义伟大胜利——在中国共产党第十九次全国代表大会上的报告》。

（存在）决定意识（思维），或者认为意识（思维）决定物质（存在），这都没有解释清楚两者的关系，当然也解决不了这两者的关系问题，这就为现实世界留下了后遗症。比如一些人表面上信奉存在决定思维，实际上又践行思维决定存在，有意无意地把一个哲学的物质概念"空降"为一个物理概念，把反映和体现人类智慧的慧学降低为与文史理工等其他十二大学科门类地位相同的哲学学科，也使一个智慧的人（人类）"堕落"为"为食亡"的普通动物，造成了当今个人畸形发展、人类不可持续发展的悲剧。

存在与思维、物质与意识的关系问题不是神学问题，也不是宗教问题，甚至不是哲学问题，而是人类的智慧（认识）问题，其答案是了解人的多维一元本质的钥匙。现代量子力学为我们打开了重新认识人类和世界的大门，使我们能够从科学的角度来解读这一关系，证明中国圣人的睿智和中华文明的智慧。比如，传统物理学认为可以通过制造出一种足够精准的计量工具来测出一个物理系统的长度、温度或质量，要测量的物理系统是独立于测量工作而存在的，即即使停止测量，该系统的物理性质如长度、温度、质量也是不变的，除非发生有限的热胀冷缩或者其他被动变化，而且这种变化也是可测的；光速是绝对极限，没有，也不可能有超过光速的物质运动。但量子世界的发现意味着这样的认识必须改变：一是宇宙万物都存在着"测不准"这个特性，量子系统的精确测量不仅在实践中不可能，而且在物理上也没有意义；二是"双缝干涉实验"告诉我们，人与物不是相互独立的，有观测者和没有观测者的最终观测结果是不同的；三是量子纠缠告诉我们，不仅距离不是问题，而且光速也不是极限。《道德经》讲"道可道，非常道；名可名，非常名"，又讲"有物混成，先天地生。寂兮寥兮，独立而不改，周行而不殆，可以为天地母。吾不知其名，强字之曰道，强为之名曰大。……故道大,天大,地大,人亦大。域中有四大,而人居其一焉。人法地,地法天,天法道,道法自然",还讲"道生一,一生二,二生三,三生万物",其中所蕴含的道理似乎与颠覆常识、引起西方认识和物理学革命的"测不准定理"、量子纠缠异曲同工。

人的多维一元不仅包括上述四个方面,而是有无数个方面。既然万物归一,也即天人合一,"人"是"天"即世界的组成部分,那么,人也是一种客观实在,也具有所有客观实在的特性,同时与其他客观实在之间存在着相互作用的关系。在此情况下,观者的存在就不可能不对被观者造成影响。中国文化一方面讲究因时、因地、因人而异,所谓酒逢知己、话须投机、饮茶对人、治病对时;另一方面要求认识主体即个人尽可能遵循中庸之道,"不以物喜,不以己悲",这正说明了人与人之间的一体关系,反过来也表明人不是独立存在的,而是与被观的世界形成了某种相互关系。

既然万物一元即同质,量子纠缠就是常规,光速就不是极限,而极限是意识的产物,意识也才是速度的极限。传统哲学讲究因果联系,没有无因之果,也无无果之因,同因将有同果,同果必然同因。《大学》讲"古之欲明明德于天下者,先治其国;欲治其国者,先齐其家;欲齐其家者,先修其身;欲修其身者,先正其心;欲正其心者,先诚其意;欲诚其意者,先致其知。致知在格物",《道德经》讲"不出户,知天下;不窥牖,见天道。其出弥远,其知弥少。是以圣人不行而知,不见而明,不为而成",中国民间也讲千处祈求千处应,都是同一道理。

从好的方面讲,现代科学在不断发展和进步;但从另一个方面讲,所有科学都是有局限性的。比如我们对宇宙的认识经历了从地球中心到太阳中心的转变,现在认识到太阳也不是中心。再如,在狭义相对论提出以前,我们认为时间和空间是各自独立的绝对的存在,牛顿经典力学和经典运动学只考虑了"空"而未考虑"时",也就是没有考虑时间因素;而爱因斯坦的相对论首次提出了时空的概念,认为时间和空间都不是绝对的,绝对的是它们的整体——时空。显然,在空间的基础上增加了时间因素已经是一个非常大的进步。不过,一方面,时空显然不只是四维,而是与人的意识相应,有无数维;另一方面,这里的时间与空间相对于观者"人"来说仍然只是一个外部的存在,观者没有与时空融为一体。这也可能正是相对论的局限性。也就是说,在相对论中,虽然有了时空的合一,却没有把观者"人"合并到时空之中,没有把人也看成一种"时空"的存在,没有"看到"观者与其他的时空之间的相互作用和相互影响。实际上,在这里,爱因斯坦所说的时空仍然是相对的,是相对于观者来说的。如果我们把观者也放进这一时空之中(实际上其本身就在这一时空之中),科学将会是另一种景象。

包括社会科学在内的现代科学的研究既缺乏反观,更缺乏通观,而只有直观。所谓缺乏反观,就是没有看到所有的研究都是人做的研究,都是为了人的研究,都首先是解决人的认识问题,而所有问题的解决也都是人的认识提高的结果。所谓直观,就是只着力去分别所看到、听到、嗅到、尝到、触到的事物和现象,只是想去解释世界,而忘记了解释世界的目的是利用和改造世界,利用和改造世界的目的是为了人。我们很多人谈认识世界、改造世界,但如果我们连自己都不认识,连自己都改造不了,何谈改造世界?正像《道德经》所说的:"知人者智,自知者明。胜人者有力,自胜者强。"所谓通观,就是把"观"的主体与客体融合起来,特别是要把主体的人融入客体的物和现象之中,同时把客体的物和现象与主体的人联系起来考虑。《大学》要求诚意正心,亦即知止,因为"知止而后有定,定而后能静,静而后能安,安而后能虑,虑而后能得。物有本末,事有终始。知所先后,则近道矣","自天子以至于庶人,壹是皆以修身为本"。这说明了人与物的统一。传统物理学既没有看到人自身,也没有看到人与物的交互作用。由于缺乏反观,所以不知道有通观的作用;也正是由于未发现有通观的作用,人从而忘记了反观。量子力学的产生,使人把微观世界和宏观世界区别开来,这是一个伟大的突破,但很遗憾,宏观微观本来一体,也遵循着同样的法则,由于对微观量子世界和宏观宇宙的研究都浮于表面,所以只能发现一些与现有的思维及模式相适应的相对现象和所谓的规律,而不能参透其本质。

二、中华优秀传统文化的大、德、和、新、省

中华优秀传统文化源远流长且博大精深,无论从哪个角度进行总结都是不全面的。但中华优秀传统文化也有一个特点,就像佛经的"四句偈"一样,可以以点代面,管中窥豹,触类旁通。为了方便认识,我们可以从大、德、和、新、省五个方面进行把握。

中华优秀传统文化是"大"文化。《大学》开宗明义,"大学之道",在"止于至善"。这里的"大"是无边之大、无相之大,为我们今天的"人类命运共同体"和"人与自然生命共同体"等理念提供了智慧基础。"大"的最高境界就是"至善","大"的具体体现就是修身齐家治国平天下。

中华优秀传统文化是"德"文化。"德"是"大"的前提和基础,所谓"有德此有人,有人此有土,有土此有财,有财此有用","平天下"不是统治天下,更不是侵略天下,而是以德化人,润物无声,所谓"施诸己而不愿,亦勿施于人""为政以德,譬如北辰,居其所而众星共之"。

中华优秀传统文化是"和"文化。"和"是"德"的前提和基

础，所谓见和同解，戒和同修，身和同住，意和同悦，利和同均，口和无诤，此即求同而存异。《国语·郑语》云"夫和实生物，同则不继。……若以同裨同，尽乃弃矣"，认为阴阳和而万物生，完全相同的东西则无所生。可见和合中包含了不同事物的差异、多样性的统一，才能生物，才能发展。

中华优秀传统文化是"新"文化。"新"是"大""德""和"的应有之义，"大"须渐进，"德"须渐修，"和"须渐同，"渐"即"新"，故"新"者，创新，所谓"苟日新，日日新，又日新""在新民"。《诗》曰："周虽旧邦，其命维新。"

中华优秀传统文化是"省"文化。"省"是实现"大""德""和""新"的手段，也是"大""德""和""新"的必然要求。儒家不仅讲"吾日三省吾身：为人谋而不忠乎？与朋友交而不信乎？传不习乎？"（《论语·学而》），而且要求慎独，"莫见乎隐，莫显乎微，故君子慎其独也"（《中庸》），"诚于中，形于外，故君子必慎其独也"（《大学》）；道家讲"知人者智，自知者明。胜人者有力，自胜者强。知足者富，强行者有志，不失其所者久，死而不亡者寿"（《道德经》）。

总体来看，中国文化提倡做"大"人，关键是养"德"性，日常则通过"慎独"和"三省"（即"省"），以实现对外的"和"和对内的"新"。因此可以说，在中国文化中，"大"和"德"为目标，"和""新"与"省"为手段，但彼此并不绝对分离，而是互为条件，互为目标，相辅相成，统一于中国文化的一元论之中。从手段上讲，"大"要无缘大慈，"德"要同体大悲，"和"要共享、包容，"新"即进取、创新，"省"即内观、反观；从目标上讲，内要和谐、小康，实现中华民族伟大复兴，外要与自然和谐共生，推动构建人类命运共同体。因此，大、德、和、新、省不仅是一个国家，更是全人类持续发展的条件和目标。

三、中西文化的对比认识

中国文化是关于"人"的文化，不同于西方的唯"物"主义文化；中国文化强调经世济民，不同于西方文化的经利济资。不过，仅仅这样说明中西文化的不同及特点还是不够的，还需要以对比的方式，从根源、方法和结果三个方面进一步加以说明。

从根源和根本目的上讲，中西文化的区别体现在三个方面。一是中国文化是真相学，通过"知止而后有定，定而后能静，静而后能安，安而后能虑，虑而后能得"（《大学》），"常无欲以观其妙，常有欲以观其徼"（《道德经》）的"异曲"而达"君子不器""不出户，知天下；不窥牖，见天道"（《道德经》）之认识宇宙人生真相的"同工"。而西方文化主要是现象学，不论是苏格拉底的"我的朋友不是城外的树木，而是城内的人"，还是达尔文的进化论和丛林法则，不论是色诺芬的"经济即家庭管理"，还是凯恩斯的"恶实用"，都是从现象出发揭示现象，以一点代表整体，甚至从某点出发而忘记了整体，从自然出发而忘记人生。二是正是由于中国文化是真相学，而真相只有一个，智慧（文明）只有一种，因此中国文化也是一元论，是智慧之学（慧学）：中国慧学不等于哲学，它远高于哲学，它超越唯物与唯心，超越绝对与相对，超越对立与统一，超越阴与阳、有与无等，既可知"道生一，一生二，二生三，三生万物"（《道德经》），又可知万物归一，应构建人类命运共同体和人与自然生命共同体。与此相对应，既然西方文化是现象学，现象又是多种多样、千变万化的，因此西方文化也是多元论，是观察之学：西方不仅把"宇宙人生"划分为十三大学科门类，而且在各学科门类下又分解出越来越多的一级学科、二级学科等，直至随着这种细分越来越割裂，进而形成了诸如唯物主义与唯心主义、辩证法与形而上学的对立，形成了此起彼伏的怪象。三是由于中国文化是真相学，是一元论，因而其出发点与归宿、目的与手段、形式与内容是统一的，即通过"和"的求同存异达到"合"的人我一体，通过"省"的不断反思达到"新"的自强不息和新陈代谢，进而实现个人全面发展和全人类的可持续发展。而西方文化由于是现象学，是多元论，因此不仅会造成出发点与归宿、目的与手段、形式与内容的分离，更造成人的自私与对立，造成科学研究的以点代面、见木不见林和顾此失彼。这也意味着西方不可能将和平与和谐作为终极目标，而只能是博弈和争斗。

从方法上讲，中西文化的区别体现在四个方面。第一，中国文化作为对宇宙人生真相的认识，源自个人体验，即从"知止"的"常无欲"开始，通过诚意正心修身，以达格物致知和齐家治国平天下之境界，又从格物致知开始，通过诚意正心修身达到齐家治国平天下的水平，再通过修身齐家治国平天下的体验证实格物致知、诚意正心之妙用。也就是说，中国文化是内生的，是知行合一的，因而是"己所不欲，勿施于人"的。与此相对应，西方文化作为现象学，源自两只眼睛对外界（心外和身外）现象的观察和研究，满足观察者作为动物的本能。由于两眼的观察是有限的，动物本能的欲望是无限的，形成了外生的文化和无限的贪婪，也形成了人我不同的双重标准。第二，为了认识宇宙人生的真相，中国文化要求用通观的方法：既要"两眼向外"直接观察对象世界，又要"两眼向内"体验对象世界与自己的联系；既要看到别人的反应，又要觉察自己的感受；既要分析作用于对象世界所带来的变化，又要反思反作用于自己的影响。如此一来，就把内外部、主客体、主客观连成了一个统一的整体，通过通观实现了"通透"，从而可以举一反三，融会贯通。而西方文化只有直观，缺乏反观，可以"看到"但解释不了"双缝干涉"和"量子纠缠"，不能举一反三，不能融会贯通，只能分门别类地研究和学习，虽然创造的知识越来越多，但学习的困难也越来越大，因此只能出现专家而难以再现大师。第三，中国文化是个人体验的结果，这决定了传授的最佳方式是师傅带徒弟，是"一带少"，这样可以对症下药，也决定了在传授过程中先传道再授业最后才是解惑。这样，师傅（老师）就成为"人类灵魂的工程师"，带出来的徒弟（学生）也就有了忠诚度。这就是所谓的"法不轻传，道不贱卖，师不顺路，医不叩门"的由来。而西方文化源自对外部世界的观察，在条件相同的情况下，观察的结果也大体类似，这就决定了西方知识的"千篇一律"，也决定了西方式教育的大规模培养方式，这样的教育既无道可传，也无业可授，甚至连解惑都谈不上，学生的学习只局限于知识层面，更谈不上"幼儿养性，童蒙养正，少年养志，成年养德"。第四，由于中国文化是真相学，其表述的方法就是演绎推理，即从格物致知开始，通过个人修身齐家以达治国平天下。正如《大学》开篇就讲"大学之道"，《易经》开篇讲"天行健，君子以自强不息；地势坤，君子以厚德载物"，《道德经》开篇讲"道可道，非常道；名可名，非常名"等，没有格物致知，就难以诚意正心，也就谈不上修身齐家治国平天下。这也正是释家所讲的"悟后起修"。而西方文化的表述方法是归纳推理，即从观察各种各样的现象开始，通过合并同类项或求最大公约数的数学和逻辑学，总结出对现实的认识。在这方面，达尔文的《人类的由来》也许就是典型。

不同的文化必然培育出不同的人，造成不同的结果，具体体现在五个方面。第一，中国文化的通观可以促进内外双修，多维兼顾，不仅人格是统一的，而且人与社会、自然也是统一的，不仅能解决个人和人类的问题，也能彻底地解决人与自然的和谐相处和持续发展问题。而西方文化单纯的直观导致其虽然试图解决自己（主要是物欲）的问题，但由于缺乏对社会和自然界的全面和正确认识，往往是摁下葫芦起了瓢，顾此失彼，问题越解决越多，新问题的出现往往就是源于旧问题的解决，人们难于应付，全面和可持续发展就成了空谈。第二，中国文化使人成为真正的人，实现从现实人到理想人的飞跃；西方文化则容易造成人的畸形存在。第三，中国文化可以实现人的全面发展，从而培养出大家，即大师，西方教育模式下每个人都只懂得某一个专业或一个专业的一个方面，从而越来越"专业化""专家化"。第四，中国文化可以助力和指导人类实现平衡、协调和共同富裕的可持续发展；西方文化则制造了不平衡、不协调和两极分化，造成了人类发展的不可持续。第五，中国文化既要"微分"又要"积分"，见木又见林，因而可以不忘初心，善始善终；西方文化则只顾"微分"而忘记了"积分"，见木不见林，虽可能"善始"但难以"善终"。

第二章
重识管理

管理的历史与人类历史一样悠久；对管理问题的思考和研究（管理学）伴随着人类的管理实践，同样与人类历史一样悠久。正确地认识管理是正确地构建管理学的前提，当然也是从根本上解决管理问题、实现人类全面和可持续发展的基础。

　　现在的管理学作为一门与其他十二大学科门类[1]隔离、并列且平行的学科，是近代西方认识的产物，管理学的独立对管理学的发展有一定的促进作用，但也不可否认带来了盲人摸象的问题。特别是一些学者和学生为了研究管理而研究管理，一些"专家"只是将研究管理作为职业，更多的人则是在对管理背后的文化缺乏了解，对管理的目标缺乏正确认识的前提下"就事论事"地研究管理，既无管理的实践和体验，更缺少对管理的系统思维、战略思维、历史思维、辩证思维、底线思维，在造成管理学与管理脱节的同时，更导致了管理的失效和对管理学的质疑。这恰恰反映了由东西方不同文化背景所决定的不同的管理实践（管理方式）和管理学研究造成的不同管理效果和人类不同的发展模式，造成的人类成为全面和可持续发展的真正的人与成为畸形和不可持续发展的普通动物两种道路和结果。因此，要了解和阐述现代管理的中华优秀传统文化渊源，就需要依据中华优秀传统文化重新认识管理。

---

[1] 按照目前西方的分类方法，有文、史、哲、经、管、法、理、工、医、教、艺、农、军十三大学科门类，中国又增加了一个交叉学科，因此共有"13+1"大学科门类。从历史上看，中国没有学科划分，只是根据内容特点区分经、史、子、集四大部类，统一为"慧学"。

第一节　管理实践的产生

对问题的研究产生于实践的需要，没有实践就没有问题，也就没有相应的研究，也就不会产生相应的学科。不过，学科划分是后来的事，但对实践问题的研究并不是学科划分的结果，而是学科划分的原因和条件。因此，要研究管理学，阐述清楚管理的问题和规律，就必须从管理实践的产生说起。

在管理领域，首先需要直面的问题就是为什么需要管理，管理解决了什么问题，也就是说，管理是在什么背景和条件下产生的，是如何产生的。显然，管理既不是从石缝中蹦出的石猴，也不是从天外飞来的访客，而是人类活动的产物，是人类活动的需要，也是人类活动的有机组成部分。

丹尼尔·雷恩、阿瑟·贝德安从人、管理及组织三个层面探索管理的起源和必要性。他们虽然认为"在关于历史、组织及管理的研究中，人是最基本的分析单位"，但又认为"人类总是面临一种相对恶劣的环境，其主要特征表现为：食物供应短缺，居住场所不足，以及总体来说用以满足人类多种需求的其他资源极度稀缺"。他们不是从人与生俱来的本能和意识中分析人类，而是从主观臆想的"现实"中假设条件："为了解释人类得以生存的原因，我们必须寻找躯体力量之外的能够使人类在一定的自然限制下控制和操纵周围环境的其他特征。"[1]他们认为："为什么人类能够生存下来？这个问题的答案可以从人类的思考能力中找到。在长期的进化过程中，能够生存下来的并不总是那些身

---

[1] 丹尼尔·雷恩，阿瑟·贝德安. 管理思想史［M］. 李原，黄小勇，孙健敏，译. 北京：中国人民大学出版社，2022：7-9.

体最强壮的个体。人类在躯体上比其他许多食肉动物要弱,但人类拥有最高的认知能力,学会了制造工具和武器,掌握了火的使用,形成了理性思考能力,拥有高超的沟通技巧,善于团队协作,并周密地进行计划、协作和配合。那些生存下来的人,懂得运用棍棒和长矛保护自己,懂得制作工具和耕种土地,并形成了紧密的组织。"他们提出:"除了对生存至关重要的基本需要,人类还有社会需要,这种需要来源于人类繁衍(即选择伴侣)的驱动力。家庭成为人类群体关系中最基本的单元,这种组织既能满足人们的需要,又能完成工作任务。维系家庭变成了一个目标,而且人类发现,形成群体或者部落,可以在采集食物、保证安全、照顾儿童等方面获得共同利益,更好地保护和增进自己的利益。"他们引述布罗诺夫斯基的话:"我们加入家庭,家庭加入具有血缘关系的群体,具有血缘关系的群体加入氏族,氏族加入部落,而部落加入国家。这就是最原始的组织层级示意图,它一层接着一层,将人类生存的过去与现在联系在一起。"他们还认为,"纵观历史,导致组织最初成立的那些基本要素在本质上是一样的。第一,必须存在一个目标,或者需要完成的某件事情……。第二,人们必须受该目标吸引,愿意参加进来。人们必须觉得为了这个集体目标努力最符合自己的利益。组织最重要的纽带是,人们把加入该组织作为一种满足自己需要的手段。第三,组织成员需要使用某些东西进行工作或战斗。这些东西就是实现目标所需的资源或手段……。第四,群体成员的各种活动必须是有组织的……。第五,当任务变得复杂时,该群体发现,如果安排某个人专门负责带领整个群体朝着既定目标前进,该目标就更有可能实现。为了实现目标,必须有人来承担这样的工作:解决意见分歧,决定战略和时机,以及对成功所需的人和活动进行管理",由此,"管理开始成为一种与众不同的职能,是各种类型的合作努力中至关重要的部分"。需要明确的是，他们把家庭看成组织的一种："在人类的整个历史进程中，人们总是参与到各种组织中（无论是家庭、家族、氏族、部落、国家，小杂货店还是《财富》500强企业）。"显然，如此之类的推测既不符合历史，也不合乎现实。我们这里要问的问题是：第一，先有家庭还是先有个人？历史和现实中是否存在着不生存于家庭和社会的个人？如果说这个问题不言而喻，那么，第二个问题"先有组织还是先有人类的生存"需要研究吗？我们都知道，人类最初就生活在氏族和部落之中，这是一种客观存在，也是人的生活方式和状态；现代人以及以后的人也会是父母亲所生，也是生活在某种组织（即便不在完整的家庭）之中，同样，这种家庭和组织并不一定是人类的有意识安排，而是一种自然的存在。

西方的管理思想从一开始就有两种偏误，一是用现代的思维去考虑和分析过去；二是用现代研究的方法去考察过去的实际。也就是说，研究者没有"设身处地"回到当时当地的条件，而是用数百年甚至数千年来逐步"培养"起来的思维模式去还原当时以及推测未来。因为不能摆脱目前经过长期培养、已经形成的思维，所以做出了"已经形成"的结论。例如，对人类组织的考察和分析不是从原始的自然状态出发——我们这里不对"原始的自然状态"的形成进行分析——而是基于现实的条件进行"推论"：似乎最早的人类不是以"类"和"群"存在，而是以个人形式存在，由于认识到个人力量的某些不足，才得以形成"人群"，形成了某种形式的组织，并在这种组织的基础上提出了管理的需要。

我们以丹尼尔·雷恩和阿瑟·贝德安的观点入题，并不是简单地反对以假设和臆想推测人类的过去，或者用现状推测历史的做法，而是要"穿越"到人类诞生的初期（如果有这样一个"初期"的话），用当时的条件解释当时的实践和管理的产生。换句话说，管理最初是如何产生的，这需要从朴素的现实而非"科学的假设"和纯粹主观的臆想出发进行探究和认识。

以纯而又纯的"理论"来讲，似乎是先有个人后有集体，个人寡不敌众后才组成团队抱团儿取暖。但显然，这样的"先后"是主观的臆想和假设，完全不符合实际。因为我们从来没听说，也没有证据证明人曾经以个人的方式独立生活。我们知道的是：第一，人是父母亲共同的结晶，人的父母亲也是其各自的父母亲所生；第二，人最早生活在氏族和部落之中，而且这些氏族和部落实行了原始共产主义的分配方式；第三，庄园、企业（公司）、国家等都是人类社会演变后期的产物；第四，我们常说国有国法、家有家规，虽然各国的国法和各家的家规会有不同，同一国法或家规也会在不同的时期有不同的内容，但也是具体内容的区别，而不是有和无、需要管理和不需要管理的问题。[1]因此，人从来就是社会的，个人与社会（集体）不存在先后的问题，管理也不存在何时产生的问题。从现实看，管理产生于一个基本条件和两个基本原因，一个基本条件就是有组织（团队），两个基本原因就是认识不统一和行动不协调。既然人从来就是生存于组织之中，一个组织既然由多个人组成，就难免因认识不统一导致行动不协调，这样，管理就自然而然产生和存在了。实际上，正像我们没听说过人独自生活一样，我们也从来没听说过哪个氏族或部落（甚至家庭）不需要管理和不存在管理。因此，自从有了人，就有了管理，或者说，管理的历史与人类的历史一样悠久，也正如丹尼尔·雷恩和阿瑟·贝德安所说："人类甚至在开始记载他们的行为之前，就已经认识到在集体协作中对活动进行管理

---

[1]这里需要注意，道家讲的"无为而治"并不是"无"为，而是"无不为"，是"常无欲"之"为"。

的必要性。"[1]

当然，我们也必须承认，虽然管理是人类所需要的，但不同时期的管理可能具体内容有所不同，比如在原始社会时期，管理主要是为了保证氏族和部落成员的生存而进行的组织、分工和协调，后来的奴隶社会、封建社会、资本主义社会、社会主义社会等不同时期的管理各有特点。现代西方社会与中国社会的管理就有很大的不同，这源于二者不同的文化背景。不过，本书不是要从"相互理解"的角度去描述这种区别，而是要从不同的管理效果即是否有助于人类可持续发展的角度反映东西方文化的先进与否，这也正是本书研究的历史背景。

第二节 管理关系的构成

管理关系就是管理过程中涉及的各种关系，实际上是组织中包含的各种关系，也是管理要处理的各种关系，当然也是管理学要研究的关系。而关系至少是由两个要素组成的，要处理好要素之间的关系，就必须认识这些要素，并在认识这些要素的基础上认识它们之间的关系。西方管理学的问题从根本上讲就是缺乏这种认识，不仅想当然地把人"格式化"为经济人，更把人看成与其他生产要素如工具、原材料等完全相同的"会说话的工具"；虽然之后有人提出了"社会人""自我实现

---

[1] 这就是西方人思维方式导致的相互矛盾：一是人类从何时开始记载他们的行为至今也无定论，实际上也无法定论；二是一方面认为组织及管理是后期产生的，另一方面又提出管理产生于人类记载其行为之前。这类问题我们将在后面专门介绍。[美] 丹尼尔·雷恩，阿瑟·贝德安. 管理思想史 [M]. 李原，黄小勇，孙健敏，译. 北京：中国人民大学出版社，2022：7.

的人""复杂人"等假设，但也没有从根本上改变其经济人认识的本质。如此片面、错误的认识必然导致错误的结果。

管理既然是针对组织的行为，管理关系就取决于组织的存在形式、规模和工作内容等。

从存在形式上讲，原始的组织是氏族和部落，其后由于各种原因特别是专业化分工，衍生出诸如家庭、庄园、企业（后期的公司）、国家以及学校、医院、律所等多种形式的组织。即便同样是公司，也有从事农业、工业、服务业等的区别；同样是律师事务所，也可能按照刑事、民事、经济等类别在业务上各有侧重。从规模上讲，初期的氏族规模可能比较小，后来的部落超过了氏族；现代公司虽然有些实行了扁平化的管理，但一般都有多个层级；再如部队，从班开始，上有排、连、营、团、旅、师、军等近十个层级。由此我们可以得出，管理过程中涉及的关系应包括人与事的关系、人与人的关系、人与物的关系、物与物的关系四类。

其中，人与事的关系是指团队及其成员与所要解决的问题之间的关系。这些问题可以根据时间长短、认识水平高低、与个人（特别是与团队管理者）关系的紧密程度、紧迫程度等分为多个层次，如眼前的利润问题或者猎物分配问题，长期的团队协作和团结问题，外部事务如孩子的学习、生活、疾病等对团队成员的影响等，但其中最根本的是团队的发展方向和目标问题，因为团队的发展方向和目标决定着其他所有问题及其解决方式，确定正确而合理的发展方向和目标实际上也是管理所要解决的最根本的问题。南辕北辙就会事倍功半，不仅无功而且有害；目标虽然正确，但过高会挫伤团队成员的积极性，过低则调动不起团队成员的创造性。如果一开始就把个人、家庭（庄园）、国家的方向定为物质层面的，把目标定为获取物质利益（利润）[1]，就会导致短视、片面的世界观和不择手段、人为财死的方法论[2]。中国古圣先贤把个人、家庭与国家、人类甚至整个自然界统一起来，提出了"格物致知、诚意正心、修身齐家治国平天下"的方向和目标，成就了中华民族的持续发展和中华文明的持续辉煌，也显示了中国式管理的效用和魅力。在确定正确且合理的目标方面，存在着几个需要规避的问题，一是目标不正确，二是目标不明确，三是目标不合理，如把长远目标与眼前目标分离，过分注重物质目标（如利润、现金流），损人不利己等。为此，一要注意"一以贯之"，二要正确认识眼前与长远的关系、利他与利己的关系。

人与人的关系是指团队与团队之外的所有人和组织之间、团队内部（各层级的）管理者与其他人之间，以及其他人相互之间的关系。所有的问题都是人的问题，所有问题的解决最后都要靠人，解决任何问题的目的也都是为了人，因此人与人的关系是管理所要处理的最复杂的关系，也是最基本的关系。处理好这一关系，既需要对个人（人性）有客观、正确的认识，还需要对由人组成的团队和由众多的个人和团队组成的社会有客观、正确的认识。在这方面，尽管我们看到从泰勒（"科

---

[1] 在西方，色诺芬最早定义了"经济"一词，即家计学，或者叫家庭理财；之后的蒙克莱田提出了"政治经济学"，成为国家追求富裕的理论依据。现实中更能代表西方财富理念的有英国早期的重商主义者约翰·海尔斯和西班牙殖民者赫尔南·科特斯的思想。约翰·海尔斯认为，贪婪是经济行为的主要动因。他说："我认为贪婪是其中的主要原因；但是，我们能够想出办法使所有的人不再贪婪吗？不能，正如我们不能使人们没有愤怒、没有欢乐、没有怨悔和没有各种感情一样。"赫尔南·科特斯更是形象地说："我们西班牙人人都受着一种心病的折磨，这种病只有黄金才能治愈。"

[2] 冯彦明. 中国文化与中国经济学——对建立经济学中国学派的再思考[J]. 财经理论研究，2021（4）：1-16.

学管理")开始就有了对人性问题的研究,并由此产生了 X 理论、Y 理论、Z 理论,产生了心理学和行为科学等,但西方的研究至今还未形成对人性及组织(社会)的正确认识。近年来西方在"可持续发展"概念的基础上又提出了环境-社会(责任)-(公司)治理(即 ESG)理念,实际上,第一,ESG 的要求没有错,但它是从一个方面出发的,并不全面——在中国的理念中,"百发失一,不足谓善射;千里跬步不至,不足谓善御;伦类不通,仁义不一,不足谓善学"(荀子《劝学》)。第二,保护环境不是要求和被要求,而是人的自觉行为。中国文化讲究天人合一和道法自然,中国历史上一直是环境保护的践行者。第三,社会责任也不是要求和被要求的,人本来就是社会人,任何组织也都是社会性的组织,承担社会责任是所有人和组织的本分。中华优秀传统文化讲"修身齐家治国平天下",讲"为天地立心,为生民立命,为往圣继绝学,为万世开太平",这本身就是社会责任的体现。实际上,如果不能正确地认识人性和组织的属性,不知道人和组织为什么要承担社会责任,单纯靠外力强迫如何保证个人和组织真正并且积极主动地承担起社会责任?第四,法人治理也不是包治百病的良药,拥有完善的法人治理并不能解决管理中的所有问题。有着百余年历史却最终倒闭的巴林银行,2007 年次贷危机中破产的几大投行,不能说它们的法人治理不成熟、不完善,也不能说它们没有经过大风大浪的考验,但前者因为一个交易员的贪婪,后者因为美国整个金融制度的错误,在造成惊人的损失的同时,又使英美垄断阶层重新洗牌,这不能说是出现了风险,而是一种必然。[1]

---

[1] 在我们的观念中,风险几乎是没有的,目前几乎所有的所谓的风险都不是"可能性",而是必然要发生的。必然要发生的事情就不是风险,至少不是严格意义上的风险。参见冯彦明所著《银行管理理论与实务——中国银行业管理案例启示及观念转变》。

人与物的关系就是人与各种以物资形式存在的、影响或直接参与组织活动的要素之间的关系，包括人与地理位置（代表着气候、环境、习俗、法律等）、各种物资（生产条件、设备、原材料、半成品、产成品等）、资金、技术、信息等的关系，是管理中需要处理的重要关系之一。任何组织都离不开这些要素，只是与不同的组织相关的具体要素有所不同，组织的活动就是要充分利用这些要素，合理发挥这些要素的性能和作用，以利于组织目标的实现。我们知道，人有人性，物有物性，不同的人性格习性不同，不同的物也各有结构和属性。管理需要发挥好人性与物性，更要协调好人性与物性。《中庸》讲："唯天下至诚，为能尽其性；能尽其性，则能尽人之性；能尽人之性，则能尽物之性；能尽物之性，则可以赞天地之化育；可以赞天地之化育，则可以与天地参矣。"我们在日常生活中也说"酒逢知己千杯少，话不投机半句多"，又说"一方水土养一方人，一方人感应一方水土"，就充分体现了处理好这种关系的意义。

物与物的关系就是与组织相关的各种物资之间的关系，其中既包括组织与外部物质条件如环境、气候的关系，也包括组织内部各种运营要素如设备、原材料、技术、工艺等之间的关系。如果说人与事、人与人、人与物的关系直接关系着人，那么物与物的关系实际上也决定于人，决定于人的认识以及在认识基础上对物的配置和利用。因为在组织与外部物资条件的关系上，"有条件要上，没有条件创造条件也要上"，这说明了管理者的胆量和能力；在组织内部各种运营要素的关系上，这些要素都不是凭空产生的，都是相关的人创造（购置、生产）的，这是包括管理者在内的相关人员（实际上是各层次的管理者）认识和行为的结果，同样说明了各层次管理者的认识和能力。

上述四种关系可以归结为三个方面即人、物、事的关系。这三个方面的关系也构成了管理主体的人、管理客体的物、管理内容的事等管理的全过程和全要素。在这里我们把管理客体都归结为物,而从现实来看,一些管理的客体似乎是人,原因在于从最终的角度看,在组织中每一个人都是管理者,只是处于不同的管理层次:每个人既要管好自己,也要处理(管理)好自己与别人的关系,还要处理(管理)好自己与相关事和物的关系。即便是一些直接管人的人,其之所以能管人,除了本身德才兼备之外,更在于其手中掌握的诸如薪酬分配、职务晋升、钱财配置等资源条件,也就是说,他们也要把被管的人落实到事和物上。因此,不论何种管理,不论什么条件,管理的主体都是人,人都是管理的主体;管理的客体都是物,物都是管理的客体;管理的内容就是事,各种事如确定组织目标、协调各方关系、配置各类资源、控制活动进程、反馈管理绩效等构成了管理的内容。管理过程就是管理主体在充分、正确认识自己和组织,充分、正确认识管理客体和管理内容的基础上,通过一定的方法和手段实现管理(组织)目标的过程。

  在处理这三个方面问题的方法上,中西方有着本质的区别。比如从管理主体看,中国古代管理哲学主张推己及人,正人必先正己,要求管理主体以"修己"为起点,达到"安人"的目的。"修己"强调从主观上加强自我管理,将外部的监督机制、管理机制视为一种辅助力量,管理者通过自我修养,做到"内圣外王",从修身齐家到治国平天下。西方并没有对管理者自身道德修养的要求,也没有对管理者提出相对于一般员工更为严格的要求,而是强调将更多的精力放在如何有效地控制人、利用人上,通过统一规范来约束人的行为,以保证组织的有效运转。从管理客体看,西方管理的主要对象是工商企业。多年来,西方诸多重要的管理思想几乎都聚焦于工商管理,从泰罗开始,到法约尔、梅奥,再到德鲁克、明茨伯格、波特等管理学巨匠,其研究领域主要集中在工商管理。中国古代管理的对象集中在伦理规范和国家管理两个方面，伦理规范主要是指包括仁、义、礼、智、信等在内的人际关系准则和要求，国家管理是中国古代管理的重点。正如司马谈在《论六家要旨》中所叙："易大传：'天下一致而百虑，同归而殊途。'夫阴阳、儒、墨、名、法、道德，此务为治者也。"即便把人作为管理对象，中西方的处理方式也根本不同。西方管理者将人看成机械人、经济人。由于"感觉到"这种认识的局限性，从梅奥开始，再到马斯洛、麦格雷戈、沙因等人，逐渐将人看成"社会人"、"自我实现人"、"X 理论"和"Y 理论"假设的人、"复杂人"等。中国古代管理哲学将人视为有血有肉、感情丰富的"伦理人"，认为管理的调整对象是直接的伦理关系。伦理被视为厘定和改造人性的基本法则，中国古代管理哲学重视人的道德和行为的可塑性，提倡"人为为人"，提供了人的发展的可能性。从管理的内容看，管理的内容是指管什么，实际上也就是管理要做什么。在这方面，根据管理的客体不同，具体内容也不同。不过，根据管理的逻辑，管理可以分为三个层次：第一个层次一般是管理人；第二个层次一般是管理事，即通过人来做事；第三个层次是管理物，即通过认识事理来利用和改造物。在此过程中，一般认为人是根本，物是枝末，事是人与人、人与物、物与物之间的关系和道理。但实际上，人、事、物是三位一体的，因为从现实看，人离不开物，人类的衣食住行用等都体现为物；人也离不开事理，人与人、人与物之间"交往"的过程需要符合事理，这样才会出现天时地利人和，如果人不了解事理，做事不符合事理，就会出现"万事俱备，只欠东风"的情况。正因如此，中国古圣先贤提出了要格物致知。当然，我们必须承认，在管理过程中，人处于主导的地位，但这里的人不是一个个既完全独立于其他人，又独立于事和物的人。

第三节　管理的权力基础

管理似乎是一种权力，借助于管理（的地位）可以做自己喜欢做的事，甚至可以为所欲为。但从历史上看，管理是一件顺其自然的事情，管理者（管理主体）的产生也是一种自然的过程，就像当年的母系社会由母亲（女性）管理，父系社会由父亲（男性）管理一样。中国文化强调厚德才能载物，"有德此有人，有人此有土，有土此有财，有财此有用。德者本也，财者末也"（《大学》），并说"为政以德，譬如北辰，居其所而众星共之"（《论语·为政》）。反过来说，一个人最大的灾难是有财无德，所谓"德不配位，必有灾殃；德薄而位尊，智小而谋大，力小而任重，鲜不及矣"（《周易》）。也正因如此，才有了"仕而优则学，学而优则仕"（《论语·子张》）。当然，这里的"学"不是现在的"学"，不是仅体现为分数和知识，而是践行"知行合一"、体验"学而时习之，不亦说乎"的"学"，是"君子不器"之"学"。如此之"学"的结果将是品学兼优，德才兼备，既有把控和处理眼前问题的能力，更有预见未来和应对波折之本领。

道德从表面上看是一个伦理概念，属于意识形态的范畴，但在没有学科划分，只有宇宙人生智慧显现的中华优秀传统文化之中，其是一个集聚了人类所有智慧的基础的综合性的概念，是中国文化的基石，也是管理的权力基础和实现条件。过去，由于一些文化人或专家未能通过"诚意正心"融通中国文化，掌握中国文化的精髓，断章取义和为我所用地解读中国文化，给人们造成了很大的误解，认为儒家思想就是为封建统治者"人治"服务的工具，道家则是通过虚其心、弱其志的"非以明民，将以愚之"实行"愚民"，因此认为中国传统文化是糟粕，也脱离了实际和时代。从否定封建统治到否定儒道思想，再到否定中国文化的道德观，进而否定中国传统文化，形成了一个否定一切的链条，不仅暴露了否定者历史知识的缺乏，也反映出其对语言文字的懵懂；不仅使这些本来要批判唯心主义和形而上学的人变成了唯心主义、主观主义的实践者，而且使我们的民族失去了文化自信。

"道德"一词在汉语中可追溯到先秦思想家老子所著的《道德经》一书。老子说："道生之，德畜之，物形之，势成之。是以万物莫不尊道而贵德。道之尊，德之贵，夫莫之命而常自然。"其中"道"即自然运行与人世共通的真理，是万物之本体；而"德"则是"道"在人类生活中的体现，是养育人、使人成为人的基础，具体反映为人之德性、品行，也就是在遵循"道"的前提下的人的行为、修为。也正如《劝学》中所说的"积善成德"，《大学》中所说的"在明明德，在亲民，在止于至善"，既说明"德"的来源是"善"，又说明"善"的标准是从"知止"开始逐步实现的"亲民"（即"新民"，也就是人我的不断新陈代谢）。因此，"道"和"德"既相互联系又相互区别，《大学》云："物有本末，事有终始。知所先后，则近道矣。"这里说的是"近道"，也就是仅仅"知所先后"，还没有达到知行合一。而《中庸》讲"天命之谓性，率性之谓道"，就说明按照一切事物（当然也包括人在内）先天所固有的本性运行和发展就是"道"，也就合"道"；《道德经》讲"道可道，非常道"，说明"道"不是固定不变的，要随着时间、地点、条件的变化而变化。当然，要想真正明白"道"，体会"道"及其作用，就需要通过诚意正心，即"常无欲，以观其妙；常有欲，以观其徼"（《道德经》第1章）以达格物致知。因此，也可以说，"道"为本然，是宇宙人生的真相和规律；"德"为人心，是人的行为符合宇宙人生真相和规律的要求而积累和体现出来的境界、水平。

其实，道德对现实社会的意义，古圣先贤早已明示。《道德经》讲

"天之道，损有余而补不足；人之道，则不然，损不足以奉有余"(《道德经》第 77 章)，意思是自然之道，通过削凸补缺、去高就低而实现平衡和协调；做人之道，通过惩戒缺德者、奖补积德者而教育世人，实现良性循环和持续发展。

王宁（2020）基于对管理理论丛林的反思，提出了现代管理思想与中国古代管理思想的区别，也指出了二者管理的权力基础的不同。他认为中国古代管理思想集中体现在春秋战国时期，管理学理论包括儒、道、法，与现代管理思想的区别体现在三个方面。一是管理者素质不同。在古代管理者必须是德才兼备的绅士，道德在过去的管理当中占据首屈一指的地位。管理者不光是决策者、组织者和领导者，而且是组织当中的道德模范。在现代管理理论中，管理者是官僚主义管理体制下具有管理权的人。不同管理岗位负责不同管理职能，因此需要挑选具备特殊能力的管理人员。二是管理形式不同。中国传统管理是一种内部管理，注重在管理中运用道德约束和榜样力量，经过指引和带领，提高个体的认知程度。被领导者具有主观能动性并且自发解决问题，是中国古代管理思想的主要目的。人们在教育影响之下会遵守一系列道德规范。现代管理理论关注的是利用外部因素来激励和约束个体。个人主义的价值体现为一个自然的理论前提。三是管理者目标不同。中国古代管理思想的中心是崇尚道德标准，其最终愿望是把整个社会改造成以伦理道德为特征的"大同世界"理想形式；而现代管理思想主要针对的是公司与企业，管理的主要目的是企业盈利并不断提高绩效。[1]

丹尼尔等人看到"他（指孔子）希望当官的人能够具备美德"，"在

---

[1] 王宁. 中国现代管理理论——基于对管理理论丛林的反思[J]. 管理学家, 2020 (09): 11-12.

孔子那个时代，最受尊敬的是做官，商人的社会地位略高于罪犯。为获得朝中官职而进行的竞争是相当激烈的，孔子主张官职应该授予那些已经证明自己有道德和有才能的人。……古代中国主要根据研习经典学问的水平来挑选官员，并不总能把最好的管理人员挑选到朝廷中来"。[1]他们只看到了孔老夫子强调人的品德，一方面认为强调品德过于单纯，另一方面认为不是总能选择到有品德的人做官，但他们既不知道品德的来源，更不知道品德的妙用。实际上，第一，所谓"学而优则仕"，这里的"学"不仅仅表现为知识学习的考试成绩，而是既包括"学"又包括"习"，是"学而时习之，不亦说乎"的"学习"。也就是说，当时应选做官的人不仅四书五经学得好，践行四书五经教义的实际行动也要好。有人说科举考试也仅仅是一种考试，但实际上科举考试不仅有对"学"的要求，更有对"习"的要求。在科举制度下，可以说如果没有很好地"习"即体验、实践，就不可能真正理解"学"的内容和真谛，更不可能做出好的解答。第二，所谓科举不一定能选出品德高尚的人做官，这既是事实，也是歪曲事实。一方面，科举确实有送礼贿考的，这样被选出的人品德肯定不会高。另一方面，统治文化不等于优秀传统文化，一些本来品德高尚的人在做官之后可能受种种因素特别是官场氛围熏染，会被大大小小的"机会"围猎；而一些本来就摇摆不定的人更容易受到"官场文化"的影响而堕落。所有这些显然不是传统文化的问题，也不是科举制度的问题。第三，经过优秀传统文化熏陶的品学兼优者，不仅仅是品德优秀，也不仅仅是考试成绩优秀，而是成为掌握了智慧的人，甚至可以说是智慧的化身，他们可能没有学习数理化，没有学

---

[1] 丹尼尔·雷恩, 阿瑟·贝德安. 管理思想史[M]. 李原, 黄小勇, 孙健敏, 译. 北京：中国人民大学出版社, 2022：12.

习理工医，但实际上他们能够，或者说已经超越了仅仅拥有丰富知识的人，在一定程度上了解了宇宙人生的真相，不仅可以应付各种官场问题，还可以有所创造，有所发明。

另外，中国古代管理哲学坚持民本论，主要内容包括"民为邦本""立君为民"。孟子曰："民为贵，社稷次之，君为轻。"荀子有云："天之生民，非为君也；天之立君，以为民也。"这是真正的民主，以民为主，为民做主。

从文化的文明本质来讲，任何一个人都没有权力控制和利用别人，但都有责任和义务去帮助别人。在这个方面，作为有经验和能力的上级，不仅自己要发挥表率作用，还要帮助下属积累经验和提升能力。如果上级忽视了自己这份责任却只是仰仗着自身在经验、地位、权力、资源和资本等方面的优势，对下属进行强制性、工具化的使用，这样的管理就是反文明的。[1]

第四节　管理的目标

管理的目标是管理的最重大问题。所谓"知识是力量，良知才是方向"，"鸟可以为食而亡，但人不能为财而死"，管理的目标就是良知和由良知所决定的实现良知的阶段性任务，也就是管理的方向，也是管理学研究所引导的方向。正确的目标会产生事半功倍的效果，而错误的目标，或者目标不明确，不仅会导致南辕北辙，还会造成误导，使人以讹

---

[1] 齐善鸿，李宽，孙继哲. 传统文化与现代管理融合探究［J］.管理学报，2018，15（05）：633-642.

传讹，误入歧途。

管理是人的管理，也是对人的管理，也是人为了实现人类目标进行的管理。因此，管理的目标不能从管理本身去寻找或定义，而必须从人的角度，从人类的目标，或者说人生的意义中去寻找和定义。

从现实看，管理目标可以有多个层次：首先是统一认识和行动；其次是合理有效地配置各类资源，包括物质资源、人力资源、信息资源、时间资源等；再次是实现与上下游（企业供应链、行政信息链、市场价值链）的有效衔接；再次是实现收入最大化；最后，实际上也是最终目标，还是要实现人的全面和可持续发展。这几个层次的目标不是各自独立的，更不是彼此割裂的，而应该也必须是统一的，都要符合最终目标的要求，也就是都要满足实现个人全面发展和人类可持续发展的目标，都要把认识和行动统一到这一最终目标上来，都要按照有利于实现最终目标的要求配置各种资源，衔接上下游组织，特别地，要把收入和利润目标统一到实现最终目标，用最终目标统筹其他所有目标。

至少从色诺芬编写《经济论》开始，西方就把获取经济利益（利润、物质财富）作为管理基本和最终的目标，以各种条文、制度、程序、标准等为基础，明确组织内每个人的权利、义务，追求对设定目标的价值实现，以效率和利益为中心，重视独立单位的短期利益，忽视社会整体的长远目标。被称为"科学管理之父"的泰勒也认为，管理的首要目标"应该是保证雇主最大限度的富裕（the maximum prosperity），以及每名工人最大限度的富裕"。泰勒倡导心理革命，以使"劳资双方不要将目光紧紧盯着如何分配盈余……而是共同将注意力转向扩大盈余的规模"。用泰勒自己的话说："可以肯定地说，如果不能在长期内为雇主和雇员带来满意，如果不能明确地表明雇主和雇员的最佳利益是相互的，如果不能使得双方进行真诚、彻底的合作，这样的管理系统或计划就不应该予以考虑。"泰勒意识到"那些自封的'效率专家'正在损害科学管理的名誉",他警示大家,"不能把管理的机制误当成管理的本质,或者它的哲学基础"。他的哲学基础体现双方的共同利益,共有四项基本原则:发展真正的科学,科学地选拔工人,工人的科学教育和发展,管理者与工人之间亲密、友好的合作。[1]显然,无论如何表述,无论多么"科学",泰勒制追求的也是利润,实现的也是收入,这种用收入和利润代替个人全面发展和人类可持续发展目标的思想和做法,虽然有可能在短期内使劳资双方实现利益共享,进而实现行动一致,但从长期看既不能让每一个人全面发展,更不能让全人类可持续发展。

中国文化从一开始就极为强调"和为贵",追求整体和谐,实现管理组织内部系统与外部环境的协调,达到"保合太和""天地合德""天人合一""天下一家"的境界,实现"大同"是儒家的最高社会理想。尤其是《大学》明确了"有德此有人,有人此有土,有土此有财,有财此有用"的"德—人—财—用—德"之生财本质和用财规律,明确了"君子爱财,取之有道"的生财之道,为个人全面发展和人类可持续发展指明了具体而光明的前景。因此我们说,中国传统文化并不否定"利(利益,利润)",而是把个人利益和实现利润放在一个合理的地位。中国社会各生产主体践行着"知足常乐"的思想准则。如中国最早的儒商范蠡"欠受尊名,……乃归相印"而弃官经商,"贵出如粪土,贱取如珠玉",坚持薄利多销,"候时转物,逐什一之利";孔子的门徒子贡"好废举,与时转货资",一生都和商业分不开,司马迁在《史记》中为子贡列传,"结驷连骑,束帛之币以聘享诸侯,所至,国君无不分庭与

---

[1] 丹尼尔·雷恩,阿瑟·贝德安.管理思想史[M].李原,黄小勇,孙健敏,译.北京:中国人民大学出版社,2022:125.

之抗礼"。[1]《史记》云"天下熙熙，皆为利来；天下攘攘，皆为利往"，但如果没有"义"，又何能谈"利"？

管理的本义意味着管理就是对秩序的确立和追求。但"秩序"到底是什么？应该是什么？中华优秀传统文化已经给了我们答案，只有格物致知才能诚意正心，有了诚意正心，才能谈修身齐家治国平天下。所谓"物有本末，事有终始，知其先后，则近道矣"，"道"就是秩序，而且是最高的秩序，是宇宙人生的真相。包括西方管理学等在内的现代思想低估甚至歪曲了智慧的内涵，将知识等同于智慧，认为知识可以代替一切；将中国古典文明智慧视为落后的，对古典文明智慧的吸收采取了断章取义和为我所用的方式，从而造成了管理的困难。[2]

谈管理的目标，必然要谈到管理绩效的评价。因为评价是指挥棒，也是红绿灯。现代管理的评价方法和指标体系都是低层次的，虽然根据不同的管理对象而有不同的指标体系，但企业管理偏重利润，行政管理偏重事项完成，军事（军队）和体育竞赛管理偏重输赢，如此等等，这样做的好处是便于操作，但实际上都脱离了管理的目标，把管理对象简单化为一个单纯的单位，而没有考虑到任何单位都具有的双重甚至多重属性，没有体现和反映其对人类发展的影响。如泰勒制，且不说泰勒的"科学管理"到底是否科学，单从泰勒制被误解和误用就可以看出正确评价体系的重要性。从表面上看，泰勒要通过心理革命而实现科学管理，但泰勒并没有明确、准确特别是正确地定义心理革命的目标是什么，存在"虎头蛇尾"的缺乏战略思维和系统思维的问题，缺乏合理且

---

[1] 冯彦明.中西方商品经济发展路径的比较及选择——兼论中西方经济学之区别及其根源[J].区域经济评论，2020（01）：55-62.

[2] 王进.良知、秩序与管理——王阳明"致良知"思想与现代管理刍议：兼论中国管理哲学学科的建立[J].贵阳学院学报（社会科学版），2015，10（01）：46-52.

有效的评价体系和标准，造成误解和误用就是必然，就是"因无渠而造成水漫"。如果我们要建立中国特色管理科学，就必须超越目前的和西方的视野，从中国传统文化那里寻找智慧和答案。

第五节 管理的属性

关于管理属性的问题主要是针对目前存在的纯粹学术性的管理学研究问题而提出的。管理学研究是对管理规律的分析、揭示和总结，而不是为了给研究者"找碗饭吃"而提供的"新岗位"，也不是为给管理学研究生写论文而设立的"新课题"，当然，也不应是管理者为了体现"自己管理的权威和艺术"而进行的"无事生非"。

第一，管理是人的主观见之于客观的一种实践活动。管理既不是一种诸如做梦、胡思乱想的纯粹主观的活动，也不是一种诸如植物生长、山洪暴发等脱离人（管理者）的大脑的纯粹客观的活动，而是管理者根据团队情况和自己的判断所进行的计划、组织、指挥、协调等活动。也就是说，自人类产生时起，人类的意识就一直在活动，不是为了维持生存和发展，就是为了提升效率和成就；不是观天象看物候，就是解人性组团队；不是劳心费脑驱使别人，就是以身作则率先垂范。所有这些意识活动及其结果无不与管理相关：或者直接相关，如中庸之道不仅可以说就是管理学的早期形态，甚至可以说是管理学的最高境界；或者间接相关，如天文学，不仅有助于人类种植养殖进而解决吃饭穿衣问题，更为人类避灾躲难进而可持续生存创造了条件。因此，虽然我们可以说管理学所属的十三大学科门类、百余个一级学科的名称是近百年（在西方）才出现的，但并不是说对管理的研究就源起于泰勒的"科学管理";虽然新文化运动中有对"赛先生"的呼声,但并不意味着"赛先生"就是人类的标准;虽然我们从理论和方法上可以确定一门学科的边界,但并不能说我们的这种界定就是正确的、合理的;虽然我们知道人类及其活动(包括意识活动)在不断变化,相关学科研究的内容也在随之变化,但并不能说这种变化是突发的,更不能说这种变化就是发展或演进,当然也不能说这种变化就是"文明"的,有利于实现人类的全面和可持续发展。管理是一种实践,而不仅仅体现为一种理论,更不应是供学生和学者们玩味的学术(研究)。管理是理论与实践的统一体,理论是对实践的总结,实践是产生理论的前提,实践与理论应该共生共长。现实中不论是管理理论的教育和管理实践的体验,都把管理理论和实践分割开来,从而造成了理论与实践的脱节。现实中的很多学者既没有管理的实践经验和体会,也没有理论的造诣和深化,虽然看到"现代管理理论与方法"课程在教与学的过程中存在的矛盾和问题,但难以提出具有现实可操作性的具体建议。[1]

从意识的角度讲,管理是一种有意识的活动。也许最初的管理者不仅仅考虑和研究管理问题,也许最初的管理者不像现在的学者和专家这样专门研究管理问题,也许最初的管理者不像现在的管理学学者和专家一样只是纯粹和抽象地研究管理问题,但又有谁能说他们当时关心和研究的看似与管理无关的数学、天文学、医学等问题真的与管理无关呢?实际上,即便我们仅仅把人(被管理者)看作管理的对象,而不考虑物(物质资料)和务(事务),要真正做好管理,也离不开对物和务的关注和研究。

---

[1] 巩军,胡涛,唐艳,等."现代管理理论与方法"课程教学改革研究[J].科技与创新,2021(06):99-100.

第二，管理是管理主体与管理客体相互作用的一元性活动。哲学上讲物质决定意识，意识反作用于物质，这被一些人特别是西方（西方式）学者用来作为决定与被决定的理论依据，更为现代（西方）经济学的实证研究方法广泛采用。实际上，正如我们早已经指出的，到底是正方形的面积决定边长，还是其边长决定面积，就像先有鸡还是先有蛋的争议一样，这至多可以说是一个哲学问题，而不是一个经济学或管理学问题。从管理的角度讲，我们不否认管理者在团队活动中的主导甚至决定作用，但我们要问的问题是：管理者是如何在团队活动中起到主导甚至决定作用的？实际上，从西方经济学的角度讲，管理者产生于资本雇佣劳动；从中国经济学的角度讲，管理者产生于"德高望重"。无论如何我们都可以看出，管理者的地位是包括被管理者在内的"大家"赋予的，管理活动是管理者根据被管理者及其他管理客体的实际情况所进行的调控活动。因此，管理不是管理者的随心所欲，也不是被管理者的循规蹈矩，不是管理者决定被管理者，也不是被管理者反作用于管理者，而是管理者（管理主体）和被管理者（管理客体）相互作用、相互理解、相互沟通、相互统一的一元性活动。泰勒的"科学管理"试图通过雇主与雇员的利益一体化实现这种一元性活动，但由于根本目标错误和现实环境（西方文化）的制约，结果只能是偏离；中国很多朝代的开国皇帝都践行这种一元式管理，从而成就了多个"开元盛世"。中国文化倡导并实践着"施诸己而不愿，亦勿施于人"的一元化宗旨，从而形成了中华文明，并创造了独特的人类文明形态。

第三，管理是实现组织和人类目标的必然要求。管理不是管理者的主观意愿，也不是管理学者的研究成果，而是人类实践的需要，是人类实现全面和可持续发展的必然。人类可以没有管理学，但不可以没有管理；人类可以没有专门的管理学学者和管理学研究，但不可能没有日常践行的管理活动和管理思维。管理学学者如果离开管理实践，管理学研究如果不能为管理实践提供切实的指导，将不仅失去存在的意义，还会给人类的全面和可持续发展带来麻烦甚至灾难。当年的拉美要实践"华盛顿共识"失败了，当年的苏联要实行"休克疗法"失败了，当年的"日不落"不再辉煌，如此之类，不仅是管理本身的失败，更反映了管理目标的错误和管理学研究的失误。所谓"鸟可以为食而亡，但人不能为财而死"，人生的目标是"止于至善"，人生的方法是"修齐治平"，人类的管理是统一思想、协调行动，管理学必须也只能围绕着对人类这一管理规律的总结，否则，所有的管理学及其研究都没有意义和价值。

第六节　管理的含义

了解了管理的产生及一系列相关的问题，我们再来定义管理，这样，我们可以更清楚地观察既有定义的局限，更准确地反映管理应有的意义。

一、管理的西方定义

被称为"科学管理之父"的泰勒认为："管理就是确切地知道你要别人干什么，并使他用最好的方法去干。"也就是说，管理就是指挥他人用最好的办法去工作。与泰勒相似，丹尼尔·雷恩、阿瑟·贝德安认为，"有关管理的一个广义的操作定义是视其为一种活动，即执行某些特定的功能，以获得对人和物的资源的有效采购、配置和利用，从而达到某个目标"，"因此，管理思想就是关于管理活动及其职能、目的、范围的知识体系"。[1]他们也认为管理是为了满足人类的需要。斯蒂芬·罗宾斯给管理的定义是:"所谓管理,是指同别人一起,或通过别人使活动完成得更有效的过程。"从这里可以看出,虽然泰勒提出的心理革命试图把雇主与雇员的利益和心理统一起来,但他并没有,也不会反观雇主和雇员各自的心理和利益,更不会把人的全面和可持续发展作为管理的目标,而是把雇主的利益(利润)放在首位,把雇员放在了"被雇用"的地位。这里我们要问的问题是,人类到底需要什么?是物质生活资料还是利润?是高高在上的优越感还是光宗耀祖的成就感?

被称为"管理理论之父"的亨利·法约尔(Henri Fayol)虽然认为管理是在一个组织中与他人协作的过程,因而管理是一个普遍的过程(他在其名著《工业管理与一般管理》中提出管理是所有的人类组织都有的一种活动,这种活动由计划、组织、指挥、协调和控制这五项要素组成),但并没有说明管理的根本目标,更没有把管理建立在格物致知的基础之上。因而与其说这是管理的定义,不如说这是对管理过程的一种简单描述。

被称为"现代管理学之父"的彼得·德鲁克(Peter F. Drucker)认为:"管理是一种工作,它有自己的技巧、工具和方法;管理是一种器官,是赋予组织以生命的、能动的、动态的器官;管理是一门科学,一种系统化的并到处适用的知识;同时管理也是一种文化。"[2]表面上看他从多个角度定义管理,实际上只是对管理的一种观察和描述,这表明其更没有弄清楚管理的本质。

---

[1] 丹尼尔·雷恩,阿瑟·贝德安.管理思想史[M].李原,黄小勇,孙健敏,译.北京:中国人民大学出版社,2022:3.

[2] 彼得·德鲁克.管理:任务、责任和实践[M].刘勃,译.北京:华夏出版社,2008.

此外，人类行为学家劳伦斯·阿普莱认为，管理是让别人或与别人合作去把事情做好，因此必须研究以人为中心的人本管理的关系，认为加强对人的管理是企业成功的关键；切斯特·巴纳德的社会系统学派认为管理者应该站在系统的中心，挑选那些能够为实现组织目标做出最大贡献的人，努力获得有效协作所必需的协调；决策理论学派认为管理过程就是决策过程，管理是一系列宏观和微观决策；数学学派提出借助于模型和数学，可以用一种非常简单的方式理解管理。[1]显然，这些所谓的定义都是就事论事的一种描述，既不能反映管理的本质，也不能体现管理的效用。

二、管理的中国定义

在中国，对管理的定义分为两个阶段，一个是历史上的，一个是目前的。

从历史上看，中国很早就产生了管理，只不过在那个时候不叫"管理"，而是有各种相似的名字。张俊伟从"咬文嚼字"的角度提出了对管理的如下看法。"管"本义为细长而中空之物，其四周被堵塞，中央可通达，使之闭塞为堵，使之通行为疏，"管"就表示有堵有疏、疏堵结合。所以，"管"既包含疏通、引导、促进、肯定、打开之意，又包含限制、规避、约束、否定、闭合之意。"理"本义为顺玉之纹而剖析，代表事物的道理、发展的规律，包含合理、顺理的意思。管理犹如治水，疏堵结合、顺应规律而已。所以，管理就是合理地疏与堵的思维与行为。[2]我国另有一些学者认为"管理"一词是固有的。"管理"在

---

[1] 王宁. 中国现代管理理论——基于对管理理论丛林的反思[J]. 管理学家，2020（09）：11-12.

[2] 张俊伟. 极简管理：中国式管理操作系统[M]. 北京：机械工业出版社，2013.

我国古代是分别用"管"和"理"来表示的。"管"原指用竹管制成的吹奏乐器，后来由于古代钥匙像这种乐器，于是就把钥匙称作"管"，如"郑人使我掌其北门之管"（《左传·僖公三十二年》）；又由于钥匙是开锁的关键，具有约束性，于是"管"引申出管理的意思，如《礼记》中就有"管库之士"的说法（《礼记·檀公》），荀子认为"人君者"乃"管分之枢要"（《荀子·富国》）。"理"最初是指对玉的加工，后来把对老百姓的治理也称为"理"。《说文解字》把"理"解释为"治玉治民为理"，"理"逐渐引申出管理的意思，如"理国要道，在于公平正直"（吴兢《贞观政要》）。显然，这里的"理世""理国"是指管理或治理世间或国家，都含有管理、治理之意。"管理"一词作为双音词最晚在清代开始使用。如康熙年间武英殿修书处就设置有管理官；乾隆年间雍和宫也设置管理官，之后管理街道厅、三库等官职和管理机构相继出现。在《清会典事例》中就有"管理宗人府王公及族长"的说法。1983年出版的《现代汉语词典》收录"管理"一词，将其解释为"负责某项工作使顺利进行"。事实上，我国古代有很多词如"治、统、总、纪、驭、御、制、掌、执、摄"，与"管理"的意思相近。由此可以看出，我国古代对管理的定义既指出要符合道理、规律，也体现管理对象的宏微观结合，还说明了管理的"堵"与"疏"相结合的方法，是相对比较全面的。

  与历史上的定义对比，目前学者对管理的定义虽然结合和反映科技的最新进展，但也深受西方管理定义的影响，既不全面也不准确，更难以反映管理的本质。如李建设等认为"管理"一词是外来的，管理的英文 manage 是从意大利文 maneggiare 和法文 manage 演变而来的，原意是"训练和驾驭马匹"。[1]孙永正认为，管理是指在特定的环境条件

---

[1] 李建设，何根祥. 现代管理学［M］. 北京：中国展望出版社，1986：4.

下，以人为中心，通过计划、组织、指挥、协调、控制及创新等手段，对组织所拥有的人力、物力、财力、信息等资源进行有效的决策、计划、组织、领导、控制，以期高效地达到既定组织目标的过程。广义的管理是指应用科学的手段组织社会活动，使其有序进行，其对应的英文是 administration 或 regulation；狭义的管理是指为保证一个单位全部业务活动而实施的一系列计划、组织、协调、控制和决策的活动，对应的英文是 manage 或 run。[1]丁峰认为管理是指在特定的时空条件下，通过计划、组织、指挥、协调、控制、反馈等手段，对系统所拥有的生物、非生物、资本、信息、能量等资源要素进行优化配置，并实现既定系统诉求的生物流、非生物流、资本流、信息流、能量流目标的过程。[2]刘敬鲁等认为，目前最广泛使用的管理的定义是：管理是协调人们的活动以有效实现目的和目标的过程。他们认为人们的社会生活除了建立政治、经济根本制度以外，还需要确定其他方面的具体目的和目标，如经济发展的目的和目标、社会建设的目的和目标、企业发展的目的和目标、教育组织发展的目的和目标等，也需要制订相应的行动计划，需要组织、协调人们的行动以实现所确定的目的和目标，在行动过程结束后，也会对这种过程及其取得的结果进行评价，然后开始新的行动过程。这种活动就是人们所说的管理。[3]吴广扬对管理的定义是：管理，顾名思义，管着最基本的行为和执行着最初心里想的问题，就叫管理。"百度百科"认为管理是指一定组织中的管理者，通过实施计划、组织、领导、协调、控制等职能来协调他人的活动，使他人同自己一起

---

[1] 孙永正.管理学［M］.北京：清华大学出版社，2007：8.
[2] 丁峰.揭开创新神秘面纱［M］.北京：华文出版社，2009.
[3] 刘敬鲁，等.西方管理哲学［M］.北京：中国人民大学出版社，2021：1-2.

实现既定目标的活动过程；是人类各种组织活动中最普通和最重要的一种活动。

三、管理的含义总述

总的来说，目前关于管理的定义都是从"现实"出发的，既没有考虑到管理的历史渊源，也没有考虑到管理的一般性和普遍性；既没有体现出管理产生的前提和条件（组织和对象），更没有阐明管理的目标（满足人的需要，实现人类全面和可持续发展），也没有说明管理的主体（人）和客体（物），只是就事论事，就现实论现实，因此人们从"管理"的概念中难以明白其来龙去脉。

实际上，管理无非就是"管""理"，就是按"理"而"管"，就是管理者与被管理者都按"理"而行。那么，问题来了，"理"又是什么？"理"就是"道"。虽然"道可道，非常道"，但"物有本末，事有终始，知所先后，则近道矣"。

由此而来的第二个问题就是管理的起源。这里不是要重复前述的组织、团体，而是要说明管理要解决的问题。其实，不论是哪种管理，不论是在什么情况下的管理，既然都要合"理"，即合"道"，就是由于存在着不合"理"、不合"道"的情况，为了解决这些不合"理"、不合"道"的问题，才要管理。

"管"在"管理"中是动词义；而"理"在"管理"中既可以是名词义，也可以是动词义，并且，表名词义和表动词义时有着不同的具体内容。"理"的名词义，就是"道理""原理""规律"，也就是中国传统文化所说的"道"。"管理"就是"管"一个"理"，也就是明理、体（体会、体验）理、树理（把理作为标准和方向）、遵理（依理、尚理）、用理（自觉）。如果"理"表动词义，那就是与"管"结合，包含着既得"管"又要"理"两个方面的内容。在此背景下,"管"体现责任与权威,"理"体现疏通(梳理)与融合(平等)。

当然,这里的"理"和"道"不外乎三个方面,一是人的理和道,二是物的理和道,三是人和物的理和道。这三个方面不是各自独立的,不是分割的,而是一体的,媒介是人,落脚在物,核心是人与物。换句话说,管理就是建立在对人与物(人与自然各自以及相互)的正确认识基础之上的通过管人(让人的思想和行为合"理"、合"道")而实现管物(效率和效益最大化)。

第三章
传统管理学与中华优秀传统文化

管理是管理学研究的对象和内容，管理学是关于管理问题和管理规律的学说。不同的文化背景，必然产生对管理的不同认识，也自然会产生不同的管理学说；而不同的管理学说，也正反映了不同的文化背景及对管理的不同认识。因此，依据中华优秀传统文化认识了管理，也就自然而然地需要对传统的管理学进行审视和反思，准确地说，就是对管理学应该是什么样的做出新的回答。正如上章所述，管理产生于人类的社会实践，作用于人类的群体活动，直接目的是实现人类群体活动中的协调一致，最终目的是实现人类的全面和可持续发展。因此，管理学就是依据这样的定义和定位，对于管理相关的问题，特别是管理的规律进行的总结和阐释。

第一节 关于管理学范围的确定

从现实的学科分类来看，管理学作为十三大学科门类中的一大类，包含着管理科学与工程、工商管理、农林经济管理、公共管理、信息资源管理或图书情报与档案管理五个一级学科。从中可以看出，这虽然没有区分国家和文化，特别是没有区分东西方管理，但也涵盖了人类群体活动的方方面面：既有宏观的，也有微观的；既有历史的，也有新兴的。不过，在现实生活特别是管理学的研究中，很多人所说的管理学实际上是西方管理学，而且是西方企业管理学（工商管理学）。如由黄速建、黄群慧所著的《中国管理学发展研究报告》认为："一个国家或地区的工业化进程和经济发展，不仅是资金积累和技术进步的过程，还是一个管理现代化的过程。经济发展和现代化的进程是离不开企业管理发展和管理科学化、现代化进程的推进的。中国的经济发展和现代化进程同样也是伴随着企业管理科学化和现代化推进的。"他们认为"中国管理学发展的真正的春天是在20世纪末期"，尤其是进入20世纪90年代以来，"无论是中国企业管理创新实践，还是以探索市场经济条件下企业管理活动规律为己任的中国管理学术研究，以及以培养大批管理人才为目标的管理学教育"，"中国不仅产生了大量企业管理创新实践成果，而且管理学术研究、管理学教育也呈现出前所未有的繁荣状态"。[1]不仅如此，在该书的"后记"中，他们这样写道："《中国管理学发展研究报告》是国内第一本试图全面分析和反映我国管理学发展现状的研究报告。"[2]

---

[1][2]黄速建，黄群慧.中国管理学发展研究报告[M].北京：经济管理出版社，2007：引言1，355.

也正是由于把管理学等同于企业管理学，而且等同于西方传统的企业管理学，黄速建、黄群慧认为对诸如企业成长管理、企业社会责任等的探讨很难划归为传统管理学分析学科。实际上，也许针对企业的诸如此类问题的研究确实是"新领域"，但这种"新"又没有实际的意义。因为第一，关于成长和责任等问题的研究著作汗牛充栋。第二，我们可以说企业是一种新生事物，也正像学校、医院甚至消防部门、环保部门等，对这些"专业性"单位管理问题的研究，也就像对任何一个新生儿的管理的研究一样：历史并不缺乏对新生儿管理的研究，但任何一个新出生的孩子都会引起其父母亲、爷爷奶奶姥姥姥爷以及其他很多人对其及其管理的研究；也许对这个新生儿的研究会有新发现，但这并不意味着对"孩子"这个一般意义上的新生儿的研究过去就没有。第三，如果说企业是一个新东西，是一种新的经济组织形式，因而对企业成长、社会责任的研究也算是新东西的话，那么实际上，经济组织形式有多种，且历史上也经历了多次演变，如西方早期的庄园、中国早期的家庭（家庭经济）[1]等。不论经济组织形式如何演变，对这些组织的"成长"问题的研究，中国的古圣先贤不仅阐述了为什么，即修身齐家治国平天下，还说明了如何做和成长的目标，即止于至善；对涉及个人、各类经济组织的"社会责任"问题的阐述也同样如此。

实际上，管理学可以按照不同的标准进行不同层次和种类的划分，企业管理学代替不了管理学，也代替不了各种专业性的管理。如果说管理学原理属于一般，属于理论，那么，各种专业性管理就属于个别，属于应用。如目前一些人把管理按职能划分为计划管理、生产管理、采购

---

[1] 冯彦明. 中国小农（家庭）经济的重新认识和评价[J]. 北部湾大学学报, 2021（01）：55-70.

管理、销售管理、质量管理、仓库管理、财务管理、项目管理、人力资源管理、统计管理、信息管理等，按层次划分为经营层面管理、业务层面管理、决策层面管理、执行层面管理、职工层面管理等，按资源要素划分为人力资源管理、物料资源管理、技术资源管理、资金管理、市场与客户管理、政策与政府资源管理等，按对象划分为业务管理（侧重于对组织的各种资源的管理，如有关财务、材料、产品等的管理）、行为管理（侧重于对组织成员行为的管理，包括组织设计、机制变革、激励、工作计划、个人与团队的协作、文化等），按行业划分为行政管理、社会管理、工商企业管理、人力资源管理、情报管理等。虽然在现代市场经济中工商企业的管理最为常见，但也不能缺乏政府行政管理和社会管理的内容。每一种组织都需要对其事务、资产、人员、设备等所有资源进行管理，每一个人也同样需要管理，比如管理自己的起居饮食、时间、健康、情绪、学习、职业、财富、人际关系、社会活动、精神面貌等。

第二节　关于管理学的产生

从表面上看，管理学的产生是个小问题，甚至可以说无关紧要，但实际上，这既涉及到底什么是管理学的问题，涉及管理学与其他学科的关系问题，更涉及文化和历史问题，涉及话语权的问题。西方把泰勒的"科学管理"看成管理学的产生，这既是把企业管理当成了管理，更是试图确立其在管理学研究领域的制高点和标准。我们重新审视管理学的产生，并不是要与西方争制高点和标准，而是要以实现人类全面和可持续发展为前提和目标，确立管理学的标准、地位和内容。

"借用著名心理学家艾宾浩斯（Ebbinghaus）的一句话：管理实践有一个久远的过去，但作为一门学科的管理学研究只有短暂的历史。"[1]丹尼尔·雷恩、阿瑟·贝德安认为："管理实践古已有之，但根据不断积累的知识进行的正式管理研究则相对新鲜。"[2]受此影响，很多人不仅认为管理学产生得很晚，而且提出现代管理起源于美国的观点。如易勇认为1886年5月美国耶鲁制锁公司联合创始人亨利·汤尼通过题为"像经济学家一样思考的工程师"的演讲，唤起了管理意识的初次觉醒，宣告了一个新的属于管理的时代到来。此后，管理成为人们研究讨论的热点，并逐步发展形成盘根错节的局面（张玉利，1993），出现了管理学上著名的"管理理论丛林"现象以及若干阶段发展学说。以此为依据，易勇在2016年发表的文章中认为"中国管理学真正成为一门独立的学科是近20年的事情"[3]。1996年，国家自然科学基金委员会成立10周年之际，管理科学组升格为管理科学部，标志着中国管理科学进入一个新的阶段。

首先，我们要反思的问题是，何时才算是开始"根据不断积累的知识进行的正式管理研究"呢？且不说四书五经和《道德经》《孙子兵法》算不算是对管理的研究，《曹刿论战》所说的"一鼓作气，再而衰，三而竭"是不是对管理的研究？春秋时期齐国的管仲，战国时期魏国的李悝、秦国的商鞅等算不算政府（公共）管理学家？就连古希腊时期的色诺芬到底是经济学家还是管理学家，其《经济论》谈的到底是经济问题还是管理问题，恐怕也很难界定清楚。其次，西方经济学本身并不完善，甚至可以说是漏洞百出、自相矛盾不断，如果管理学家也像经济

---

[1][2]丹尼尔·雷恩，阿瑟·贝德安.管理思想史[M].李原，黄小勇，孙健敏，译.北京：中国人民大学出版社，2022：前言1，3.

[3]易勇.中国现代管理内容体系研究及政策建议[J].中外企业家，2016（15）：7-9.

学家那样思考，势必会造成同样的问题。这显然不是管理学的成功和成就，而是包括管理学在内的人文社会科学的失败。再次，中国的管理思想源远流长，公元前5世纪前后，先秦诸子的学说基于国家管理的需要，更是基于宇宙人生的真相，呈现出了"国家管理学"百家争鸣的局面。《孙子兵法》也因探索战略的一般规律被认为是最早的战略管理学著作。为何一些人对此视而不见？最后，中国特色管理学既不是纯粹的社会科学，也不是纯粹的自然科学，而是自然科学与社会科学的统一，体现了中国文化一元论的本质。从现实达到的研究水平看，管理学首先属于社会科学，虽然其中不乏可以用自然科学方法研究和论证的内容，但并不能说其就属于自然科学。从这个角度来说，由国家自然科学基金委设立管理科学部谈中国现代管理学的产生和发展并不合适，由国家社会科学基金委设立管理科学部似乎更有道理。

实际上，了解管理学的起源必须先清楚管理的起源与含义，进而明确管理学的内涵。不错，从纯粹的研究角度讲，管理学可能起源很晚，但管理不是一种纯粹的研究，管理学也不是纯粹研究的结果——纯粹研究的结果脱离实际，不仅解决不了现实的问题，还在指导实践中产生了更严重的问题，西方的各种社会问题与不断发生的经济危机就证明了这一点。与西方所不同的恰恰就在于包括管理学在内的中国的各门学科不是研究的结果，而是实践的结果，是知行合一的体现。

首先，《论语·学而》开头即讲"学而时习之，不亦说乎"，这里的"习"不是我们通常所说的考试前的复习，更不是为了应付考试的刷题，而是体验和实践。"学而时习之"就是边学边做，以学指导（生活和工作），以做（现实的生活和工作）检验（学的效果）。如此才会及时纠正"学"的不足，如此才会及时反映"学"的效果，如此才能真正实现"学习"之"说（悦）"，而不是"苦"。现在很多人不是"学而时习之，不亦说乎",而是"学而不会习,越学越苦",把学习当成了负担,问题恰恰就出在这里。因此,管理学产生于管理实践。实践是主观见之于客观,因而是主观与客观相融合、相统一的一种人类活动。管理不是(书屋内书呆子的)纯粹的主观研究,也不是(枝叶随风摇摆的树木的)纯粹的客观反映,而是人在管理实践中的一种意识的活动,也是人的一种有意识的活动,这种意识就是相对于特定的客体(管理对象),要提高管理效率,达成管理目标,发挥人的积极性,顺理成章、水到渠成地按照事物的规律行动——这既是最早的管理,也是最早的管理学,更是现代管理学朝思暮想要研究和解决的问题。当然,如前所述,也许最初的管理者(如氏族和部落的首领、家族的族长、团队和国家的领导)不仅仅考虑管理问题,也许最初的管理者不像现在的学者和专家这样专门研究管理问题,也许最初的管理者不像现在的管理学学者和专家一样只是纯粹和抽象地研究管理问题,但又有谁能说他们当时关心和研究的问题(如格物致知)与管理无关,他们研究的结果(如《三字经》、四书五经、《道德经》等)不属于管理学,他们解决的问题不是管理问题呢?

其次,管理学并不是在19世纪末20世纪初才产生的,也不是产生于企业(企业管理)。我们不否认企业管理学研究的意义和价值,但迄今为止的企业管理学研究确实存在问题和局限。以西方企业管理学为例,我们必须承认,工业革命以来企业的效益和技术有了很大提高,但这与西方管理学的研究和施用有多大关系?如果我们把这些成绩都归功于西方式的管理和西方管理学,那么路易斯·亨利·摩尔根的话"古代的成就伟大"[1]如何理解和解释?中国数千年的持续发展又如何理解和

---

[1] 路易斯·亨利·摩尔根在《古代社会》中写道:"近代文明吸收了古代文明中的一切有价值的东西,并使之面貌一新;近代文明对人类全部知识的贡献很大,它光辉灿烂,一日千里,但是,其伟大的程度远远不能使古代文明暗淡无光,并使它沦于不甚重要的地位。"

解释？——很多伟大的人类成就是在没有西方管理学（指导）的情况下发生的；如果西方式的企业管理和西方管理学是成功的，那么，西方的企业破产和倒闭，特别是像拥有百年历史的巴林银行、雷曼兄弟的破产又如何解释？[1]西方式的管理和西方管理学似乎并没有使人类世界变得更好，反而使人类世界变得更不好，正如舒马赫所说："如果人的贪婪和嫉妒之类的罪恶是通过系统培养而形成的，必然的一个结果只能是完全丧失智力。一个人受贪心或嫉妒心驱使，就会失去认识事物本来面目、认识事物全貌的能力。"[2]可以想见，如果一个人，或者一个民族、一个国家的人民都因为贪婪和嫉妒而失去了认识事物本来面目、认识事物全貌的能力，这不是个人的错误，而是整个制度和文化的错误，标志着这个民族或国家陷入了制度性愚蠢。而如果我们不善于反思这些问题，至少说明我们还缺乏中国文化的修养[3]，更不用说要为人类的健康持续发展做贡献了。

再次，中国历史上确实没有西方式的管理学。这既是由中国文化的特点所决定的，更是由宇宙人生的真相所本具的。因为宇宙人生的真相是一体和一元的，不可能分为文、史、哲、经、管、法等。作为与中国文化相应的中国管理学，既不专门研究企业管理，也不像目前的管理学一样专门研究狭义的管理问题，更不像当前的学术研究一样由大量的并不从事管理实践的学者和专家闭门造车。中国文化讲究从"格物致知"

---

[1] 据《今日美国》报道，截至2024年1月9日，美国银行业在近五年间倒闭的银行数量已逼近600家，涉及的资产规模更是超过了惊人的2万亿美元。

[2] E.F.舒马赫.小的是美好的[M].虞鸿钧、郑关林，译.北京：商务印书馆，1984.

[3]《论语·学而》讲："曾子曰：'吾日三省吾身：为人谋而不忠乎？与朋友交而不信乎？传不习乎？'"《中庸》讲："莫见乎隐，莫显乎微，故君子慎其独也。"中国文化的特点和优势之一就是"省"。

开始,通过"诚意正心修身"以达"齐家治国平天下"之境界和效果,体现的是身体力行和知行合一,实现的是个人全面发展和人类可持续发展。因此,反映和揭示宇宙人生真相的中国文化并没有细分不同的学科。不过,这既不意味着中国文化中没有管理学(的内容),更不意味着中国文化不能被用于管理。恰恰相反,只有中国文化所揭示的管理规律才是全面和可持续的。从现实看,泰勒制等西方管理学实际上都证明中国管理学理论和思想的前瞻性和正确性,证明中国式管理的全面性和可持续性。

最后,西方定义包括管理学在内的各门学科的方法存在着明显的缺陷。目前管理学界占主流的观点认为管理学作为一门学科只有短暂的历史,这种判断并不是从管理学的概念出发而做出的,而是依所谓的"科学性"和"专门性"做出的。西方的"科学"是一个建立在可检验的解释和对客观事物的形式、组织等进行预测基础上的有序的知识系统,是已系统化和公式化了的知识,其对象是客观现象,内容是形式化的科学理论,形式是语言,包括自然语言与数学语言。实现"科学化"的方式是循证(evidence-based),即遵循证据。循证实践最初意指医生"将当前所能获得的最佳研究证据与自身的专业技能及患者的价值观整合起来进行治疗",此后,它便以迅雷不及掩耳之势席卷了整个医疗卫生领域,并不断向邻近学科渗透,形成了循证心理治疗、循证教育学、循证社会学等数十个新的学科领域。显然,证据是有限的,人类对证据的认识也是有限的,基于证据的结论也自然是有限的。很多证据不足、证据稀少甚至几乎没有证据的事情在经常发生,有时即便有证据甚至证据充足,人们也不一定能正确认识事物。正如黑格尔所说,人类从历史中得到的唯一教训就是没有从历史中得到任何教训。这种"视而不见、听而不闻"的证据如何能实现科学化呢?西方所说的"专门性",一是有专门研究管理问题的人,二是拿出专门的时间研究管理问题,三是成为管理问题的理论专家。可以看出,这些"专业人才"并不一定从事,甚至从来就没有从事过管理实践。他们与"科学性"有效结合,从文献到文献,从空谈到空谈,从臆测到臆测,有的连管理的案例都不曾接触。如此得来的管理理论和管理方案如何能付诸实施?如何能解决实际问题?如何能指导人类实现全面和可持续发展?

第三节 关于管理学的研究对象与基本任务

管理学不同于数学,可以通过一些纯粹的推导得出结论;也不同于生物学、化学等,可以通过纯粹的实验室的实验得出结果。管理学是既有自然科学的属性又有社会科学的属性,融理论与应用于一体,把推己及人与推人及物有效衔接的一元化学科。因此,其研究对象和任务就具有综合性和融合性的特征。

德鲁克在《管理:任务、责任、实践》一书中用独特的类比阐述道:"管理是一门学科,这首先就意味着,管理人员付诸实践的是管理学而不是经济学,不是计量方法,不是行为科学。无论是经济学、计量方法还是行为科学,都只是管理人员的工具。但是,管理人员付诸实践的并不是经济学,正像一个医生付诸实践的并不是验血那样;管理人员付诸实践的并不是行为科学,正像一位生物学家付诸实践的并不是显微镜那样;管理人员付诸实践的并不是计量方法,正像一位律师付诸实践的并不是判例那样。管理人员付诸实践的是管理学。"[1]显然，这既没有定义清楚管理学，也没有给我们明确管理学的研究对象。

孙永正认为，近百年来，人们把研究管理活动所形成的管理基本原理和方法统称为管理学，作为一种知识体系，管理学是管理思想、管理原理、管理技能和方法的综合。随着管理实践的发展，管理学不断充实其内容，成为指导人们开展各种管理活动、有效达到管理目的的指南。[2]这同样也没有定义清楚管理学，特别是没有界定清楚什么才算是真正的管理学。按此定义，只要是研究管理活动形成的原理和方法的都是管理学，这些原理和方法可能有对错，实施的效果可能有好坏，评价的标准也有长远与眼前之区别，就像西方式管理主要解决利润增长的问题，造成了"增长的极限"，而中国式管理提倡的是从个人的诚意正心修身齐家开始，到团队（组织）乃至国家和天下的共享共赢，实现个人全面发展和人类可持续发展，这些是否要区分呢？因此我们说，管理学是研究、总结、提炼管理的规律，为实现组织目标和人类的全面、可持续发展提供指导的学说。

金碚在讨论经济学研究的问题时评价说："对于许多现实经济问题，经济学家们真正能做出准确判断和预测的把握也不是很大，重大经济危机的发生大都出乎经济学家的预料，甚至被认为，恰恰是实行了一些经济学家所主张的经济政策才诱发了经济危机。经济学家依据自己所精通的经济学知识去从事实际经济活动，例如办企业或从事各种交易活动，成功概率也并不一定就比其他人更高。"[3]其实，管理学的研究也是如

---

[1] 彼得·德鲁克.管理：任务、责任、实践[M].刘勃,译.北京：华夏出版社,2008.
[2] 孙永正.管理学[M].北京：清华大学出版社,2007：8.
[3] 金碚.试论经济学的域观范式——兼议经济学中国学派研究[J].管理世界,2019(2)：7-23.

此。我们这里要问的是，管理学作为一门学科的研究意义何在？当管理学作为学科产生的时候，人们面临的是如何提高管理效率的问题；但当管理学作为一门学科，而且作为一门成熟的学科，从科学管理发展到人性管理，又发展到当今的"管理理论丛林"，似乎呈现出百花齐放的盛世，管理的问题解决了吗？如果没有解决当年乃至当今的管理问题，那么这样的管理学及其研究有何意义？如果没有解决当年乃至当今的管理问题，那如何又否定传统的直接与间接与管理相关的研究呢？如果没有解决当年乃至当今的管理问题，那为什么又否定传统的一元论研究呢？

正如我们在前面已经阐述过的管理关系的构成一样，管理学作为关于管理问题和管理规律的学说，不论从哪个方面考虑，都要回答以下几个方面的问题。一是谁来管理，即管理的主体是谁。在这方面，需要回答三个层次的问题：管理者是什么，是人还是事（制度）、物（机器）；哪个人来管理，即管理者应具备什么条件和资格；管理者的权力来源，即如何赋予管理者管理的权力和责任。二是管理谁，即管理的客体是谁或是什么。这同样涉及人、物以及事等多个方面。随着现代企业、组织规模的扩大，管理的层级逐步增多，不同层级的管理具体内容也会不同，对管理者的要求也会有所区别。但正所谓"不想当将军的士兵不是好士兵"，现实中的每一个人都不局限于自己既有的岗位和地位，虽然我们讲"素其位"（《中庸》第14章）。一般来说，高层的管理者主要是管人和事，并通过人来落实事；中层的管理者既管人又管事；底层的管理者主要是管事和物。三是管理的目标和依据是什么。目标是预期要达到的效果，依据则是确定目标的文化和思想基础。西方管理学基于传统的"经济"思想和"商品"文化，践行货币拜物教的观念，把获取金钱和利润作为管理的唯一目标；中国文化是关于"人（做人、成人）"

的认识和总结，把"君子不器"与"治国平天下"有机融合，把"君子爱财"落实到"取之有道"，形成了全面和可持续发展（成贤成圣、内圣外王）的目标，其也成为中国式管理的基本目标和依据。四是管什么，即管理的客体和内容。银行管理的客体主要是资金，农业管理的对象主要是土地、种子、水肥以及粮食生产，工厂管理的对象主要是设备、原材料和产品，商场管理的对象主要是商品，财务管理的对象主要是账务……。管什么本身并不重要，重要的仍然是管理者的认识，即管理者要清楚地知道所管理的具体对象是什么，并知道这些具体对象的特点和运行规律，这些对象与实现组织目标之间的关系。五是如何管，包括管理的手段（措施、职能）、管理的评价。是设身处地地管，还是高压威严地管；是推己及人地管，还是简单粗暴地管；是为了实现利润和完成任务而管，还是为了教育和完善人，实现个人全面发展和人类可持续发展而管，这显然有着本质的区别。

第四节 关于管理的本质

管理本来是人类日常的事务，是建立在依据正确的目标对管理主体的人、管理客体的物和管理内容的事的正确认识基础上的有效组织和协调。但随着研究越来越专业化和复杂化，特别是随着人的自我意识越来越强化，管理的"科学化"不仅没有解决管理的问题，反而使问题越来越难，方法越来越无效，似乎越管理问题越多。经过前面对管理和管理学问题的阐述，我们再来探讨管理的本质，似乎更能看清楚问题的根源和本来面目，更能体会到中华优秀传统文化的智慧性和文明性。

管理的本质是与管理的产生直接相关的一个问题。管理的产生要说明为什么要管理(即管理产生的背景和条件),管理的本质则要说明管理的目的(体现了管理要解决的根本问题)。这是两个相互联系的问题,管理产生的背景和条件决定了管理的本质,管理的本质反映了管理产生的必然性。对这两个问题的回答和阐释不仅决定着管理学的走向,也决定着管理学的未来。

西方管理学仅仅把集体劳动当成管理产生的条件和原因,认为管理主要就是协调集体行为,但这只是"直观"的结果,既缺乏"反观",更缺乏"通观"。[1]由于缺乏反观,也就不明白谁在管理和谁要管理;由于缺乏通观,也就弄不明白如何管理和为什么要管理。这就造成了西方管理学(也包括西方其他科学)的局限:越管理越乱,管理越严格问题就越多,所谓完善成熟的科学管理并没有解决想要解决的问题,反而是"你有政策我有对策",管理越来越复杂,越来越"科学",但企业破产倒闭的越来越多,政治、经济、社会危机的发生越来越频繁。

我们知道,人类社会是由人组成的,人类的一切问题也都是由人引起和解决的,所有问题的解决必然要依靠人,解决所有问题的目的也都是为了人。不过,这里所说的"人"不是指哪一个人,也不是指哪一部分人,也不是哪一个时期的人,而是所有时期的所有的人。所有科学研究的最终目的都应该是实现人类的全面(而非片面和畸形)和可持续(而非不可持续的、只顾眼前的)发展。当然,在实现人类全面和可持续发展这一终极目标的过程中可能有许许多多中间目标,效率、利润和财富等可能是重要的中间目标之一,但必须明白的是,效率、利润和财富只是,也只能是实现人类全面和可持续发展这一终极目标过程中的中间目标,既不是唯一目标,更不是终极目标,甚至不是最重要的中间目

---

[1] 冯彦明.中国经济学的哲学基础与起点[J].区域经济评论,2021(04):29-38.

标。所有的中间目标都受终极目标的制约，所有的中间目标必须服务于终极目标。如果我们只顾中间目标而忘记了终极目标，那就是忘记了初心，背离了初衷，那就只能是不得始终。因此，对管理及管理学问题的研究必须从我们的初心和终极目标开始。

马克思曾说："一个小提琴手是自己指挥自己，一个乐队就需要一个乐队指挥。"显然，这里的"乐队指挥"就是我们所说的"管理者"，这里的"乐队"就是管理产生的客观背景，"需要"就是管理产生的主观条件。尽管每个人都是社会的人，演奏小提琴的个人也不仅仅演奏给自己，但不可否认，小提琴手对自己的指挥更多的是个人问题。管理的实体前提是各种组织或整个社会[1]，因此，我们撇开这种"个人问题"，从完全社会性的被"乐队指挥"指挥的乐队这种组织的属性来谈管理的问题。

组织是超过一个人组成的机构，既包括家庭、家族，也包括企业、集团，既包括非政府的公共组织如学校、事业单位，也包括各级政府、各类党派。显然，从内部看，一个组织是由多个个人组成的，组织的状况直接关系着组织内部每一个人的生存和发展，并在此基础上关系着组织内部的每一个人所在的家庭，家庭所在的大家庭、大家族乃至更大的组织的生产生活——这显然已经扩展到组织的外部，而不是限于组织自身。从外部看，一个组织作为一个整体，其所作所为及其效果都直接关系和影响着该组织所在地区的情况，包括收入水平、思想文化导向、生态环境和社会发展趋势。就现代组织形式讲，如果是股份制的公司，包括股东、管理层、雇员等在内的"内部人"可能不限于本地，其所生产的产品也不会限于本地销售，其产品的生态影响也不局限于当地和当

---

[1] 刘敬鲁，等.西方管理哲学[M].北京：中国人民大学出版社，2021：2.

下；如果是政府机构，表面上看其只服务于本地，实际上随着人员流动特别是全球的一体化，其服务态度、服务水平、服务效果的影响也不限于本地和当下。因此，谈组织的属性不是要谈其是企业（以利润为目标）还是慈善机构（提供志愿服务），也不是谈其是私人机构还是公共机构，而是要谈组织所兼具的经济性和社会性、局部性和整体性，以及暂时性和可持续性。

以企业为例，按照西方的观点，企业是营利性的经济组织，长期以来，西方的大部分企业都是以盈利为唯一目标。也就是说，西方单纯地考虑企业的经济性、局部性和暂时性，几乎不考虑，或者说未考虑到企业的社会性、整体性和可持续性。这也决定了西方的企业管理以及在此基础上研究出的管理学，如同西方的其他各门科学一样，不是头痛治头、脚痛医脚，就是盲人摸象、固执己见。正如齐善鸿等人所说，在本体论和认识论的哲学层面上，如果人的认识出现错误，会直接导致对企业基本性质的看法出现错误；而一旦人的认识出现错误，那么根据这个认识所设计的系统以及后续的行动就会随之产生错误；如果错误已经发生了，却没有回到本源上去审视这个错误的发生，而只是就事论事地解决问题，就极有可能错上加错，最后在不断加强管理的同时，看起来是在解决问题，实际上又在连续不断地制造问题。这样，管理就可能是在用一个错误的方法解决问题，因而无法实现管理真正的诉求——通过管理消灭管理。如就企业的性质而言，不少人认为企业是一个经济组织，实际上，将企业视为经济组织，只是说明其经济属性，并没有说明其社会属性；只是说明其中关于人的经济活动，并没有说明人的社会活动。企业具有经济与社会、物质与精神的二重性，只片面地强调一个方面是错误的。实际上，企业作为由人集合而成的组织，其经济价值、社会价值、物质价值、精神价值等是不能够被肢解的，企业既要为自身创造价值，也要为社会创造价值。企业不能为了追求经济利益而置人性，人的精神需求、生活需求于不顾。换言之，企业是个人与集体、物质与精神、长期与短期、整体与客户以及社会等一系列综合价值组合而成的节点。企业如此，其他组织形态如此，个人更是如此。一个人也是现实与未来，物质与精神，个人与组织、社会以及国家等方面的价值综合在一起的生命体。一般而言，这样一个综合价值系统是不能被肢解的，否则就是"自断手脚"。即使企业追求某一方面的价值会产生短期的收益和效果，但会因为系统错误，最终付出沉重的代价。齐善鸿等明确指出，在现实当中，更多的是把企业看作经济组织，实际上这是错误的。企业具有经济属性，但经济属性并不是唯一的，企业还具有文化属性。这里的"文化"当然指的是文明。如果把经济属性绝对化，经济就一定会变成伤害人们和伤害企业发展的一种力量。而现实企业中的一些唯利是图、违法乱纪、行贿受贿以及对于一丁点儿个人利益都计较不止的现象，都与片面强调企业的经济属性有关。[1]

对组织（企业）属性的认识决定了组织活动的目的，当然也决定了组织活动的结果。我们仍然以企业为例，一般认为企业经营的目的是盈利，但齐善鸿等认为，企业的目的首先在于帮助员工成长，帮助员工获得幸福。只有员工成长和幸福了，其才能够为客户和社会奉献成长的智慧和幸福的价值；创造这种价值的企业，才能够在企业与社会、物质与精神、现实与未来、成长与发展、幸福与创造等多个两极维度上完成统一。这样的企业才真正进入了健康、积极和良性的模式，这才是企业实践的基本目的所在。齐善鸿等指出，当企业变成一个使命型的组

---

[1] 齐善鸿，李宽，孙继哲. 传统文化与现代管理融合探究［J］. 管理学报，2018，15（05）：633-642.

织，就能够消化掉很多内耗，就能够提升人的精神境界，就能够吸引外部的很多资源；企业如果变成一个信仰型的组织，就能够赢得人们的尊重，就会避免众人因精神方向的迷失而产生的很多违法乱纪、道德失范的行为。当工作变成每个人反照自己的一面镜子，变成每个人修行的机缘，每个人就能够通过工作找到自己的问题，促进个人的进步和提升。这样的企业即使还存在一些问题，也会将这些问题转化为成长的能力。这样，企业就能够在不断创新和消化问题的过程中积蓄持续发展的强大动力。[1]

管理实践产生于集体活动，管理是人类的一种自然的活动，是人类为了实现自身目标所进行的一种内在的、自发的行为活动。因此，管理从本质上是人通过对人以及物的组织、协调、控制，实现人的全面发展和人类的可持续发展的过程，是人类的一种有意识的实践活动。可以从广义（根本）和狭义（现象）两个角度来理解管理。广义的管理的主体是全人类，时间跨越整个人类的历史，目的是实现人的全面和可持续发展；狭义的管理则局限于某一个组织，是一个组织内的管理者（上层）对被管理者（下层）以及相关的事务进行计划、组织、协调和控制等，以实现组织目标的过程。管理的实体前提是各种组织或整个社会。[2]

第五节 关于管理的主体与客体

前面我们提出管理是由管理的主体、管理的客体和管理的内容三部

---

[1] 齐善鸿，李宽，孙继哲.传统文化与现代管理融合探究［J］.管理学报，2018，15（05）：633-642.

[2] 刘敬鲁，等.西方管理哲学［M］.北京：中国人民大学出版社，2021：2.

分构成的。这里我们再从管理学的角度对管理的主体和客体做进一步的探讨。

一、管理的主体

管理的主体即谁来管理。显然，管理的主体是人。这在任何情况下都不会变，也不可能变。不过，由于现代组织的多层次性，作为管理主体的人也分为多个层次，如团长管理营长，营长管理连长，连长管理排长，排长管理班长，班长管理班员，班员管理自己。由此我们可以说，管理的主体都是人，也可以反过来说，人是不同层次的管理主体。

人是管理的主体，这不仅体现了在管理过程中人的作用，更反映了人的地位。既然人是不同层次的管理主体，而且管理的地位和权力是可变的，这里的"人"就不仅限于某一个或某一类人，而应该是所有的人。西方虽然在某种程度上或者某些情况下认识到了人在管理中的作用，但由于其文化和思维的限制，特别是不懂得反观，因此总是把管理中的人局限于某种职务如庄园主、董事长、总经理等，而忽视甚至完全无视所谓的"下级"特别是普通员工的作用。如在西方电气公司霍桑工厂进行的研究，最初就是为了考察工作场所的照明度变化与员工生产率之间的关系，虽然实验并没有证明工作场所照明度提升会有效提高员工的工作效率，既有的管理理论和实践也因此而根本改变，但这种靠长期高照明度刺激员工的方法严重影响了员工的休息和身心健康，制造了雇主与雇员之间的不信任。

人的作用是显而易见的，不仅仅是从一般的角度讲，任何一个具体的事件、任何一项基本的规则甚至公理，其落实及其效果都取决于相应的人——人的认识水平和能力。正如卡内基将注意力从铁路行业转向钢铁行业时所表露的："资本或贷款的每一美元，每一种商业思想，都应该集中在某种已经有人从事的生意上。绝不应该分散自己的注意力……所谓的不要将所有的鸡蛋放在同一个篮子里的规则并不适用于一个人的终生事业。将你所有的鸡蛋放在一个篮子里,然后看好这个篮子,这才是真正的原则——一切原则中最有价值的一条。"[1]其实,包括美国霍桑实验等在内的一系列所谓的科学研究和科学管理,只不过证明了我国古圣先贤早已经说过的事实,只不过是为古圣先贤的论断做了所谓的"科学"的注脚。西方管理学中所谓的科学管理(不仅仅是泰勒的"科学管理")问题,只要在其思维范围内能解决的问题,中国文化都已经解决;而在其思维范围内没有解决的问题,中国文化也都解决了。如西方经济学和金融学发现人的心理、情绪等通过影响行为而影响决策,并基于此形成行为(实验)经济学和行为金融学,但这些问题并没有解决。特别是当西方学者或者因为确实解决不了问题,或者真的发现管理是一门艺术,并在此基础上强调管理的艺术性时,中国早已经明确了中庸的方法和艺术,并且一再强调"水至清则无鱼"的道理。

在现代管理中,管理的主体一般是确定的,这就是管理者,亦即人。从现实来看,主体是不是也可以分为多个层次,表现出不同的"人"的存在形式,如人工智能、自动化的流水线等。但实际上,无论是人工智能还是自动化的流水线,或者其他什么拟人化的存在形式,都离不开最终、最根本的人这一主体。因为即便自动化、智能化的程度再高,所有的程序、任务、目标、操作等都还是由主体的人来设计和控制的。过去不曾有,目前没有,未来也不可想象完全自动化的生产和管理。一个棋手可能赢不了一台机器,但离开了人工编制的软件和输入的棋谱,机器只能是机器;离开了人注入的能源和对机器的启动,机器可

---

[1] 转引自:丹尼尔·雷恩,阿瑟·贝德安《管理思想史》。

能只是废铁一堆。

在此需要注意的是,不管是信息还是财务,不管是钢筋水泥还是智能软件,也不管是资金还是市场,所有这些"物"的因素,都既是实现组织目标的需要,因而是管理者认识的结果,还是被管理者的附属物,需要被管理者(实际上也包括管理者)在头脑(认识和思想)中对其进行梳理和组织,就像肠胃对食物的消化一样,才能实际发挥作用;而这些因素在组织中发挥作用的大小,也同样取决于管理者与被管理者对它们的认识和利用。

研究管理的主体,根本的目的在于揭示作为主体的人的属性。管理首先是人对人的一种活动。人不仅仅是"自然的",不仅仅是"科学的",也不仅仅是"心理的"和"个体的",而是自然与人文、科学与艺术、心理与生理、个体与社会的统一体,因而是综合和一元的,包含着自然、人文、社会、艺术等方方面面,但无论如何,人性既不是一些人所说的"善",也不是另一些人所说的"恶",人性是善与恶的统一体。也就是说,人既有善的一面,也有恶的一面;我们既不能用善遮盖恶,也不能用恶代替善;我们需要的是抑恶扬善,而不是抑善扬恶。正如俗语所说的:每个人心中都有魔鬼,只有战胜了魔鬼才能称得上英雄。

实际上,人的属性在认识,包括认识自己和认识别人,认识人类和认识自然。人有什么样的认识,就会有什么样的看法和行为。不过,人的认识也是随着个人和团体(人类)的实践而变化的,因而人的属性也是可变的。虽然我们常说"江山易改,本性难移",但这只是难易的问题,而不是变与不变的区别。像人的科学属性与艺术属性,前者追求准确和可验证,后者则体现模糊与"测不准"。也就是说,在一定范围内(如牛顿力学),包括人在内的所有事物都是可以准确反映、测量和反复验证的，但如果在一个更大的范围（更宏观和更微观，如量子力学），则所有事物的边界都是模糊的，都处在瞬息万变的状态之中。

二、管理的客体

正如前面所说，管理的客体，即管理的对象，也就是被管理的物，包括物资形式的原材料、设备及产品，也包括资金、信息等。

实际上，区分管理的主体人与管理的客体物，可以反观管理的主体"人"：对物的利用在于人的认识，对管理客体有什么样的认识，就会形成对管理对象的不同管理方式。从表面上看，作为管理对象的"物"都是被动的、不变的，但实际上，有人可以画龙点睛，有人则是画蛇添足；有人能化腐朽为神奇，有人则会糟蹋粮食，把一把好牌打烂。[1]

事实上，正如前述，这些作为管理客体的"物"也并不是完全被动的。哲学把物质与意识分离，认为物质决定意识，意识反作用于物质。西方文化把人与物分离，认为人（优种人）征服和改造物（自然），物（自然）被人征服和利用；但在中国文化"眼"里，物质与意识、人与物的关系问题不是神学问题，也不是宗教问题，甚至不是一个哲学问题，而是人类的智慧（认识）问题，是了解人的多维一元本质的钥匙。从传统文化角度讲，中国古代管理的对象集中在伦理规范和国家管理两个方面，伦理规范主要是指包括仁、义、礼、智、信等在内的人际关系准则和要求，国家管理是中国古代管理的重点。正如司马谈在《论六家要旨》中所叙："易大传：'天下一致而百虑，同归而殊途。'夫阴阳、儒、墨、名、法、道德，此务为治者也。"中国古代管理哲学将人视为

---

[1]《中庸》讲："唯天下至诚，为能尽其性；能尽其性，则能尽人之性；能尽人之性，则能尽物之性；能尽物之性，则可以赞天地之化育；可以赞天地之化育，则可以与天地参矣。"

有血有肉、感情丰富的"伦理人",认为管理的调整对象是直接的伦理关系。伦理被视为厘定和改造人性的基本法则,中国古代管理哲学重视人的道德和行为的可塑性,提倡"人为为人",提供了人的发展的可能性。对照来看,西方管理的主要对象是工商企业。多年来,西方诸多重要的管理思想几乎都聚焦于工商管理,从泰罗开始,到法约尔、梅奥,再到德鲁克、明茨伯格、波特等管理学巨匠,其研究领域主要集中在工商管理。

既然管理的客体是物,既然物不是完全被动的,那么管理学就要从管理的角度研究和认识物的属性。从科学上讲,量子力学仍然只是对微观物理世界的初步观察和发现。正像俗语说的"人不可能挣到其意识之外的金钱",人也不可能观察到其意识之外的物质和现象:一切能测到的量都只是观测相对表象而已,而一切未观测到的都是由于受到观测者意识(思维)的限制。过去我们通过细分物质发现了一百多种元素,当继续细分下去,这些元素的性质也将改变,每一种元素将不再是其本身,所有元素将趋同为一种,我们暂时将这种超乎传统物质的存在称为实在。这种实在具有一元和三重的属性,所谓一元性,即所有物质的本质完全相同——如果具有不同,说明我们的细分还没有到极限;所谓三重性,即所有物质都同时具有粒子、波和结构的三重属性,亦即具有由不同结构组成的物的反应与被反应双重属性。这样的实在并不是固定不变的,而是处于不断的运动之中。一方面,当两个或多个实在偶然聚集,就会形成不同的物质,就如同聚水成渊、聚土成山、聚人成群,或者一个 O 是氧原子,两个 O 组成氧气,三个 O 则成为臭氧。另一方面,每一个实在,或者由不同数量的实在组成的实在乃至我们看到的物质,其本身都具有物和识、反应与被反应双重属性,因而具有刺激感应性。运动中的实在不仅造成了可能的彼此碰撞,进而造成进一步的分离或聚集，而且造成了彼此的刺激和感应，就像我们用鼓槌儿敲鼓，鼓会发出声响，用不同的力气敲，会发出不同的声响，对不同的位置敲，也会发出不同的声响。需要说明的是，这种刺激感应性是实在的一种既有属性，也是一种原始属性，是实在的一种存在状态，还是意识的原始状态。因此我们不能说意识完全是后天产生的，也不能说是刺激和感应产生的；但我们可以说具体的意识，即产生什么样的意识是"后天"决定的，就像由于用力不同，或敲击的位置不同，形成的鼓声（意识）也不同。此外，就像由运动产生的碰撞通过分离或聚集会产生新的实在乃至物质一样，刺激感应也会随着这种碰撞的增加（也可以说是刺激和感应的增加）而形成新的刺激感应性，进而逐步形成我们现在看到（准确地说是体会到）的意识。进一步说，运动永不停止，碰撞永难避免，分离和聚集也就永无休止，实在的存在形式也就永无止境。也就是说，客观物质种类永无数量限制；与此相对应，意识也永无止境，并且会越来越复杂。

第六节　关于管理学的目标

据说地球已经存在了数十亿年，人类也在地球上生存了几百万年。在遥远的原始社会，人类就在为生存努力，为吃穿住行劳作，为不愁吃不愁穿奋斗，经过了这么多年的演化，虽然人们普遍认为人类的进步空前，成绩前所未有，甚至为可以登天钻地而自豪，为飞出太阳系遨游宇宙而欢呼，但直到今天，也只有中国这样一个发展中的人口大国解决了全体人的吃饭穿衣等基本生活问题，而一些所谓的发达国家，冠以"文明""自由"甚至"博爱"的名声，虽然依靠武力和资本在世界

从文化探源到管理实践：兼谈对中国特色管理学的思考

横行霸道，但国内两极分化严重，一部分人还生活在贫民窟之中，更不用说拉美、非洲的发展中国家了。特别是，人类发展到今天，所面临的不是生活得多好的问题，而是可持续生存的问题，更不用说发展了。无论如何，不管我们如何标榜人类取得的进步，如何彰显专家、富豪的伟大，总体来看，今天的人类依然如故，不仅没有真正的自由，没有实现可持续发展，甚至连文明的基本标准"从心所欲而不逾矩""己所不欲，勿施于人"也达不到了，因为几乎人人都在实践和循环着"人为财死，鸟为食亡"的动物生活。这到底是人类的宿命，还是被引错了路？是人类将永远如此，还是有，或者可以有其他路可走？是人类的思想一直如此低水平重复，没事找事地让人忙来忙去，最终也不会有什么变化和进步，还是本来有，或者可以有，或者已经有可以让我们摆脱这种低水平重复的思想，但我们视金如土，不珍惜，或不认识？

"人"的问题不仅仅是一个哲学问题，迄今为止的哲学也没有真正解决这一问题。从管理学的角度讲，所有管理和被管理的活动都是人的活动，所有人的活动都是有意识的活动，都是建立在人的认识基础之上的活动；人的活动方式不同，标志着其认识不同，也决定着经济运行和管理的方式和结果不同，当然也决定着人类是否能可持续发展。因此，从管理角度研究人类活动的管理学，不应离开人这个主体，也不应离开人类行为和决定人类行为的人的认识这个主题，当然更不应离开为人类服务、实现在个人全面发展基础之上的人类可持续发展这个目的。

习近平总书记指出："文化是一个国家、一个民族的灵魂"[1]，"中华文明五千多年绵延不断、经久不衰，在长期演进过程中，形成了中国

---

[1] 习近平《决胜全面建成小康社会 夺取新时代中国特色社会主义伟大胜利——在中国共产党第十九次全国代表大会上的报告》。

人看待世界、看待社会、看待人生的独特价值体系、文化内涵和精神品质，这是我们区别于其他国家和民族的根本特征"[1]。中国文化是关于人的文化，中华文明是关于人的文明，中国特色管理学作为中国文化和中华文明的有机组成部分，也是关于人的管理学，应当首先回答人现在是什么样的（现实人）和应该是什么样的（理想人）的问题，然后进一步回答和解决人通过什么样的管理活动，如何通过管理活动成为其应该成为的样子等关于人的认识的问题。说不清楚诸如此类的人的问题，或者不能正确地理解和解读人的问题，就不能全面而彻底地解决人的问题；而不能彻底地解决人的问题，也就不能彻底地解决人类社会和世界的问题。各门科学，不管是自然科学还是人文科学，虽然具体的研究对象、视角或方法不同，但其目的都不仅仅在于给其所研究的对象世界以某种解读，而在于在正确地理解和解读对象世界的基础上修正和统一人的认识，实现人类的可持续发展。管理学作为一门研究管理问题和揭示管理规律的学科，就是要在认识管理的主体、客体和本质要求的基础上，助力实现每一个人的全面发展和全人类的可持续发展。

在进行管理学研究中需要注意的一个问题是，管理学研究不是发现和"贴标签"。西方管理学善于发现问题，但不善于分析问题，不了解问题的根源和本质。如"西伊注意到好工人很少能够成为好监工，好监工不应该欺负他们的工人，而应该是机智的和善解人意的。磨洋工，即工人有意放慢生产速度但同时使监工相信他正在快速工作，确实是存在的，但是如果监工'能够使工人明白每星期工作5天是为了获得收入，而磨洋工一天则要由他自己承担成本……工人每周休息1天将使他愉快地在工厂工作5天'，那么，磨洋工这种现象就能够得到最好的解

---

[1] 习近平.在敦煌研究院座谈时的讲话[N].人民日报，2019-08-19.

决"。[1]这里反映出至少两个方面的问题，一是工人的忠诚问题，二是管理工人的人的管理方法问题（事实上，这些管理者也同样存在着对企业主的忠诚问题，除非他们本身就是企业主）。也就是说，所有的磨洋工问题代表的都是对雇主忠诚的问题。泰勒发现并研究了磨洋工的问题，也在通过不断的努力，试图通过所谓的"科学管理"来解决这种工人与雇主之间的心理、预期和利益不一致的问题。也就是说，泰勒所谓的"科学管理"从表面上看是为了提高效率，减少磨洋工，但实际上是要解决工人的忠诚问题。在这方面，泰勒实际上做了很多。不过，我们在这里要说明的是，一方面，可以说中华优秀传统文化解决的首先就是忠诚的问题，所谓"吾日三省吾身"，其中之一就是"为人谋而不忠乎？"；另一方面，中华优秀传统文化讲"道不可须臾而离也，可离，非道也"，这说明了修道的严谨性，也说明了修道的常态性和紧迫性。而泰勒的"科学管理"中所谓的用科学的方法代替经验以实现最高生产效率，正是体现了中国文化对"修道"的要求，或者说与中国文化中"修道"的原则不谋而合。正如《管理思想史》所描述的："泰勒认为劳资双方应该努力寻找共同点。他写道：'科学管理……的基础源自这样的坚定信念：双方（劳方和资方）的真正利益是相同的、一致的；资方的繁荣无法长期持续下去，除非它伴随着劳方的繁荣，反之亦然；劳方获得最想要的高工资以及资方获得最想要的低成本是有可能在公司内同时实现的。'"[2]

---

[1][2] 丹尼尔·雷恩，阿瑟·贝德安. 管理思想史[M]. 李原，黄小勇，孙健敏，译. 北京：中国人民大学出版社，2022：85.

第七节　关于管理学的特点

一、管理学的实践性

管理是人类团体为实现其目标所进行的协调、控制活动，因此，管理学不是一门实验科学，也不是一门纯理论的科学，而是一门实践科学，这种实践是一种团体的实践，是针对团体的实践。这意味着没有管理实践就不懂得什么是管理和如何管理，也就不可能有关于管理问题和管理规律总结的管理学。[1]

管理是人类的一种实践活动，因此既不是纯客观的活动，也不是纯主观的活动，而是主观见之于客观，包含着客观对于主观的必然及主观对于客观的必然。管理学首先就是对管理活动及其结果的总结，是管理者对管理过程的思考和分析的结果，也是管理者与被管理者相互作用的结果。虽然后来出现了专门的管理学研究者，但如果这些研究者仅仅停留于理论的思维层面，而不进行现实的管理实践，尤其是自己没有经过现实的管理实践的体验和检验，其管理学研究的成果将更多地停留于抽象的理论层面，成为管理学的书本。

管理的实践性表明，管理是人的一种有意识的活动，这种意识有关于如何提高管理效率，如何达成管理目标，如何发挥人的积极性，如何顺理成章、水到渠成地按照事物的规律行动——这就是最早的管理，是最早的管理学，也是现代管理学所要研究和解决的问题。谁最早认识了管理对象和管理主体，认识了管理对象与管理主体之间的关系，谁就能

---

[1]《论语》开篇有"学而时习之，不亦说乎"，现在的人把学习当成了负担，原因就在于不论是老师还是学生都没有理解"习"的含义，因而也没有理解"学"的价值。"学"者见新、解新、模仿，"习"者实习、实践、体验，学习的过程是高兴、喜悦的，因为学习的结果是觉悟和进步。

进行很好的管理，就能实现管理的目标，就能创造出实用且有效的管理学。因此，管理活动似乎很随意就产生了，但真正的管理学却不能随意创立，应该，也必须建立在有效且成功的管理之上。

二、管理学的时变性

丹尼尔等人在其《管理思想史》中说道："随着其他公司和其他行业开始成长，它们也面临着同样的挑战：如何管理大型组织。他们需要通过获得劳动力、原材料、设备以及资本等来实现计划；通过劳动分工、授权、基于工作活动组成工作部门等方式来组织；通过提供绩效激励和建立强有力的人际关系来领导和激励；通过比较所拟计划和实际结果以及在必要时采取矫正措施来控制。随着组织的成长，为了便于协调和沟通，出现了一种使沟通和传达正式化的需要，尤其是使用书面备忘录和书面报告的需要"，"然而，当时没人能够真正理解一位成功的管理者所须具备的技能。绝大部分注意力集中于技术或财务知识，而几乎不强调计划、组织、领导和激励以及控制"。[1]这实际上强调了管理的时变性，也就是管理学的时变性。

由于团体是可变和时变的，不同的人组成不同的团体，同一团体也会因不同的条件如群体成员情绪、心理的变化而变化，因此，管理学也是时变的，不会一成不变，也没有绝对的规律可循。实际上，管理本来就应该是因人而异、因地制宜、因时制宜的。西方文化试图以点代面，从某一"新发现"或"新角度"出发，提出一种具体的管理模式，然后推而广之，在这方面的典型代表就是麦当劳和肯德基的西式快餐模式，

---

[1] 丹尼尔·雷恩，阿瑟·贝德安.管理思想史［M］.李原，黄小勇，孙健敏，译.北京：中国人民大学出版社，2022：84.

虽然这是工业化时代一种典型且普遍的模式，但试图配置适应千百万人口味的饮料和食品本身就很荒唐，更谈不上中国文化中"药食同源"所蕴含的一元论和辩证观，因为统一口味的饮料和食品只能暂时解渴和充饥，根本不能适应不同人的不同需要，更谈不上以食代药。

三、管理学的统一（同一）性

管理学的实践性、时变性并不否定管理学的统一性。"有证据表明，中国人早在公元元年就对劳动分工及组织的部门化形式非常熟悉"，"在官营作坊、工匠之间出现了高度专业化的劳动分工。官营作坊分为三个部门：会计、安全及生产。这样的手工制品使我们了解到管理的早期渊源"。[1]实际上，不仅仅是专业化和分工，协调和控制等也是管理的基本问题，换句话说，在现实的管理过程中所要解决的问题具有很强的共性，因而管理学具有统一（同一）性。

不过，更重要的统一（同一）性并不是分工和协调，而是管人和理心，是提高认识，统一思想。一方面，一致行动（协调）是提高认识和统一思想的结果；另一方面，管理最终不仅是要实现利润和完成组织任务，更要实现个人全面发展和人类可持续发展。中国的管理不同于西方的"科学"，而是一种智慧，点点、处处都潜藏着中华文明的智慧，时时、事事都指向着实现人的全面发展和人类可持续发展的目标，正如陈胜所说：中国古代讲究"礼"，尤其是周礼，把"礼"上升到了无以复加的高度，孔老夫子要恢复的也是"（西）周礼"，并不是要恢复奴隶制度，就在于"周礼"不仅实现了人民安心和社会和谐，更实现了个人的

---

[1] 丹尼尔·雷恩，阿瑟·贝德安.管理思想史［M］.李原，黄小勇，孙健敏，译.北京：中国人民大学出版社，2022：13.

全面发展（通过克己复礼达到君子不器）和国家的"文化强国"。古代射艺必须遵循严格的礼仪规范，对射者有严格的姿态、礼仪、心理、修养等方面的要求，可以很好地锻炼人的品德、心境和意念。《礼记·射义》曰："以德立行者，莫若射。"因为射艺最讲究"身正必中"，也就是要秉持正念、正义、正道，一家企业、一个组织，唯有做到"守正"，才能走得更稳、更远。此外，射艺要求做到靶心明确、全神贯注、心无旁骛；要求做到"大道至简"，去掉繁文缛节，不搞形式主义；尤其重要的是，射艺讲究"反求诸己"，不怨天尤人，不搬是弄非，要善于自省，"反躬自问"。总体来看，"射艺"不仅仅是一种技艺，而且是道德的修炼养成方式。[1]

四、管理学的延续性

虽然管理具有时变性，在此基础上总结的管理学也具有时变性，但管理不是惊雷，也不是"天外来客"，它是文化的反映，是认识的结果，要解决的是人类的问题。既然人类是延续的，管理也就具有连续性，管理学也就具有继承性。丹尼尔·雷恩和阿瑟·贝德安在《管理思想史》中写道："我们越来越体会到，关于管理学科的方方面面——它的语言、它的理论、它的模型、它的方法论、它隐含的价值理念、与它相关的各种专业机构，以及在该领域进行学术研究的方式——都来自它的历史。遗憾的是，历史记录有时候也并非完全准确，例如，有人宣称自己是某项新发现的第一人，实际上其他人已经在这些领域耕耘过"，"我们坚信，今天我们对管理学的探索，在很大程度上没有认识到过去的思想对

---

[1] 陈胜. 古代射礼及其现代管理启示——评《两周射礼研究》[J]. 领导科学，2020（13）：129.

现代思维的影响"。[1]他们非常欣赏马奇（March）提出的"作为序幕的过去"这个观点，因为"它们在几代学者和学术团体中不断发展，每个学者和学术团体都建立在以前的学者的基础上，并为后来的追随者提供了基础"[2]，"那些并不熟悉历史的管理学者""认为昨天的管理方法对今天的问题并无实际价值"[3]，"但是，我们的前辈与我们非常相似：他们竭力应对管理大规模的人力与物理资源组合所产生的多种难题；他们努力发展关于人类行为的哲学和理论；他们是变革的发动者；他们绞尽脑汁来解决那些古老的问题，即分配稀缺的资源以达成组织和个体的目标"。"我们今天面临的挑战基本上是一样的，只是随着我们了解的更多，不断改进我们的诊断工具，以及随着文化价值观发生改变，我们提出的解决办法也发生了变化"。[4]

五、管理学的系统性

所谓系统，是相互联系、相互作用的若干组成部分融合而成的一个有机整体。系统理论认为，系统在整体上的性质和功能并不是其各个组成要素的性质和功能的简单相加。管理学的系统性既包括其组成要素的系统性，更包括其实践效果的系统性。习近平总书记指出："理论上不彻底，就难以服人。"荀子《劝学》讲："百发失一，不足谓善射；千里跬步不至，不足谓善御；伦类不通，仁义不一，不足谓善学。"因此，管理学要成为真正的科学，不是西方所说的实证，也不是西方所说的反复试验，而是要能够完全、彻底地解决人类的管理问题，实现人类的全面和可持续发展。

---

[1][2][3][4] 丹尼尔·雷恩,阿瑟·贝德安.管理思想史[M].李原,黄小勇,孙健敏,译.北京：中国人民大学出版社，2022：前言1-2.

第四章
传统管理思想与中华优秀传统文化

管理思想是潜藏于管理理论背后的文化基础，也是决定管理学理论具体存在形式和内容的最根本的东西。学界不乏关于管理思想的专著，更有从历史角度探讨管理理论演变的渊源的管理思想史梳理，如丹尼尔·雷恩和阿瑟·贝德安的《管理思想史》、陈继华的《管理思想史——西方管理思想溯源及其历史演进》，但基本上都是就事论事，甚至牵强附会，从中西对比与相结合角度探讨管理思想本身的根源和基础的很少，从"正确"与"错误"角度进行的介绍和探讨就更是凤毛麟角。本部分内容不仅在于阐述管理学背后的思想基础，更是要证明西方管理学理论存在的问题，其中一些"正确"的成分，或者与中华优秀传统文化不谋而合，或者证明了中华优秀传统文化的正确性与前瞻性。

第一节　管理理论与管理思想的关系

黄速建和黄群慧认为，斯密的分工理论、马歇尔理论、新古典经济学的厂商理论、熊彼特的"创造性毁灭"理论等"只能零星地从经济学著作中提炼，与其说是理论还不如说是思想。真正意义的企业成长理论由英国管理学教授彭罗斯1959年出版的《企业成长理论》一书奠定了基础"。[1]这里提出了一个问题，即理论和思想的关系问题。要弄清楚这一问题，就必须先弄清楚思想与理论各自的含义。

在汉语中，思想的本义是客观存在反映在人的意识中经过思维活动而产生的结果或形成的观点及观念体系。[2]在中国传统文化当中，"思"代表的是灵性的慧性思维，"想"代表的是意识的智性思维，思想是指慧性和智性思维的总体结果。《泰和宜山会语》中，马一浮先生明确指出："……文化根本在思想，从闻见得来的不是知识，由自己体究，能将各种知识融会贯通，成为一个体系，名为思想。"[3]而理论是在某一活动领域（如医学或音乐）中联系实际推演出来的概念或原理，是由对事实的推测、演绎、抽象或综合而得出的（对某一个或某几个现象的性质、作用、原因或起源的）评价、看法、提法或程式，[4]是指人们关于客观世界的一种理解和论述。人们在某一活动领域（如自然科学与社会科学）中联系实际，推演出概念（或原理），经过对事物的长期观察与总结，由表及里，去伪存真，进行归纳再进行逻辑证明，得到对某一事物规律性、关键因素的"提取"而形成的一套简化的、描述事物演变过

---

[1] 黄速建，黄群慧.中国管理学发展研究报告［M］.北京：经济管理出版社，2007：45.
[2] 百度百科.
[3] 转引自：郭继民.经常说"思想"，何为"思想"［N］.中国社会科学报，2018-06-26.
[4] 百度百科.

程的客观规律的"映射为信息"的模型，对于指导实践的成功有很大的意义。

在英语中，不论是 idea、thought，还是 thinking，都表达的是想法、看法、见解等，都不能完全与汉语的"思想"一词所表达的意义匹配。而西方的"理论"是一个科学学的概念，是指科学理论，是人类通过"概念—判断—推理"等思维类型、"论题—论据—论证"的逻辑推导过程来认识、把握世界的逻辑体系，包括知性认识阶段的理论和理性认识阶段的理论。知性认识阶段的理论（如形式逻辑、数学）反映世界的本质，理性认识阶段的理论（如对称哲学、对称逻辑学、对称经济学）反映事物的本质。规律是本质和本质关系的展开；人类认识的最终目的是认识事物的本质和规律，作为自己行动的指导。所以知性认识只是人类认识世界的一个步骤，不是目的，理性认识才是人类认识的目的。"理论"从狭义上讲，是指理性认识阶段的理论。理论的存在方式是论文、专著与教科书等。抽象性、逻辑性、系统性、可证实性与可证伪性，是理论的五大本质特征。人类形象思维的成果如书法艺术作品不是理论，没有抽象性与严密逻辑推演过程的随感、散文、技术、实验报告、可研报告、方案设计、模式设计、数学模型、政策建议不是理论，不成逻辑体系的看法不是理论，可证伪的不科学理论、不可证实也不可证伪的非科学理论不是理论，暂未证实也未证伪的学说或假说也不是理论。[1] 理论的形成始于基本的预设（无意识）或假设（有意识）。根据科林伍德的观点，基本假设是不能完全证明的，总是有相反的。基本假设通常被认为是理所当然的，除非它们所支持的理论遇到严重的困难。

我们是不是可以这样理解，思想是系统思维的结果，理论是专门研

---

[1] 陈世清《对称经济学 术语表（二）》。转引自：百度百科"科学学·理论"。

究的结果，因此，思想是对跨学科甚至是全学科的整体认识的总结，理论是对某一专业甚至某一问题的解读。既然思想是整体，我们完全可以从中提炼出某种专业的理论如管理学、法学、政治学等，当然这需要抽丝剥茧的提炼过程。但并不是说，由于理论是专业的，多个专业的理论拼凑在一起就可以成为思想。从另一方面说，正是因为世界是一体的，反映事物全貌的知识（思想）也是一体的，而如果想从某一个侧面（专业）分析某一问题，就必须总结出某种理论；如果我们这样的理解是可以的，是不是可以说，即便是亚当·斯密、马歇尔等的经济学论述，也只是整体思想的一部分，虽然其中不乏管理学理论的成分。

包括现代管理学家在内的各类专家没有认识到宇宙人生的一元性，没有认识到关于宇宙人生的真相和知识的一元性，没有认识到西方学科分化的局限性，习惯于由点到点而非由点到面，以偏概全而非见微知著。这从资本主义精神与中华优秀传统文化的比较中可见一斑。

什么是资本主义精神？不同的人有不同的理解和解释。马克斯·韦伯把资本主义精神归结为建立在新教伦理基础上的理性、节制、勤奋，这为资本家的剥削找到了宗教依据。有些学者则把资本主义精神总结为新教伦理、个人自由伦理和市场伦理，认为新教伦理给工业文明带来了内部驱动力，个人自由伦理为工业文明带来了政治保证，市场伦理为企业的发展开辟了足够的空间和自由，三者改变了人们对工作、利润和企业的态度，为工业之都的发展与繁荣创造了必要的条件。这些人没有看到资本主义造成的人的畸形存在（由于专业化分工）和人类发展不可持续（由于贪婪和嫉妒而失去理智）的问题，没有认识到人的社会性本质，而是片面地推崇所谓的个人自由和私有财产积累。从表面上看，新教伦理认为每个人的工作都是神圣的，在上帝眼里每个人都是平等的，每个人都必须对自己的行为负责，都应该崇尚道德约束与经济成功，但对资本主义的强盗式掠夺和野蛮屠杀并没有制约；用世俗化的事情代替了传统基督教的精神活动，但在把物质生产放在了前所未有的举足轻重的地位的同时，也把人放在了前所未有的与"鸟"无异的地位；在把人从神和上帝那里"解救"出来的同时，又把人扔进了弱肉强食的"丛林"；在通过提高效率实现物质财富积累的同时，像"泼"掉洗澡盆中的孩子一样把道德情操扔掉了；在实现了经济活动空前解放和繁荣的同时，把文化、政治、社会和生态推向危机，形成了连续不断的危机和"增长的极限"。[1]

在这里需要说明的是，西方的"理性"不同于中国的"理智"，而是"计算金钱"，计算投入产出；西方的"人本"也不同于中国的"以人为本"，而是与"神本"相对应的人的随心所欲，这实际上就是为资产阶级的优胜劣汰辩护的工具。与西方"人本"相适应的一个词是"科学"，科学就是依靠人类自身的生产实验而产生的认识和认识到的规律。因此，科学既不是神学，也不是哲学，而是实验和推测。科学来源于实验、观察和研究，而不是来源于神父（神赋）、静思和反思；来源于看得见摸得着的物质及其活动（evidence-based），而不是来源于看不见摸不着但感受得到的意识；来源于观察和研究的对象，而不是来源于观察和研究者。从表面上看，科学似乎很"科学"，但如果我们抛开对"科学"一词的迷信，就会发现所谓的科学并不一定科学：因为实验和观察是有限的，证据也是有限的，就像摸象的盲人根据自己摸到的部位形容大象的形状一样。也就是说，西方崇尚的"眼见为实"并不一定真实，

---

[1] 丹尼斯·梅多斯、唐纳德·埃拉斯、乔根·兰德斯和威廉·贝哈文斯等著《增长的极限》（*The Limits to Growth*），新美国图书馆首次出版于 1972 年。

在很多情况甚至在大多数情况下可能是虚假的。与此相对应，中国古圣先贤倡导的内省、静思并不是主观主义和唯心主义，而是"知止而后有定，定而后能静，静而后能安，安而后能虑，虑而后能得"之"虑"、之"得"，是"君子不器"[1]的大得；是通过把"常无欲（无杂念）"和"常有欲（聚精会神，专心致志）"合二为一即"两者同出而异名"观察到的"妙"和"徼"[2]；是戒除了"五色""五音""五味""驰骋畋猎""难得之货"[3]之后的"不出户，知天下；不窥牖，见天道。其出弥远，其知弥少。是以圣人不行而知，不见而名，不为而成"（《道德经》第47章）；是"致虚极，守静笃。万物并作，吾以观其复"（《道德经》第16章）。

其实，从方法论的角度讲，管理首先要培养管理型思维。西方习惯采用分析主义、机械主义的思维方式，经常将管理对象分解为多个部分、因素和层次，分别加以考察，擅长逻辑思维和理性思维，重视科学实验，用抽象、概括和论证方法去认知事物。西方管理中的"管理科学学派"大量运用定量方法，试图通过数学模型和计算机技术来解决管理问题，就是此类思维方式的典型体现。而中国管理哲学善于采用综合、辩证的思维方式，将管理对象作为一个整体，全面地、完整地认识事物间的相互联系，讲求天时、地利、人和。同时，中国人惯于直觉思维和感性思维，用直觉和内心感悟去认知事物，用权变、动态的眼光审视事物的变化。中庸之道也是中国人常用的思维方式之一。一些人把中庸的不偏不倚误解为做老好人，指导人们保持中和、适度与平衡，即"无过

---

[1]《大学》《论语·为政》。
[2]《道德经》第1章"故常无欲以观其妙，常有欲以观其徼"。
[3]《道德经》第12章："五色令人目盲，五音令人耳聋，五味令人口爽，驰骋畋猎令人心发狂，难得之货令人行妨。是以圣人为腹不为目，故去彼取此。"

亦无不及",其实并不知道中庸是"道",《中庸》开头讲"天命之谓性,率性之谓道,修道之谓教",这里的"天命"不是我们通常所说的"命运",而是与"无名天地之始,有名万物之母"相通(相同)的"无名"和"有名"(《道德经》第1章),也是"道生一,一生二,二生三,三生万物"(《道德经》第42章)中的"道"。

历史发展到今天,人类应该打破西方的制度性愚蠢,对问题的认识应该越来越深刻和透彻。正如党的二十大报告指出的:"必须坚持系统观念。万事万物是相互联系、相互依存的。只有用普遍联系的、全面系统的、发展变化的观点观察事物,才能把握事物发展规律。……我们要善于通过历史看现实、透过现象看本质,把握好全局和局部、当前和长远、宏观和微观、主要矛盾和次要矛盾、特殊和一般的关系,不断提高战略思维、历史思维、辩证思维、系统思维、创新思维、法治思维、底线思维能力,为前瞻性思考、全局性谋划、整体性推进党和国家各项事业提供科学思想方法。"所谓战略思维,就是高瞻远瞩,从全局和长远的角度思考问题,善于把握事物发展总体趋势和方向的思维方式。历史思维,就是高度重视历史、正确认识历史、把握历史规律、汲取历史智慧、增强历史自信、指导现实工作、明确发展方向的思维方式。辩证思维是指以唯物辩证法为指导,承认矛盾、分析矛盾、抓住关键、找准重点,洞察事物发展规律并自觉按照规律进行思考的思维方式,其核心是运用对立统一规律观察分析事物。系统思维,是指以系统论的原理和观点为指导,对事物进行分析和认识的思维方式,它把事物作为系统,从系统和要素、要素和要素、系统和环境的相互联系、相互作用中综合地考察认识对象。创新思维就是破除迷信、超越陈规,善于因时制宜、知难而进,既要全面创新,又要守正创新。法治思维就是将法治的诸种要求运用于认识、分析、处理问题的思维方式。底线思维,就是居安思危，凡事从最坏处准备，努力争取最好的结果，做到有备无患、遇事不慌，牢牢把握主动权的思维。

第二节 管理科学还是管理艺术

管理的复杂性就在于其有时说不清道不明，同样的道理，有的人一说就通，有的人则无论怎么说都不通，有的人一时通另一时不通。这就提出了一个问题：管理到底是科学，还是艺术？或者说，管理能否科学化？

黄速建、黄群慧在《中国管理学发展研究报告》中也提出了管理是科学还是艺术的疑问。这个"疑问"提得"好"："好"在这直接的是囿于西方对"科学"的定义，根本的则是缺乏对中国文化的认识和应用；"好"在研究者被局限在西方的"科学"和"艺术"的界定之中，而没有看到西方这种界定本身就存在的局限；"好"在研究者把科学与艺术对立起来，就像把硬币的正反面对立一样，而不知道代表中国之"道"的阴阳鱼表面上一阴一阳，而且界限分明，但实际上难有明确的边界，阴阳本就是二位一体相互转化的。

在西方人看来，正如爱因斯坦所说："如果通过逻辑语言来描绘我们对事物的观察和体验，这就是科学；如果用有意识的思维难以理解而通过直觉感受来表达我们的观察和体验，这就是艺术。"[1]显然，西方是把科学与艺术完全割裂开来甚至对立起来的。我们的一些人也因循了

---

[1] 转引自：陈继华.管理思想史——西方管理思想溯源及其历史演进[M].北京：企业管理出版社，2020：143.

西方人的思维和逻辑，把两者完全区别开来。如陈继华认为，"从认知的过程来看，科学是一种理性的提升，保持了科学认识特有的严谨、冷静、客观性与真实性。艺术则是一种情感的提升，包容了个人的人生体验。艺术要表达的是个体的审美体验，有鲜明的个性，它用艺术的形象，把生活的真实与艺术家内心情感统一起来，激发人们的美感，弘扬更理想的价值追求"，"科学的中心是规律，而艺术的中心是人性。两者把握世界的方式和追求的目标是其最大的不同"，"科学强调客观理性，重实验、重推理，主要靠理智，以抽象思维（逻辑思维）为主；艺术强调主观感受，重想象、重美感，主要靠激情，以形象思维为主"，"科学家群体关注实验证据与逻辑推理，而人文学家群体却强调对具体对象的审美直觉上的把握"。庞加莱说："逻辑是证明的工具，直觉是发现的工具。"正因如此，才出现了人性对科学性的抗争。如泰勒"科学管理"的前提是把作为管理对象的人看作理性人（经济人），利益驱动是提高效率的主要手段，研究的重点是管理的科学性、严密性和纪律性，很少去考虑人的问题，"人文的彩色被科学的单色调霸蛮地覆盖了"。[1]实际上，泰勒管理的理性人假设认知来自大卫·李嘉图的群氓假说。大卫·李嘉图在其《政治经济学及赋税原理》中认为，社会是由一群群无组织的个人所组成的，每个人以一种计算利弊的方式为个人的利益而行动，每个人为达到这个目的尽可能地合乎逻辑地思考和行动。基于这样的认识，工人被安排去从事固定的、枯燥的和过分简单的工作。也正是基于此，早在1911年工会就开始有组织地对泰勒制发动全面的斗争，认为泰勒制是现代的奴隶制度，是资本家用来剥削工人的新方法，影响

---

[1] 陈继华.管理思想史——西方管理思想溯源及其历史演进[M].北京：企业管理出版社，2020：130.

了工人的健康和工资，增加了工人的工作强度。普遍性的消极怠工和此起彼伏的劳资冲突使得工厂的生产效率再难如人意了。而美国学者和思想家丹尼尔·贝尔（Daniel Bell，1919—2011）批评泰勒学说是一种"社会物理学"，把人的社会面降为纯粹的物理定律和决定要素。20世纪20年代泰勒制在美国企业界开始推行，确实引起生产效率大幅度提高，但也使工人的劳动变得异常紧张、单调和劳累，工人怠工、罢工以及劳资关系紧张事件层出不穷。同时，随着经济发展和科技进步，有较高文化水平和技术水平的工人逐渐成为产业工人队伍的主体，体力劳动逐渐让位于脑力劳动，使得企业管理者感到单纯用科学管理方法已不能有效控制劳动者。另外，大萧条及其之后的事实也让人们意识到以新教伦理为代表的"努力劳动就能创造财富"的观点并不绝对正确，曾经被人们尊敬的作为个人主义价值观象征的企业家（资本家）被广泛认为是这场经济危机的直接责任人，而遭到众口一词的批判。工会的合法化和工人们开始追求经济利益之外的对归宿感的向往，这些都在对所谓的科学管理进行批判的同时，提出了对新的管理思想的要求。[1]

正如前述，对管理学科学性问题的探讨和分歧，就像中国文化的代表阴阳鱼的阴与阳一样，在某些情况下（某个点上）可以分得清阴与阳，但在另一些情况下（某个其他点上）可能就无法分清是阴是阳。与此类比，自然科学在牛顿力学的范围内更多地体现为西方界定的科学性，而人文科学则不能体现为传统（西方）定义的科学性，社会科学作为介于人文科学与自然科学之间的一类学问，也就存在于科学与非科学之间，既具有科学性，又具有艺术性或非科学性。同样，即便是被认

---

[1] 陈继华. 管理思想史——西方管理思想溯源及其历史演进 [M]. 北京：企业管理出版社，2020：132.

为是纯而又纯的自然科学如化学、物理学、生物学等,其科学性也是有限的——只在我们所能"看"到的范围内是"科学"的;超出了这个范围,不论是大于还是小于,都不能用"科学"实验来分析和描述。同时,即便是被认为是纯而又纯的人文学科如文学、历史学、哲学、艺术学等,在某一特定的范围内同样是可以重复和实验的,这也属于"科学"的范畴,但从总体看,更多的是难以用科学来分析和描述的东西。

西方文化从"神本"解脱出来之后,没有真正弄清楚人与自然的关系,缺少通过内省而洞察自然界和人类社会的能力和方法,单纯且过分地强调"人本",强调人的肉眼观察和所谓的科学实验的结果,相信非黑即白,非此即彼,并以此对各学科进行定位。实际上,所谓"道可道,非常道;名可名,非常名",管理主体(人)和管理客体(人和物)是一体的,是一种命运共同体,而不是相互隔离,甚至相互对立的两个群体。

显然,这里有几个问题需要澄清。第一,科学是人的科学,是为人类服务的科学,虽然目前的科学所要揭示的是自然的客观规律,但不论是这种揭示的起源还是目的,不论是这种揭示的主体还是客体,都是与人相关的,都由人引起,通过人进行,是为人服务的。从表面上看,科学所要揭示的客体可以与人无关,但从中国文化的角度讲,人类与自然是生命共同体,不仅都是由"无极"通过"无极生太极,太极生两仪,两仪生四象,四象生八卦"和"无名天地之始,有名万物之母"的意识过程所生成,而且"情与无情,同圆种智"。第二,科学与艺术不是两种事物,而是从两个不同的角度看待同一事物的不同结果和描述方式。有人把二者区分,认为科学注重真实与客观,艺术注重美感与享受,其实,科学是艺术的科学,是美的科学;艺术是科学的艺术,是合乎规律的艺术。一些人可能认为艺术是个体的感受,因此偏重主观;而科学是大众的观察和实验，因此偏重客观。实际上，大众与个体也只是相对的概念，大众是个体汇成的大众，个体是大众分散后的个体。语言的描述可以有个体与大众之分，现实的生活则是集个体而成大众；个体的感受似乎过于主观，但大众的感受也不一定就是科学。第三，规律也不能离开人性而存在，人所揭示的规律也只是在人的认知范围内存在，人也只是在其认知的范围内生存。不仅深海有生物，太阳系之外可能也有无数种类的生命，尽管它们与人类不同，尽管人类可能在深海或太阳系之外不能生存。

江晓原等在《今天让科学做什么？》一书中谈到，"所谓科学主义就是把科学推向一个至高无上的地位。很多人没有意识到，当他们在评价一件事情'是否科学'的时候，实际上俨然是科学主义的卫道者了"，"如果我们默认科学的本质是一个求真的过程，那么对科学来说它的任务只是解迷并提供理论为真的结果，而科学一旦脱离实验环境步入社会应用的领域，就会面临诸多'超科学'问题"。[1]"理性人假设在一段时期内显示出了自己的优越性，促进了管理绩效的增加，但是随着环境的变化，更根本的是由人性本身的非定型性所决定的，新的人性观必然会从可能性中实现出来。"[2]

第三节　学术（管理学）研究：既要直观也要反观

前面我们介绍了中华优秀传统文化的一元论特征，也提到了管理型

---

[1] 江晓原,黄庆桥,李月白.今天让科学做什么？[M].上海：复旦大学出版社,2017.
[2] 陈继华.管理思想史——西方管理思想溯源及其历史演进[M].北京：企业管理出版社,2020：131.

思维。我们应该知道，中国的管理思想不同于西方的管理思想，在于中国的文化不同于西方文化；而中国文化不同于西方文化的原因又在于，中国人的思维方式不同于西方人的思维方式。当然，这并不是先有思维方式后有文化，还是先有文化后有思维方式的问题，就像哲学不是世界观和方法论的简单相加，而是世界观与方法论的统一，有什么样的世界观就会有什么样的方法论，有什么样的方法论就会有什么样的世界观，我们不能简单地说是世界观决定方法论，也不能简单地说是方法论决定世界观。世界观和方法论是可以改变或被改变的，按照中国文化的逻辑，"吾日三省吾身"；按照西方的名言，"人类最好的教师就是南墙"；按照当前管理界流行的一句话，"不换思想就换人"。这就是说，不敢或不善自我革命，就只能被迫革命或被革命。

具体来说，在思维方式方面，西方人只是直观，而不懂得反观，或者说不愿意反观；中国人则不仅要直观，更要反观，即实现了通观，既要推己及人，又要推人及己；既要推人及物，又要推物及人。[1]我们的古圣先贤早已经提出"忠恕违道不远，施诸己而不愿，亦勿施于人"（《中庸》）。何谓"忠恕"？尽己之心即为"忠"，推己及人即为"恕"。显然，推己及人和推人及己是一个道理，体现的是"吾道一以贯之"（《论语》）的基本精神。《道德经》指出"知人者智，自知者明。胜人者有力，自胜者强。知足者富，强行者有志，不失其所者久，死而不亡者寿"（《道德经》第33章），并说"上士闻道，勤而行之；中士闻道，若存若亡；下士闻道，大笑之。不笑不足以为道"（《道德经》第41章），从中可以看出"知行合一"的意义和效用。

---

[1] 冯彦明. 中国经济学的哲学基础与起点 [J]. 区域经济评论, 2021（04）: 29-38.

不论是日常生活还是学术研究，都应该既要直观又要反观，也就是要学会和践行通观，这样才能全面、客观地认识、分析和解决问题。而现实存在的一个普遍现象和问题就是忘记初心、缺乏反观。比如：人类总是把自己当成一个自然而然的存在前提和自然主宰，然后从自然界中获取食物，从而开始对自然界的研究，而忘记了人是从自然界中分化出来的，并且永远也不可能脱离自然界而生存这一事实；为了提高效率，减轻劳动强度，人们开始进一步地对自然界的机理进行研究，从而形成了初期的技术，如种植和养殖，随后各类技术层出不穷，但随着技术的演变和进步，随着生产效率的成倍提高，劳动强度不减反增，人类越来越异化；人类本是一种社会性生物，不可能独立存在，为了社会生活的顺畅运行，就需要自我约束、相互理解、完善制度，但现实中许多制度也被极度异化了。因此，人类最缺乏的就是关于人自己的知识。人如果不能很好地认识自己，如果不能很好地认识自己的思维，就不可能很好地认识他人和自然界，也就无法很好地认识我们生存的环境，当然也就不可能很好地解决个人和人类的问题。所谓"不失其所者久"，就是"不忘初心，方得始终"。现代学术研究由于缺乏反观，所以不知道通观的作用；也正是由于未发现通观的作用，从而使人忘记了反观，进而使学术研究的成果总是"短命"。

虽然从表面看，自然科学尤其是一些纯粹关于自然的科学如物理学、植物学、矿物学等与人无关，或者可以与人无关，但如果我们反观一下就会知道，这些研究都是人的研究，都是由人进行的研究，研究的直接目的可能是揭示对象世界的规律性，但最终目的是为了人——不是为了人的无限欲望，而是为了实现人的全面和可持续发展；而且，即便是对于同样的问题和现象，不同的人采用不同的研究方法，从不同的视角展开研究，所得出的结论也会有很大的不同。我们尤其注意到，由于研究的立场和目的不同，其结论会大相径庭。这就意味着离开了研究这些问题和现象的人，不仅没有研究及其结果，也没有所要研究的问题和现象，也就没有需要进一步研究的问题。

管理学不仅仅是研究管理规律的科学，也是统一人的认识的学问。中国文化不仅是中国人的文化，也是关于人（人类）的文化；中华文明不仅是中华民族的文明，也是全人类的文明。这是中国文化和中华文明的独特性所在，也是其绵延不绝的生命力所在。中国管理思想扎根于绵延数千年的中华文明，是以中国文化的独特价值体系、文化内涵和精神品质看待人类管理活动，广纳全人类所有进步成果，从实现中华民族伟大复兴和构建人类命运共同体入手，服务于个人全面发展和人类可持续发展这一目的，而对全社会的资源进行管理和配置的学问。这样的管理学必须以现实的、因善恶并存而不够完善的人为起点，以实现人的全面和可持续发展为归宿，因此要建立在对人的正确认识的基础之上。因为只有很好地认识人类这个管理主体，才能很好地认识各类事和物这些管理的客体；只有很好地认识"自己"这个主体，才能很好地认识人类社会这个客体；只有很好地认识人类的思维这个主体，才能很好地了解人及其存在这个客体。换句话说，中国特色管理学只有从人出发，为人服务，以现实的人而不是假设的人（经济人、理性人）为研究起点，才能揭示人的真实面目，才能根据人的需要有效配置资源，才具有普遍的适用性和真理性，才能真正解决人类社会的问题，实现人的全面发展和人类可持续发展。

与此对比，西方管理思想是建立在假设基础之上的假说，虽然其理论从经济人假设出发，但这里的"经济人"并不是人，而是没有人的责任的自私自利的生物；其研究对象是资本的生产和利润的创造过程，其中把人（劳动力）与资本等同，作为生产的一个普通要素；其研究的直接目的和最终目的也不是为了人,而是为了创造利润。可见,西方管理思想中没有人的因素,只有生产和流水线。

第四节　西方管理思想中的自相矛盾

由于缺乏通观,就会经常出现自相矛盾,或者初心与结果矛盾,或者理论与实践矛盾,或者不同的主体相互矛盾,或者同一主体出现"双标",实际上就是一时的"为我所用"。这在西方管理制度和方法中屡见不鲜。

第一,从管理和管理学的产生看。前面我们已经说明,管理的历史与人类的历史一样悠久,因为人类从来就是以团体(社会)的形式存在的。与之相应,管理学作为对管理问题和管理规律的分析和总结,也同样古老,而不仅仅是现代管理(工厂化管理)的产物。古希腊哲学家、思想家柏拉图认为人们之所以建立城邦,是因为每个人都有各种需要,需要许多东西,而每个人又都不能单靠自己达到自足,这就决定了各种各样的人必须生活在一起,合作互利,只有这样,才能实现大家(全体公民)的最大幸福,这也是人们建立城邦的目的之所在。[1]按照柏拉图的逻辑,人类一开始是单独生活的,因为每个人有各种不同的需要,才不得不集中在一起。但实际上,人类从来没有单独生活过,即便是因为各种各样的"不得不"而被迫独居的人[是"被迫"而不是"主动",也就是说,这里所说的这部分人既不包括过去的修行者,也不包括现在的"闭关者"(如辟谷)],时间一长,其语言和交往能力,乃至

---

[1]刘敬鲁,等.西方管理哲学[M].北京:中国人民大学出版社,2021:21.

心理能力都会发生变化,正如那些被发现的"狼孩儿"一样。人类是胎生动物,而且是非常柔弱的胎生动物,既不像牛马狮狼那样一出生就能很快站立起来——虽然其也不能独立生活,也不像龟鱼蛙虫那样一出生就能远离母体;既离不开家庭,也离不开社会。换句话说,人天生就是社会性动物,我们不能想象人的组织如家庭、城邦、国家是后来被迫形成的,而只能证明家庭、城邦、国家等组织的具体形式在某种程度上是后天形成的。同样我们要说,人总是有组织的,可以归为这个或那个家庭、家族、学校、单位、国家等,组织是否严密,管理是否严格,分配是否公正,这在不同的组织可能不同(很大程度上是自我认识不同,尤其是会经常出现"这山看着那山高"),但这既取决于组织的组织者(管理者),也取决于组成组织的各个成员。但无论如何,都不能说人是没有组织的,不能说人可以没有组织。

第二,从历史上的管理制度和管理实践来看。古巴比伦的《汉谟拉比法典》是世界上第一部比较完备的成文法典,该法典强调了管理宗旨的公道正义:在引言中提出要"让正义之光照耀整个大地,消灭一切罪人和恶人,使强者不能压迫弱者";在结语处再一次称法典是为了人类的利益能受到公正的对待而颁布的。但实际上,这些公道正义都是相对的,虽然对债务奴隶制和高利贷有所抑制,限制对小生产者过分的掠夺,但把巴比伦人分为自由民上层、无公民权的自由民和奴隶三个等级。其中自由民上层(即阿维鲁穆)享有完全的权利;无公民权的自由民(即穆什钦努)也有一些特权,但法律地位较阿维鲁穆低;包括王室奴隶、自由民所属奴隶、公民私人奴隶等在内的奴隶则没有任何权利。再看古希腊,审视古希腊模式的精神内核,特别是文艺复兴等近代思想解放运动旗手们追思并宣传的理想信念,所谓"希腊精神"主要包括理性精神(人本理性)、人本精神(人性至上,重视人和人的自身价值)、推崇民主、崇尚自由思想、崇奉中道思想（中庸精神）。[1]其实，多数人并不清楚"希腊精神"的真正含义，更不会用"三赢"的标准来反思和评价。试问：理性地"怀疑一切"是否怀疑人本身，还是只怀疑过去的宗教和神？人本精神中的人性至上涉及所有人还是部分人？人能否脱离自然界而存在？民主是否等于少数服从多数，是否等于"抽签"？如何保证"抽签"的结果不会是"亡命之徒"，多数人是"理性"的？古希腊人的自由是谁的自由，被欺负、被掠夺者是否有反抗和持刀杀人的自由？古希腊是否有中道思想——中国人讲的"中道"是"天命"，是"率性"，有着天人合一的前提，古希腊有吗？据英国著名历史学家阿诺德·约瑟夫·汤因比（Arnold Joseph Toynbee，1889—1975）研究，古希腊社会在公元前8世纪遇到了由于人口增长而导致生活资料严重不足的问题，当城邦人口过剩时，古希腊拓展了大量的海外殖民地，于是从公元前9世纪末，古希腊人走出了"黑暗时代"，进入了城邦制与对外殖民的时代，到公元前5世纪，包括黑海在内的整个地中海地区环布繁盛的古希腊殖民地，参加殖民活动的44个城邦共建立了139座以上的新殖民城邦。对此有人认为，大殖民运动不仅缓和了古希腊的社会矛盾（在缓和古希腊社会矛盾的同时，殖民地的社会矛盾怎样呢？），促进了商品经济的发展，而且它还与大规模的航海贸易相结合，练就了古希腊民族勇于开拓进取、善于求索的民族精神（古希腊勇于开拓进取、善于求索的精神的培养代价是什么？难道应该是其他人的生命吗？如果是这样，又如何体现前述的"希腊精神"？）；同时认为，随着古希腊母邦与殖民地之间的贸易交流和对外航海贸易的繁荣，古希腊本土经济结构

---

[1]陈继华.管理思想史——西方管理思想溯源及其历史演进[M].北京：企业管理出版社，2020：29-39.

迅速转向商业性农业和制造业,"商业性农业使能够养活的人口比从前经营自然农业时增长了二至三倍",而商品经济的发展必然要求以平等作为交换原则,海外贸易的拓展也必然要求有相应自由的管理环境,以及顾及商业贸易者整体利益的宽松政策,这一切有助于古希腊人平等观念的形成和民主政治的建立。[1]可是,这是一种怎样的"平等"和"自由",怎样的"宽松"与"民主"呢?这是谁与谁的"平等""自由",谁给谁的"宽松"与"民主"?

其实,古希腊的道路并不是偶然的,既是其历史的必然,也是其思想的反映。柏拉图一生的命运与孔子有很多相似之处,其见解也有可与孔子比美之处,如他提出了"智慧"的理想国,但实际上,二人的思想有很大的不同。比如,孔子的观点是境界所致,因此不会自相矛盾——虽然后人有很多解释和看法是相互矛盾的,而柏拉图的见解本身就自相矛盾:虽然他提出了建立理想国,但又提出了等级制。试问,第三类生产服务者特别是那些被"公有"的妇女喜欢和需要这样的理想国吗?虽然他提出"智慧",认为他的理想国是智慧之国,但他关注的是统治者,而不是全体公民;虽然他提出作为城邦的最高统治者应该是追求真理、热爱真理的哲学家,"哲学家的品质是至善的近亲"[2],但他提不出实现人类至善的目标。柏拉图认为,"作为众多个人的结合体,城邦必然形成作为一个组织整体的共同生活的多种需要,因而必须有相应类别的人员从事相应的工作来实现。"[3]他把城邦生活的需要分为三类,即粮食、住房、衣服、服务等方面的需要,保护人们生命财产安全以及城邦

---

[1] 陈继华.管理思想史——西方管理思想溯源及其历史演进[M].北京:企业管理出版社,2020:27-28.

[2] 刘敬鲁,等.西方管理哲学[M].北京:中国人民大学出版社,2021:31.

[3] 刘敬鲁,等.西方管理哲学[M].北京:中国人民大学出版社,2021:21.

安全的需要，城邦治理的需要，基于此形成了统治者、军人（辅助者）、生产服务者。不过，虽然柏拉图认为这三类人都是地球大地的子女，彼此都是兄弟，虽然他也认为这三类人并不是固定不变的，但他认为这三类人之间存在着特定的差别。统治者的一个重要使命就是分辨城邦各个等级的后代，看其灵魂深处究竟包含哪种"金属"，按照每个人的天赋分派任务，"以便大家各就各业，一个人就是一个人而不是多个人，于是整个城邦就成为统一的一个而不是分裂的多个"。[1]

让我们再看看罗马帝国的"三次征服"。德国著名法学家耶林在《罗马精神》中认为："罗马帝国曾经三次征服世界，第一次以武力，第二次以宗教（基督教），第三次以法律。"实际上，罗马帝国的"三次征服"不是分割的，不是独立的，而是相继的，更是前后相依的。没有第一次的武力征服也就没有第二次的宗教征服，没有第二次的宗教征服也就没有第三次的法律征服。正是早期的武力征服为宗教渗透打下了基础，也正是宗教征服统一了思想，才为后来的所谓法律征服（其实是在宗教征服的基础上，为其后来的经济征服）提供依据，宗教为武力征服提供了合法性的证明，法律为宗教征服以及殖民扩张、经济掠夺提供了合法性的证明。虽然"武力因罗马帝国的灭亡而销声匿迹，宗教也随着科学的昌明渐失光彩"，目前似乎"唯有法治精神因对人类社会进步的推动而辉煌"[2]，但罗马法是武力、宗教的混合体，是武力、宗教的延续，并不是人类文明的需要和反映，因此，也必然随着人类的发展演变而被废除，退出历史的舞台。

有的学者注意到，商品经济发展的一个社会后果就是以财产的多寡

---

[1] 柏拉图.理想国[M].郭斌和，张竹明，译.北京：商务印书馆，1986：138.
[2] 陈继华.管理思想史——西方管理思想溯源及其历史演进[M].北京：企业管理出版社，2020：46.

而不是以门第的高低来划分社会等级，认为这是打破旧有的等级制度使人们趋于相对平等的社会动力。[1]这难道不是以一种新的不平等代替旧的不平等？难道不是以新兴资产阶级的"优等"代替旧有"犹太人"的优等？如果说旧的等级制度造成人的被奴役，那么新的等级制度不仅造成了人的被奴役，而且造成了自然的被奴役；不仅造成人类的贪婪、掠夺与厮杀，还造成对自然的掠夺、破坏，那么能说新的等级制度优于旧的等级制度吗？当然，这里并不是简单地否定等级制度，实际上等级是始终存在的，不管你承认与否，也不管你处于哪一个等级。但问题的关键在于，有的等级是无意识造成的，或者说是"自然的"产物[2]，也造成无意识的影响，如人的身高、体重（除非特殊情况，没有人关心和在乎一个人的身高和体重）；而以财产多寡或门第高低确定的等级不管在什么情况下都既是意识的产物，又是对人类（意识）造成损害的东西。

第三，从西方管理学者对人性的研究看。前面我们已经从管理主体的角度对人性进行了初步的探讨和阐述，这里，我们将结合西方管理学对人性的研究进一步反思和透视其中的问题，特别是要说明和证明其后知但未后觉、片面但不自觉的思维和意识。

托马斯·阿奎那（约1224—1274）被认为是西欧封建社会基督教神学和神权政治理论的最高权威、经院哲学的集大成者，也是西方研究人性的早期代表性人物。他继承了亚里士多德的思想，认为"人天然是社会的和政治的动物，注定比其他一切动物要过更多的合群生活"；公民社会对人来说是自然的，更是使人的本性完善所必需的东西；人属于

---

[1] 陈继华.管理思想史——西方管理思想溯源及其历史演进[M].北京：企业管理出版社，2020：28.

[2]《道德经》第5章："天地不仁，以万物为刍狗；圣人不仁，以百姓为刍狗。"

社会，没有社会，人就不能生存，更不用说很好地生活。阿奎那认为人们之所以聚集起来，组成共同体，是要过一种幸福的有道德的生活，实现善。从具体的角度讲，阿奎那认为人间统治者的任务一是由维护治安和秩序而为人类生活的幸福奠定基础，二是确保行政管理、司法和防务等所有必要的服务都得到切实的践履而落实这种幸福，三是纠正各种弊端和铲除一切可能破坏有序生活的犯罪行为而增进这种幸福。[1]虽然阿奎那的认识比较粗浅，他所提出的统治者的任务目标是一种低层次的目标和追求，但后来的研究者不仅没有达到这一水平，反而越来越因"弘扬"人性中的恶的一面而不断"堕落"。如尼克罗·马基雅维利（1469—1527）是西方从经院哲学向现代政治哲学转型的标志性人物，他以彻底的现实主义态度和经验主义方法考察其所处时代的政治现象，使"政治的理论观念摆脱了道德，也摆脱了神学"，从而成为"现代政治学之父"。他的《君主论》摒弃了中世纪宗教教条式的推理方法，从历史的经验角度，以人性本恶的基本假设为依据，阐述了其君主专制理论和君王权术论。他通过观察和体验提出人生就是一个不断追求满足自己欲望的过程，人的本性已经注定了他们总是贪求一切却又永远无法得到满足，因为欲望始终要大于满足欲望的能力。陈继华认为马基雅维利的这一思想与中国先秦时期荀子的"人性恶"观点如出一辙，但马基雅维利又不同于荀子劝诫人们学习以弥补自身不足，而是提出君主应该是狮子和狐狸的结合体，并明确宣称"君主应当极少守信"的怪论。马基雅维利的思想有两处自相矛盾。一方面，他在《论李维》中以历史和现实作为基础，认为共和体制有诸多优点，有利于保证私有财产的稳定

---

[1] 陈继华. 管理思想史——西方管理思想溯源及其历史演进[M]. 北京：企业管理出版社，2020：69.

性，防止国家财产落入一个人手中，有利于产生真正的自由、公平的法律和健康的宗教，有利于人民在统治过程中发挥作用；另一方面，他在《君主论》中又极力推崇君主专制政体。一方面，他在《君主论》中极力颂扬君主制，对人民的看法是负面的；另一方面，在《论李维》中，人民的形象是正面的，人民比贵族更聪明，更有智慧，而且是共和国的捍卫者。

西方现代管理学史上最早对人性进行专门研究的大概要属亚伯拉罕·马斯洛，他提出的需求层次论也曾名噪一时。马斯洛（1908—1970）是美国心理学家、人本主义心理学的创始人，主要作品有《人类动机理论》《动机与人格》《存在心理学探索》《宗教、价值和高峰体验》。他在《人类动机理论》中提出了需求层次论，认为人的需求是分层次的，按照发生的先后顺序和重要性可分为生理需求、安全需求、社交需求、尊重需求和自我实现的需求。实际上，一方面，包括这五类需求在内，人类有着各种各样的需求，从具体形式和内容来说是无法穷尽的。另一方面，从实践角度看，即便是这五类需求，也是不能分出先后顺序的，我们不能想象婴儿没有社会交往、尊重和自我实现的需求——只是他们需求的具体内容可能与成人不同，事实上，不同的成人以及同一个成人在不同时间点，需求的具体内容也会有很大不同。此外，从重要程度看，这五种需求也是不能简单区分孰重孰轻的。也就是说，人，只要成为人，无论是刚出生的婴儿，还是垂暮的老者，无论是正在读书的青少年，还是养家糊口的中年人，都同时存在着多种需求，而不是有此无彼，或者有彼无此。我们可以把需求归为不同的类型，每一种类型在不同的人那里或者同一人的不同时期、不同条件下可能具体表现形式不同，如一个刚吃饱的人是暂时不需要食物，而不是没有饮食的需求，一个婴儿对安全的需求可能与成年人也有不同，对婴幼儿的尊重和允许其"自我实现"，与缺乏尊重、包办代替，都对婴幼儿的健康成长有着巨大的影响。因此，不是人的需求有什么层次和先后，而是人的认识有不同的层次和先后，我们不能用我们低级的甚至错误的认识替代人本身，就像我们不能用地球中心说否定太阳系中的太阳中心地位，也不能用太阳中心说证明太阳在银河系中的地位一样。

实际上，西方的学者习惯于发现和罗列构成事物的要素，而并不清楚这种发现只是其直观的结果，也并不清楚这种罗列是很不全面的。如美国哈佛大学教授戴维·麦克利兰提出了人的多种需要，认为个体在工作情境中有三种重要的动机或需要，即成就需要、权力需要、亲和需要；X 理论从负面认识了人，Y 理论从正面认识了人，Z 理论描述了雇员间的关系。德裔美籍心理学家，现代社会心理学、组织心理学和应用心理学的创始人，被称为"社会心理学之父"的库尔特·勒温用物理学中磁场的概念研究群体动力学和组织发展，认为人的心理、行为决定于内部需求和外部环境的相互作用。所谓群体动力，就是指群体活动的方向。群体动力理论的宗旨是寻找和揭示群体行为和群体中的个体行为的动力源，认为要改变一个个体，最好从改变他生活的群体入手，因为任何一个人都有一种群体归属感。当"发现"这些理论都不够准确和全面时，赶来"救火"的权变理论提出不能一概而论哪种人性假设是正确的，哪种管理模式最为科学，而应该因时制宜、因地制宜，根据具体情况使用相应的管理模式。这实际上说明根本不存在一种普遍的、永恒的人性，以前的各种人性假设只不过是在人性的多样性面前偏执一端罢了。据此，没有什么一成不变的、普遍适用的最佳管理方式，必须根据组织内外部环境、自变量和管理思想及管理技术等因变量之间的函数关

119

系，灵活地采用相应的管理措施。[1]而美国麻省理工学院斯隆管理学院名誉教授埃德加·沙因认为，每一种管理理论都是建立在一定的人性假设基础之上的，因此他提出了四种人性假设：经济人假设、社会人假设、复杂人假设、自我实现的人的假设。

第四，从对现代管理的研究看。在这里，我们不对现代管理理论进行评述，而主要是结合已多次再版的一部非常成熟的管理学著作即丹尼尔·雷恩、阿瑟·贝德安的《管理思想史》中的一些阐述进行探讨。虽然这本书被认为是比较权威、比较成熟的管理学著作，但很多问题都因为其没有反观而没有被揭示和阐述。比如他们看到了"天主教会能够组织和管理其财产，是因为被普遍接受的教义以及忠诚信徒的虔诚"，但没有意识到这种"被普遍接受的教义以及忠诚信徒的虔诚"是教育的结果；他们看到了"军队和其他军事组织能够通过一种严格的等级纪律和权威来控制大量人员"，但没有分析清楚这与天主教会的教义及其所教育的结果相类似，是因为军事建设的特殊思想——军人以服从命令为天职；他们看到"政府官僚机构能够在无须面对竞争或获取利润的情况下运转"[2]，但不知道这是因为有最高的权威组织或个人的管理，以及长期以来形成的运转模式和习惯。再比如，随着企业的出现和成长，"普尔看到了通过发展一群职业管理者而不是通过投机者和鼓吹者来建设美国铁路系统的需要"。[3]但一方面，这是"普尔看到"的，我们可以设想，如果普尔没有看到，情况会怎样？如果普尔和其他人一样，虽然看到但并未当回事，情况又会怎样？反过来要说的话就是：用职业管理者

---

[1] 陈继华.管理思想史——西方管理思想溯源及其历史演进[M].北京：企业管理出版社，2020：156.

[2][3] 丹尼尔·雷恩，阿瑟·贝德安.管理思想史[M].李原，黄小勇，孙健敏，译.北京：中国人民大学出版社，2022：37，74.

代替投机者和鼓吹者是普尔认识的结果，这既说明普尔高超的能力，也说明其他人相对低下的能力，还证明了"人"的作用。另一方面，我们联想到中国的情况，这也许是当今中国转型升级时期所面临的问题之一。当今中国，从站起来、富起来开始转向强起来，从高速度的粗放式增长开始转向高质量的发展，从需求侧的出口、投资和消费开始转向供给侧的满足人民对美好生活的需要。从企业管理的角度讲，也从过去的投机和鼓动开始转向投资和职业管理。特别是随着新技术革命和互联网的发展，网联社会把分散在全球各地的人连接在一起，把不同人的不同需要呈现在社会和企业管理者面前，这是一种既继承了早期熟人社会的简单，又加入了近代工商业造成的众人社会的繁杂的新的社会形式——网人社会，需要把复杂的社会需求与简单的生产设计有机结合起来，形成诚信为根、服务为魂、员工为本、普适为宗、网络为手、共享为准的新商业文明。[1]一些人目前还没有认识到这种变化及其必要性，一些人一时还没有适应这种变化及其需要，一些人还不知道这种变化及其需要的长期性和趋势性，因此出现了所谓的"卷"。其实，世界上本没有"卷"，说"卷"的人是因为自己被"卷"，被"卷"的原因在于平庸；或者说，世界上一直就是这样"卷"，过去没有感受到被"卷"，或者是因为视而未见、反应愚钝，或者是因为被保护得好，未被"卷"着。

普尔提出的"管理科学"有三个基本原则：组织、沟通以及信息。组织是所有管理的基础，从组织的最顶层到最基层必须具备一条清晰的指挥链，并且明确工作任务分配和职责。沟通意味着设计一种贯穿整个组织的报告方法，使最高管理层能够准确、持续了解组织的运行情况。信息是被记录的沟通。组织有必要系统性地分析关于成本、收入和铁路

---

[1] 冯彦明.中国经济学视角下的新商业文明问题研究[J].财经理论研究，2023（05）：1-17.

运价的整套业务报告，以便了解和改进绩效。[1]实际上，组织、沟通及信息是团队活动和管理的客观需要，而被明确提出来则是普尔认识的结果，这说明了普尔的认识能力。这也证明了在中国早已经存在的管理实践：至少在中国早期的军队中就已经出现了普尔的管理科学三原则，实际上可能有更多的原则；但我们也难以想象在夏商周等各朝各代的国家管理中，人们没有想到和用到组织、沟通及信息这三个原则。

再看《管理思想史》所引述的著名管理学家钱德勒的企业成长四阶段理论："钱德勒描绘了美国大型企业成长的四个阶段：①各种资源的初步扩充和积累；②资源的合理化或充分利用；③扩展到新的市场和线路，以帮助其继续充分利用资源；④能够使持续增长合理化的一种新结构的形成。对不同的公司，这些阶段的起止时间是不一样的，取决于技术状况以及该公司对市场机会做出反应和投资于市场机会的能力。"[2]从表面上看，钱德勒和该书作者说得很对，但唯一的，也是最严重的问题就是他们缺乏反观的思维和能力：他们不知道决定、认识并充分利用"技术状况"以及"该公司对市场机会做出反应和投资于市场机会的能力"的并不是"技术"和"公司"本身，而是"人"——不管是哪一个人，是技术的发明者、生产者还是公司的各层管理者、营销者、投资者等。此外，钱德勒的观点是随着企业规模的扩展而逐步出现的，并不是从历史上学到的，更不是运用智慧洞察和预见到的。实际上，这些问题

---

[1] 丹尼尔·雷恩，阿瑟·贝德安.管理思想史［M］.李原，黄小勇，孙健敏，译.北京：中国人民大学出版社，2022：74.

[2] 丹尼尔·雷恩，阿瑟·贝德安.管理思想史［M］.李原，黄小勇，孙健敏，译.北京：中国人民大学出版社，2022：81.

中国人早在春秋战国时期，至晚在秦朝时期就已经发现并解决。[1]也正如《管理思想史》的作者偶然迸发的思想火花：钱德勒所说的"各种资源的初步扩充和积累"标志着美国大型企业发展的第一个阶段，该阶段在第一次世界大战之前已经完成；管理大型企业会面临许多前所未见的挑战，因此对"资源的合理化或充分利用"的需求就变得非常明显。根据钱德勒的描述，企业在20世纪初期面临两个基本挑战：①改进生产技术和流程以实现规模经济，从而降低生产或流通的单位成本；②对计划、协调以及绩效评估进行改进。这两个基本挑战的出现标志着钱德勒所阐述的大型企业发展的第二个阶段。[2]

这里需要进一步说明的是，像美国这样的国家，特别是像美国当年的发展那样的条件和背景，发展工业创造了更多的就业机会，增加了人们的收入，实现了农业的自然工业化和农民的自然城镇化，这不仅是因为美国发展较早，更重要的是，美国当时的社会和国家性质决定了它可以不顾其他任何人，甚至包括美国自己的人而实现发展。但中国不同于美国，发展历史不同，社会性质不同，文化不同，发展的条件更不同，中国的发展是共享发展，不仅不能不顾本国公民，也不能不顾及世界各国，不仅不能只考虑部分生产如工业，更要考虑和照顾到广大的农民。

第五，从结果看，长期的"直观"而缺乏"反观"，造成了西方的身心分离、人格分裂与对人对己的双重标准。正如陈继华在《管理思想史——西方管理思想溯源及其历史演进》中介绍的，中世纪的西欧没有现代意义上的主权国家。根据基督教的信仰，世俗国家的地位和作用被

---

[1] 冯彦明.中西商品经济发展路径的比较及选择——兼论中西方经济学之区别及其根源[J].区域经济评论，2020（1）：55-62.
[2] 丹尼尔·雷恩，阿瑟·贝德安.管理思想史[M].李原，黄小勇，孙健敏，译.北京：中国人民大学出版社，2022：245.

贬低，它只是在教会之旁或教会之下的一个负责较低等级事务的社会组织，人们生活中最具本质性、最重要的部分由教会控制。人们观念中有一个统一的"基督教世界"，处于最高层次，而各个世俗国家则处于次一级的层次。"教俗权争"叠加"世俗权争"，教会神权与世俗王权的分庭抗礼最终形成了一种独特的二元化的政教关系，"即在一个社会共同体内，并存着两个平行的权力体系——教权与王权。前者负责人们的精神生活和宗教事务，后者负责人们的物质生活和世俗事务。教权与王权各自独立，平行、并立、平衡并互相制约，形成各自传统的相对稳定的控制领域。由此便把人的生活分成两个部分，使人具有二重的社会角色，也产生了独特的指向双重权威的两种忠诚。这种持续上千年的独特的政教关系在西方人深层心理上积淀为一种根深蒂固的意识，即世俗国家的权力是有限的，它只与人的一部分价值较低的生活有关，个人生活还有一部分是世俗管理者无权干预的。"[1]

天主教会在业已浸染西欧社会全域的基督教文化的加持下，以"上帝的归上帝，凯撒的归凯撒"的耶稣断语将世俗王权排除在信仰领域之外，从而守住并淬炼了"政教分离"的管理原则，保有了自己在精神伦理层面的权威地位，并以不容置疑的决绝姿态在教堂的门口对世俗王权立上了一块界碑：你的权力之手到此为止，绝不能染指人们的思想和精神。虽然教会也从未打算还给信徒个人思想自由，而是企图将这些领域永远攫为己有，但是，它阻止了世俗王权对民众精神世界的干预。[2]

---

[1] 丛日云《中世纪西欧政教二元化权力体系及其影响》。
[2] 陈继华.管理思想史——西方管理思想溯源及其历史演进［M］.北京：企业管理出版社，2020：53.

第五节　中国管理思想与实践的"一以贯之"

中国的管理思想源远流长。公元前5世纪前后，先秦诸子的学说着眼于解决如何治国平天下的问题，呈现出了"国家管理学"百家争鸣的局面，《孙子兵法》因探索战略的一般规律被认为是最早的战略管理学著作。与西方管理思想及实践的自相矛盾不同，中华优秀传统文化既然揭示的是宇宙人生的真相，那么这种真相就是统一的、一以贯之的。

从中国管理的现实条件和思想基础看，中国不仅没有从氏族和部落分解成一个个独立的小家庭，而且通过文化融合实现了氏族和部落的持续扩大——中国没有从"公天下"分解为"私天下"，而是转变成了"天下一家"，这是中国与欧洲相比最独特的一点，也是决定日后中西文化乃至道路、制度不同的最根本之处。因为有了"家"的观念，就有了"天下一家"的形式和内容，就有了家庭成员（和非家庭成员——俘虏、奴隶等），也就有了上下分层、同层分封，在上层通过分封制形成各个诸侯国，而到了最下层，必然是分田到户，形成以小家庭为单位的家庭经济。虽然各小家相对独立，但因为"天下一家"，就没有进行商品交换的需要；又由于这个"家"太大，也就有了家庭成员之间的公而不平。所谓"公"，是为了家庭，为了全家；所谓"不平"，是有感情的亲疏远近和能力强弱之分，即使都是亲生的子女。因为有了这样一种观念上的区别，而这种区别又是在"家"里，不涉及"外人"，就出现了所谓的"平调"：在父母看来，这是左手与右手的关系，是左兜和右兜的关系，而不是你我关系，更不是内外关系。富的照顾贫的，强的照顾弱的，疏远的照顾亲近的，这是天经地义的，不能考虑所谓的"等价交换"。这就决定了中国"家"成为最高理念，国家是一国之家、各家之国,皇帝是国家之主,也是各家之主。[1]

与这种文化和认识相适应,中国产生的是圣人文化和大师文化。所谓圣人文化,亦即君子文化,与小人文化[2]相对应,就是在无我状态下对人与自然界(宇宙人生的真相)的认识。西方人无法理解无我,而中国人始终践行无我。《道德经》讲"常无欲以观其妙,常有欲以观其徼",《大学》讲"知止而后有定,定而后能静,静而后能安,安而后能虑,虑而后能得",《岳阳楼记》讲"不以物喜,不以己悲",毛泽东讲"全心全意为人民服务",习近平讲"我将无我,不负人民",这都体现了中国文化的本质和境界,反映了中国人"知行合一"的修养和实践。所谓大师文化,与专家文化相对应,就是在践行圣人文化基础上达到的触类旁通、全面发展[3],用《论语·为政》中的话讲就是"君子不器",用《道德经》中的话讲就是"不出户,知天下;不窥牖,见天道。其出弥远,其知弥少。是以圣人不行而知,不见而名,不为而成"。

从中国历史和现实发展的实际看,中国历史上商业发展很早,还是世界上最早使用货币的国家之一,其间不乏高度繁荣发展时期,诸如汉朝的文景之治、唐朝的开元盛世、清朝的康乾盛世等,虽然早在战国时期就已经出现了资本主义的萌芽[4],但由于有中国文化的指导和高层

---

[1] 冯彦明.中国文化与中国经济学——对建立经济学中国学派的再思考[J].财经理论研究,2021(04):1-16.

[2] 荀子《劝学》讲:"君子之学也,入乎耳,着乎心,布乎四体,形乎动静。端而言,蝡而动,一可以为法则。小人之学也,入乎耳,出乎口;口耳之间,则四寸耳,曷足以美七尺之躯哉!……君子之学也,以美其身;小人之学也,以为禽犊。"

[3] 此"全面发展"不同于恩格斯《共产主义原理》中讲的"通晓整个生产系统",中国文化讲的"全面发展"既包含技术更包含人格,而"通晓整个生产系统"讲的主要是技术。

[4] 冯彦明.中西商品经济发展路径的比较及选择——兼论中西方经济学之区别及其根源[J].区域经济评论,2020(1):55-62.

领导的谋略，中国不仅没有发展出西方式的资本主义，而且一直实行的是"家庭"经济形式[1]，中国历史上一直规范着商品经济的发展。早在战国时期，大部分财富集中在少数富商和贵族手里，而商业以外的多数行业发展极度萧条，再加上诸侯纷争，为了实现国富民强，作为魏文侯和魏武侯宰相的李悝率先提出"尽地力之教"，认为田地的收成和为此付出的劳动成正比，"治田勤谨则亩益三斗，不勤则损亦如之"。不仅如此，李悝看到商人贱买贵卖农民的余粮，遇到灾荒之年粮价上涨，丰收之年粮价下跌，虽然谷贱则伤农，但谷贵则对其他行业不利，于是提出实行"平籴法"，这样不管是丰年还是歉收之年都能保持粮价平稳，既保护了农民利益，调动了农民生产的积极性，也兼顾了其他行业的利益。也就是说，李悝的观点和政策重点不在抑制商业，而是规范商业发展。正是官府的一系列措施，在规范商业发展的同时限制了贫富分化的程度和速度，也把资本主义经济消灭在了萌芽状态。中国历史上虽有土地兼并和剥夺，但不仅没有出现西方的"羊吃人"运动，也没有发生以掠夺农奴和财富为目的的侵略，更没有出现过"殖民"，因此，既未形成由土地集中造成的资本主义的大土地经营者资本家和大量的脱离了土地的所谓自由民，也没有形成大量外来的奴隶充当苦力，土生土长的自耕农和佃农始终是土地的主要经营者。[2] 战国时，商鞅看到"民之内事，莫苦于农，故轻治不可以使之。奚谓轻治？其农贫而商富……故农之用力最苦而赢利少，不如商贾技巧之人。苟能令商贾技巧之人无繁，则欲国之无富，不可得也。……食贵则田者利，田者利则事

---

[1] 冯彦明.中国小农（家庭）经济的重新认识和评价[J].北部湾大学学报，2021（01）：55-70.

[2] 冯彦明.中西商品经济发展路径的比较及选择——兼论中西方经济学之区别及其根源[J].区域经济评论，2020（1）：55-62.

者众；食贵，籴食不利，而又加重征，则民不得无去其商贾技巧而事地利矣"(《商君书·外内》)，就在很大程度上继承并发展了李悝的主张，正式提出了"事本而禁末"，认为要使人民安于农业生产，必须对商贾进行限制，对不努力耕作和弃本逐末者加以处罚，"僇力本也，耕织致粟帛多者，复其身；事末利及怠而贫者，举以为收孥"(《史记·商君列传》)。如果说李悝和商鞅是从政策上规范商业发展的话，真正从理论上阐述规范商业发展的是战国末期的荀子。荀子从"人性恶"和社会财富主要来自农业部门的认识出发，认为人"生而有欲"且"穷年累世而不知足"，"工商众则国贫"，为此提出"轻田野之税，平关市之征，省商贾之数，罕兴力役，无夺民时"(《荀子·富国》)。把"省商贾之数"列为富国的条件之一。不过，荀子也不是主张完全禁止商业，更不是不知道商业的积极作用；相反，它不仅充分肯定了商业在不同地区和不同消费者之间的沟通有无的作用，而且提出了管理商业的具体方法。他指出：经过"通流财物、粟米"，使其"无有滞留"，则"北海则有走马吠犬焉，然而中国得而畜使之；南海则有羽翮、齿革、曾青、丹干焉，然而中国得而财之；东海则有紫紶、鱼盐焉，然而中国得而衣食之；西海则有皮革、文旄焉，然而中国得而用之。故泽人足乎木，山人足乎鱼，农夫不斫削、不陶冶而足械用，工贾不耕田而足菽粟"，总之，有了商业，就能使"天之所覆，地之所载，莫不尽其美，致其用"(《荀子·王制》)。为此，要"使宾旅安而货财通"，反对"苛关市之征以难其事"，要"关市几而不征，质律禁止而不偏"(《荀子·王霸》)，即要监督和管理各类商品的价格，不使投机商贩有机可乘，对囤积居奇、哄抬物价，以致影响整个国家的经济生活正常运转者，要给予惩罚。由此可见，中国历史上规范商业发展并不是一时兴起，而是与中国的"家"文化一脉相承的社会管理实践。

不仅如此，中华人民共和国成立后，在短短 70 多年的时间内，我们走过了困难重重但又激情澎湃的"步子"阶段，又经历了"摸着石头过河"的"票子"阶段，不仅实现了工业、农业、国防和科学技术的现代化，而且使遭受百年耻辱的中华民族从"站起来"到"富起来"和"强起来"，开启了中华民族伟大复兴和构建人类命运共同体、人与自然生命共同体的新时代，这是前无古人的奇迹，也是包括西方各国在内的任何其他国家所无法比拟的成就；这是中国式发展和中国式管理的有效实践，是中国特色社会主义的伟大胜利，也是中国文化、中华文明在新时代的新辉煌。第一，中国的发展方式不同于西方。一直以来，西方的经济发展可以说就是物质生产发展，西方的社会进步可以说就是技术进步，西方的管理可以说就是诱导人实现物质利益和利润。中国的经济发展不论是过程还是结果都不同于西方。从结果看，中国的经济发展一直伴随着政治、文化、社会和生态的发展，一直着力于满足全体人民群众日益增长的物质和文化生活的需要。从过程看，中国的经济发展一直是生产力、生产关系、上层建筑共同作用的结果：中华人民共和国成立，在解放广大民众的生产力的同时构建了能够调动人们积极性的生产关系和社会制度；改革开放同样是在解放人们生产力的同时不断探索和完善能够促进人类全面和可持续发展的社会关系和经济社会制度。因此，中国的发展是多个具体目标、多种发展条件和因素综合作用的结果，达到了出发点与归宿的统一，体现了"不忘初心，方得始终"的真谛。第二，中国的发展方式不同于试图学习西方的苏联东欧诸国。改革开放之前，中国与苏联东欧诸国遇到的问题基本类似，但这些国家实行"休克疗法"建立市场经济，不仅造成经济衰退，更导致国家崩溃。中国实行具有中国特色的社会主义市场经济体制和制度，虽然由于缺乏经验和整体的规划而采用了风险很大的"摸着石头过河"，虽然在此过程中也出现了一些问题，但不屈不挠的中国有强大的中国共产党领导，有强大的中国文化指引，有一大批全心全意为人民服务的领导干部，不仅克服了各种艰难险阻，更创造了具有中国特色的社会主义建设伟大成就。第三，中国的发展是中国因素综合作用的结果。中国发展的成就是具有中国特色，反映中国国情、文化的独特的发展成就。不论是中华人民共和国成立初期的国民经济恢复，还是改革开放后的联产承包、放权让利，其中都不仅包含全民动员的举国体制，"治国平天下"的远大理想和自立立人、自利利人的家国情怀等中国文化以人为本、经世济民的因素，也包含几代领导人高超的中国文化造诣和高瞻远瞩的中华文明修养。一方面，中国共产党和中国人民善于自省和自我革命，不断提高对人类发展规律和当前发展形势的认识。由于人的认识有一个过程，特别是对新社会发展的规律需要逐步探索和认知，因此，中国共产党领导中国人民以谦虚、开放、包容、进取的心态和精神，充分借鉴世界，特别是中华民族五千多年的文明成就，吸收国内外的经验教训，认识中国的条件，通过对经济、政治、社会、文化、生态等全方位的探索，形成了马克思主义与中国革命和建设、改革的具体实际，与中华优秀传统文化相结合的与时俱进的理论成果，并以此为指导，通过对经济、政治体制的改革，实现了党的自我革命和社会制度的自我完善。另一方面，中国发展的领导力量中国共产党不忘初心，牢记使命，体现了与广大人民群众的血肉联系，创造性地发展了中国的"家文化"。习近平总书记指出："我们党来自人民，为人民而生，因人民而兴。"回望波澜壮阔的百年历程，中国共产党在任何时候都把人民放在心中最高位置，为人民利益而奋斗，无论面临多大的困难和挑战，无论付出多大的牺牲和代价，这一点都始终不渝、毫不动摇。改革开放40多年来，中国取得令世界瞩目的成绩，其中一条重要经验就在于，确立一套体现人民意志、保障人民权益、激发人民创造活力的社会主义民主政治制度。

可以看出，中华人民共和国70多年的持续发展是与中国共产党的不断自我革命和中国社会制度的不断自我完善分不开的，也是中国共产党自我革命和中国社会制度自我完善的过程。正如习近平总书记在党的十九大报告中指出："九十六年来，为了实现中华民族伟大复兴的历史使命，无论是弱小还是强大，无论是顺境还是逆境，我们党都初心不改、矢志不渝，团结带领人民历经千难万险，付出巨大牺牲，敢于面对曲折，勇于修正错误，攻克了一个又一个看似不可攻克的难关，创造了一个又一个彪炳史册的人间奇迹。"[1]

泰勒也好，法约尔也罢，乃至后来的几乎所有的西方管理学者和学派，其思想虽然不乏与中国管理思想、中华优秀传统文化异曲同工之处，但从管理的目的、目标到管理的方式、手段，从管理的出发点到落脚点，都不外乎西方文化和思想的再现和反映。第一，中国管理和中国文化是从人性出发，一切为了人身心的健康成长；西方管理和西方文化是从物性出发，一切为了实现物质利益。第二，中国管理的出发点建立在对人性的正确认识基础之上，西方管理的出发点建立在对人性的直观和错误认识基础之上。第三，中国管理的方式是顺从对人性的正确认识，主动"率性"，知恶止恶，用善扬善，最终实现的是"止于至善"；西方管理的方式则是从对人性的错误认识出发，被动"人性"，用恶扬恶并养恶，用善骗善以止善，犹如饮鸩止渴，不断地造成人的物化、人性的兽性化。

---

[1] 习近平《决胜全面建成小康社会 夺取新时代中国特色社会主义伟大胜利——在中国共产党第十九次全国代表大会上的报告》。

第五章
现代管理理论与中华优秀传统文化

现代管理理论代表管理学的最新进展，是管理学研究的最新成果。不过，第一，对于到底如何区分"现代"与"传统"，实际上并没有定论。第二，即便被冠以"现代管理理论"，不论在西方还是在中国，也并没有形成固定的模式和体系。第三，从西方看，按照达尔文的进化论，现代管理理论应该是淘汰传统理论的结果，但实际上恰恰相反，现代管理理论不仅没有解决既有的问题，而且在近些年还引起了关于新商业文明的争论和追逐。倒是在中国，随着"四个自信"特别是文化自信的建立和增强，以中国式现代化全面推进中华民族伟大复兴的征程开启，不仅为运用中华优秀传统文化、结合当前实际解决中国问题提供了前所未有的条件，更为构建人类命运共同体和人与自然生命共同体、创造人类文明新形态提供了千载难逢的机遇。

第一节　现代管理与现代管理理论的界定

现代管理虽然可以分为西方现代管理和中国现代管理，但西方也不是纯粹的"西方"，中国也不是纯粹的"中国"，西方现代管理（和现代管理理论）中有"中国"的成分，中国现代管理（和现代管理理论）中也有"西方"的元素。西方现代管理中有"中国"的成分，是因为西方感觉到了其传统管理的不足，被现实的问题逼迫而学习中国式管理（中国文化）：有的是不谋而合，有的则是尝试借鉴。但无论如何，从西方目前主流的管理实践和管理理论考察，他们还没有真正了解，更不可能真正把握和运用中国智慧，因而也不可能运用中国智慧解决其管理中的问题。[1]中国现代管理中有"西方"的元素，这既是中国文化开放、包容的体现，也是因为中国的一些现实问题需要解决。不过，一些人生长于中国但不了解中国，吃着中国的饭、穿着中国的衣，但未受中华优秀传统文化的滋润，并没有从根本上找到中国问题的原因，特别是由于百余年的屈辱而失去了文化自信，把现实的一些做法和习惯当成了中国文化，特别是当成了中华优秀传统文化，而迷失了自己：有的是真迷惑，分不清对错正误；有的则是假迷惑，被人"投喂"替人"吠"。

所谓的现代管理是从时间角度对管理实践和管理理论研究进行的划分。一般认为，西方现代管理从 1911 年泰勒出版其《科学管理原理》开始，"不期而遇"的是，一些人认为中国现代管理应从 1911 年的辛亥

. [1] 日本当年曾成功地运用中国文化创立了日本式管理并创造了明治维新奇迹和第二次世界大战后 20 年的辉煌，这是因为日本历史上融入了中华文化圈，在很多方面吸收了中华文明的精髓，但无论如何也是支离破碎和断章取义。日本后来走上侵略扩张之路，最后被寡头控制并因"广场协议"而使经济发展陷入停滞。

革命算起。正如前述，这里我们不谈这种划分是否正确，只是结合东西方的实践和研究的内容，探讨现代管理中包含的中华优秀传统文化渊源。

实际上，即便在西方，要区分现代管理与传统管理也是困难的。即便被认为属于现代管理的泰勒制以来的西方管理，也经历了一个不断演变的过程。特别是 20 世纪 80 年代末，由于科学家和组织理论家"对理性、客观的科学提供绝对和统一的世界知识的能力产生了日益增加的怀疑"，后现代主义开始影响组织理论。在后现代思潮的影响下，管理研究注意到知识作为一种可以增长的财富的重要性，意识到现代性的语言作为一个社会概念其隐含的霸权排除了组织考虑的替代假设，使管理缺乏适应多变环境的柔性力量，于是"去中心"成为管理变革中不可或缺的一步；加之整个资本主义的生产方式不断发生变迁，更灵活和更能适应复杂竞争环境的生产体系呼之欲出。与此同时，科学技术和信息化的发展在冲击管理的传统思维，新兴的自动化技术、信息通信技术、互联网和数据库促进着资本主义生产方式的改变，也成为管理变革的重要手段。另外，随着资本主义生产的发展，管理本身也一直在努力突破自身的限制。后现代管理正是这样一种调整和努力的结果。[1]

如果撇开话语体系和话语权，西方的现代管理其实就是企业管理，而中国的现代管理虽然包括了企业管理和国家管理，但从理论研究者的角度看，更多的仍然是国家管理。

---

[1] 徐懿然. 后现代管理与资本文明化 [J]. 南通纺织职业技术学院学报，2013，13（04）：37-40.

第二节 西方现代管理理论

西方的现代管理与现代管理理论在时代背景上从所谓的科学革命开始，因此我们这里的介绍和探讨就从西方科学革命的缘起开始。

一、西方科学革命的缘起与矛盾

西方的科学缘起于人本主义（不同于中国的以人为本）。西方早期深受神权思想的影响——主要是受到基督教和天主教等宗教思想的影响，形成了依附于耶稣和天主的宗教人格。很早就有人试图摆脱这种宗教束缚，如亚里士多德，但一直没有成功，直到文艺复兴，由于有了先期的"人格分裂"，再加上城市兴起形成的人自由的实现（逃出人身束缚）、宗教对黑死病的无能为力、启蒙运动的刺激，以及一些科学上的新发现，特别是工业革命促进了物质生产的发展，满足了欧洲人一直以来对物质生活的追求，促进了人对宗教（神）的摆脱，开始使人成为一种独立的存在，在某种程度上确立了人本主义——首先是与神本相对应、相对立，然后是与自然相对应和相对立，同时是与人同类相对应和相对立。不过，在现实中西方人也感受到了人的两重性，即物质性和意识性，虽然在物质上得到了极大的满足，但精神的空虚、飘摇使人缺乏归宿感和归宿地，他们找不到人的意识存在的依据和归宿，因此不得不在摆脱各种宗教束缚的同时又继续依赖宗教（作为意识的归宿），这就形成了西方人的双重人格和双重依赖：物质型人格和精神型人格；在物质上依赖科学，崇拜科学，在精神上依赖神学，崇拜神灵。西方一方面追求物质财富，另一方面又不断地在上帝面前忏悔；一方面为了雇用别人不断剥削自己，另一方面为了剥削别人又不断雇用、培养别人。这不仅解释了所谓的资本主义精神即自由（与神权束缚相对应和对立）的欲望（实际上主要是物欲）与勤奋（攫取物质财富）的节俭（生产上精打细算及资本主义初期消费上勤俭节约）的自我矛盾，似乎也论证了为什么亚当·斯密一方面写出《道德情操论》，另一方面又写出《国富论》(《国民财富的性质和原因的研究》)。

不过，在管理学上被称为"科学管理"的泰勒制，其"科学"与西方的科学并不完全是一回事。"在科学管理出现以前，心理学建立在内省……或者演绎的基础上。各种伪科学，例如占星术、人相学、颅相学以及笔迹学，被管理者们普遍使用，他们根据天空中星体的运行和位置、雇员的人体特征、颅骨的隆起情况以及笔迹来挑选员工。"[1]威廉·冯特（Wilhelm Wundt）于1879年在德国莱比锡大学建立了世界上第一个心理学实验室，科学方法首度出现在心理学中。他通过受控制的实验来研究人类行为。这样的实验室所做的工作完完全全是"直观"。这种"直观"的方法仅仅看到一时一地，而看不到他时异地，更看不到随时间、地点、条件的变化而变化的情况。这种"直观"的方法，只是收集了实验对象的数据，知其然，但由于缺乏内省的"反观"，并不知道其所以然。在"知其然"的基础上可以总结出一些规律性的东西，但由于不"知其所以然"，所以这种对规律的总结是粗浅的、简陋的，只可以作为宣传的一般材料，而不能成为处理个性问题的有效方法。

正如有人所评价的，"泰勒明确区分了真正的科学管理和盲目的效率追求"，但泰勒本人认为："真正的科学管理要求雇主和雇员之间进行一场'心理革命'，它来自劳资双方长期以来的相互尊重，而不是来自

---

[1] 丹尼尔·雷恩，阿瑟·贝德安.管理思想史[M].李原，黄小勇，孙健敏，译.北京：中国人民大学出版社，2022：176.

生搬硬套地采用所谓的效率装置或措施。"[1]他说："听到'科学管理'这个词，通常人们会想到一个或几个策略，但它并不是其中的任何一个""从本质上说，科学管理对于在具体公司或者行业工作的工人来说，将会是一场彻底的心理革命——关于他们对工作的责任、对同事的责任、对雇主的责任的心理革命。同样，对于管理层——工长、主管、企业所有人和董事会，也将是一场彻底的心理革命——关于他们对管理层同事的责任、对工人的责任、对日常出现的问题的责任的心理革命。如果没有双方彻底的心理革命，科学管理就无从谈起""科学管理的本质就是——伟大的心理革命"。[2]

从现实看，"泰勒的观点引起了人们很大的兴趣，然而遗憾的是，许多模仿者打着他的旗号，却对他的方法偷工减料，承诺自己能够在一半时间内实现相同效果"[3]，甚至有人指责"科学管理"是冷漠的、非人性的，漠视人的因素。作为回应，泰勒对制度和人做出了论述：没有任何制度可以脱离真实的人的需求而存在，制度和优秀的人都是必要的，引入最好的制度以后，成功与否将取决于管理层的能力、恒心以及受人尊敬的权威。泰勒完全明白，他不仅仅要处理好原料和机器，还要解决人的需求。[4]

二、企业管理方法科学化的尝试与局限

正如前面所说，西方现代管理主要体现在企业管理方面。西方也并不是不重视宏观的政府管理，也不是没有关于政府管理的研究，他们只是把政府管理企业化，即把政府当成企业一样进行管理。早在 1615 年

---

[1][2][3][4] 丹尼尔·雷恩,阿瑟·贝德安.管理思想史[M].李原,黄小勇,孙健敏,译.北京：中国人民大学出版社,2022：125-127.

法国重商主义者 A. 蒙克莱田（Antoine de Montchrétien，约 1575—1621）在《献给国王和王后的政治经济学》一书中就强调重视商业和劳动，国家富有在于生活必需品的充裕。[1]因此，西方管理的科学化主要集中在企业管理方面。

正如前述，西方所谓的科学，是一个建立在可检验的解释和对客观事物的形式、组织等进行预测上的有序的知识系统，是已系统化和公式化了的知识，其对象是客观现象，内容是形式化的科学理论，形式是语言，包括自然语言与数学语言。而西方所说的科学化就是通过反复实验、寻找证据以证明其可测和不变的过程。如在企业管理中，英国的数学家、发明家和科学管理的先驱者查尔斯·巴贝奇（1792—1871）在《论机器和制造业的节约》中运用运筹学的观点，对作业的操作及成本控制等提出了改进意见。英国的经济学家和逻辑学家威廉·杰文斯（1835—1882）把数学方法引入企业管理领域，是第一个研究劳动强度和疲劳关系问题的人，比泰勒的类似研究早了十年。他还进行了初步的工时研究和动作研究，号召工人与管理当局合作，主张工业合伙。[2]而泰勒创立和推广科学管理制度的亲密合作者，也是科学管理运动的先驱者之一的亨利·劳伦斯·甘特（1861—1919）则发明了"工作任务与奖

---

[1] "经济"（economics），最早使用这个词的是古希腊的色诺芬（约公元前 430—前 354），他在著作《经济论》中把家庭对生产活动的组织和管理称为 oikovouia，意指家庭经济管理。"政治经济学"的提法出现于 17 世纪初，源于希腊文中的 poniz（原意为城邦、国家以及经济）与"经济学"组成的复合词，而法国重商主义者蒙克莱田（Antoine de Montchrétien，约 1575—1621）在 1615 年出版的《献给国王和王后的政治经济学》一书中首先使用该词，目的是说他所论述的经济问题已经超出了自然经济的范畴。1775 年，卢梭为法国《百科全书》撰写了"政治经济学"条目，把政治经济学和家庭经济区分开来。

[2] 陈继华. 管理思想史：西方管理思想溯源及其历史演进［M］. 北京：企业管理出版社，2020：112.

金制度",着眼于工人工作的集体性;发明了"甘特图",实际上是生产计划进度图,利用图解来对工作状况进行直观描述,辅助计划和控制工作;他非常重视工业中人的因素,强调企业取得成功的首要条件就是采取一种适合的领导方式;认为金钱刺激只是影响人们的许多动机之一,管理者要更多地关注其他因素;认为工业教育要形成一种"工业的习惯",其内容是勤劳与合作,以实现双赢;形成工业习惯的前提是士气,企业目标与员工心理上的需求应一致。不过,晚年的甘特发现了一些新的、与其原始目的相违背的问题,即蓬勃发展的工业社会和雄心勃勃的企业领袖存在着巨大的隐患,专制主义和唯利是图严重影响着工业社会的发展方向。他提出工业的健康发展必须在工业民主和精英治理之间取得平衡:"我们必须清除我们经济制度中一切形式的专制做法,并且提供能够恢复服务的民主原则,而这种原则是民主文明取得惊人发展的基础。"[1]决策理论学派的代表人物赫伯特·西蒙(1916—2001)是美国行政学家,认为管理就是决策,而以往的决策理论基石——理性人假设有着致命的缺陷,因为其必须满足三个条件:一是决策者对每种方案的实施难度及其后果无所不知;二是决策者具有无限的计算能力;三是决策者头脑中对各种可能的后果有一个明确的优劣排序。事实上完全满足这三个条件的情况在现实中根本不存在。他认为人既不是理性的也不是非理性的,而是"有限理性"的,追求的目标应该是"最满意"而不是"最优"。为此他提出"满意化原则"。[2]数学家进入管理学领域造就了管理科学学派,管理科学学派又称数量学派,或称计量学派,该学派将数学引入管理领域,用电子计算机作为工具,把科学的原理、方法和工具应用于管理的各种活动,使管理问题的研究由定性分析发展为定量分

---

[1][2]陈继华.管理思想史:西方管理思想溯源及其历史演进[M].北京:企业管理出版社,2020:113,155.

析，指定用于管理决策的数学统计模型，并进行求解，以降低管理的不确定性，使投入的资源发挥最大的作用，得到最大的经济效果。管理科学学派一般只研究生产的物质过程，注意管理中应用的先进工具和科学方法，但对管理中的人的作用显然束手无策。[1]经验管理学派的主要代表人物是彼得·德鲁克（1909—2005），他认为管理学就是研究管理经验，强调从企业管理的实际经验而不是从一般原理出发，用比较的方法来研究和概括管理经验。

从表面上看，这些人的研究和发现各有不同，一些人把数学和运筹学引进管理，一些人重视"人"的因素，一些人重视决策过程，另一些人则重视运用现代科学技术和经验。但问题在于，管理的主体是人，管理的过程是人发挥作用的过程，管理的客体很大一部分也是人，即便是被管理的原材料、设备等，也是靠人的操作而发挥作用的。因此，不论是查尔斯·巴贝奇、威廉·杰文斯还是亨利·劳伦斯·甘特，也不论是决策理论学派、管理科学学派还是经验管理学派，都没有把工人当"人"看，而是延续西方一直以来的做法，把工人当成"会说话的工具"，当成与各种原材料和设备相同的生产要素，试图用计算正方形面积的函数式 $y=x^2$ 之类的严密的数学公式来控制人（工人）。实际上，工人不是一般的生产要素，而是有着主观能动性和喜怒哀乐情绪的"人"，同时这种能动性和情绪还是随时变化的，这种变化甚至可以说是没有规律可循的。这就决定了上述研究的主观性、片面性，以及在管理上当然的无效性。

下面我们再用几个典型案例进一步解析西方管理学理论的缺陷。

---

[1] 陈继华. 管理思想史：西方管理思想溯源及其历史演进［M］. 北京：企业管理出版社，2020：159-160.

三、泰勒的"科学管理"及其问题

从19世纪70年代到第一次世界大战爆发,西方先后经历了5次经济危机。随着资本不断积聚和技术不断发展,整个世界连成一体,国际大市场形成,国际分工体系建立,国际上的市场竞争激烈,竞争的直接手段就是价格和成本控制,为此,西方没有从制度和文化角度认识其存在的问题和发生危机的必然性,而是试图采用所谓的科学方法提升效率,刺激生产更多的产品,促使产品成本降低,以大量廉价产品占领更大市场,以获取更多利润。实际上,19世纪后半叶,工业革命发展到一个全新的阶段,这是一个复杂的、不平衡的阶段,既是技术进步、能源变化和劳资关系演变相互作用的结果,也是强烈需要用更好的管理实践来推动这些因素协调作用的结果。以泰勒为代表的科学管理运动就是在这一背景下产生的。

客观地说,泰勒所处的时代正是美国工业出现前所未有的资本积累和技术进步的时代,但组织、控制这些工业资源的低劣的管理方式严重阻碍了生产效率的提高;同时,当时的劳资矛盾严重激化,工人不断用捣毁机器和加入工会组织领导的大罢工来争取自己的权利,劳资关系对立严重影响了企业的劳动生产率。在此期间,由于在技术和能源的开发及应用方面,工程师起着至关重要的作用,他们很自然地成为关于如何应对新管理挑战的观点和理念的首要来源。例如,亨利·汤就号召工程师们不仅要专注于生产制造的技术,而且要思考如何提高工厂的管理效率,这实际上就是加强工厂的组织。泰勒正是回应了汤的号召的年轻工程师。泰勒在恩特普利斯液压机厂做学徒工期间,"深刻体会到作为普通工人的感受,他和最优秀的工人一起嬉笑怒骂,被他们的精湛技艺深深折服,然而,他也注意到了他所说的'恶劣的工作条件',即工人对产出的限制、糟糕的管理以及工人与管理者之间的

143

紧张关系"[1]。到了米德威尔钢铁公司之后，一些"艰难的经历也给泰勒上了宝贵的一课"，他"看到一家企业就是一个人们彼此合作的系统，只有所有相关的人都朝着一个共同目标努力，企业才能够获得成功"[2]，为此他着手运用科学的实况调查来确定每一位工人完成工作任务的最有效率的方法，试图用科学化、标准化的管理方法代替当时通行的旧的经验管理方法，以此测定工人们运用现有的设备和材料应该能够生产多少产品，这就是"科学管理"的开端。泰勒得出结论，认为工人与管理者之间产生冲突是因为双方对彼此不了解：管理层期待工人们提供公平的每日工作量和获得公平的日收入，而工人们也愿意这样做，但双方都不了解每日工作量的构成，双方都依靠模糊的感觉，"他逐渐判断出，由于不合理的管理，人力和原料的很大一部分都被毫无必要地浪费掉了"[3]。泰勒科学管理思想的基本假设前提是资源并没有被充分利用、经济人假设和单个人可以取得最大效率，基本出发点是效率至上、标准化作业和劳资协作，四项原则是对工人工作开发出科学方法、科学地选拔工人、工人的科学教育与发展以及管理者与工人之间亲密友好的合作。在此基础上，泰勒总结出科学管理方法包括工时研究、标准化培养和选拔工人、工作定额原理和计件工资激励制度、职能工长制。泰勒认为，实现科学管理的基本前提是心理革命，即工人与雇主通过沟通、协调而形成利益共同体。他特意警示大家，科学管理不单单是管理方法的变革，更是一场心理革命。"没有这种全面的心理革命，科学管理就不能存在。""不能把管理的机制误当成管理的本质，或者它的哲学基础。……如果没有伟大的心理革命，科学管理就无从谈起。"

[1][2][3] 丹尼尔·雷恩，阿瑟·贝德安. 管理思想史 [M]. 李原，黄小勇，孙健敏，译. 北京：中国人民大学出版社，2022：106-108.

科学管理的提出对当时的企业界造成了巨大影响。但令泰勒没想到的是，第一，对科学管理的应用方法痴迷和效仿者众多，关于心理革命的管理哲学思想以及代表管理者与工人共同利益的管理原则却鲜有人问津。第二，泰勒发现了磨洋工的问题，也试图通过不断的努力，通过科学管理来解决这种工人与雇主之间的心理、预期和利益不一致的问题。也就是说，泰勒所谓的科学管理从表面上看是为了提高效率，减少磨洋工，但实际上是要解决工人的忠诚问题，在这方面，泰勒实际上做了很多。不过，我们在这里要说明的是，一方面，关于忠诚问题，中华优秀传统文化中有"吾日三省吾身"，其中之一就是"为人谋而不忠乎？"；另一方面，中华优秀传统文化讲"素其位"和"道不可须臾而离也，可离，非道也"，这既说明了修道的严谨性，也说明了修道的常态性和紧迫性。而泰勒的科学管理中所谓的用科学的方法代替经验以实现最高生产效率，正体现了中国文化对修道的要求，或者说与中国文化中修道的原则不谋而合。正如《管理思想史》所描述的："泰勒认为劳资双方应该努力寻找共同点。他写道：'科学管理……的基础源自这样的坚定信念：双方（劳方和资方）的真正利益是相同的、一致的；资方的繁荣无法长期持续下去，除非它伴随着劳方的繁荣，反之亦然；劳方获得最想要的高工资以及资方获得最想要的低成本是有可能在公司内同时实现的。'"第三，提高效率不仅仅是一个技术问题，即取消多余的生产环节，更是一个管理问题，即加强工人之间的协调配合，其中既包括工人与管理者之间的协调配合问题，也包括工人之间的协调配合问题。如果说工人与管理者之间的协调配合问题更多的是管理上的组织、控制、沟通等，这实际上是中国文化中的忠诚问题的话，那么，工人之间的协调配合问题就涉及技术上各环节的协调与高效。后人只关注到了这里的技术环节问题，认为泰勒只处理了多余的技术环节，从而提高了效率，而

145

没有注意到泰勒真正要解决的是人的问题——人与人之间的协调配合问题。在泰勒看来，任何单个要素都无法构成科学管理，科学管理是所有这些要素的整合，它可以被简要总结为：它是科学，而不是单凭经验的方法；它是和谐，而不是冲突；它是合作，而不是个人主义；它以最大产出代替有限产出；它让每个人达到最高效率和获得最大富裕。[1]

四、亨利·法约尔的管理技术理论

很多人认为亨利·法约尔（1841—1925）是法国的经营管理思想家、"现代经营管理之父"，但实际上他只是提出了管理的一些技术措施。其代表作《工业管理与一般管理》以企业整体作为研究对象，认为管理理论是指"有关管理的、得到普遍承认的理论，是经过普遍经验检验并得到论证的一套有关原则、标准、方法、程序等内容的完整体系"，"有关管理的理论和方法不仅适用于公司企业，也适用于军政机关和社会团体"。他立足于管理知识的系统性，认为可以从回答"管理是什么"和"管理者应该怎么做"这两个问题入手，构建一个全面的知识体系。他提出管理就是计划、组织、指挥、协调与控制，管理者要把握好工作分工、权力与责任、纪律、统一指挥、统一领导、个人利益服从整体利益、人员报酬、集权、等级制度、秩序、公平、稳定的员工任期、首创、团结精神14项工作（原则），他认为企业的全部经济活动可以用"经营"来概括，包括技术活动、商业活动、财务活动、安全活动、会计活动和管理活动，管理只是"经营"的一部分。

从法约尔的管理理论可以得出几个结论，同时也可以提出几个

---

[1] 丹尼尔·雷恩，阿瑟·贝德安.管理思想史[M].李原，黄小勇，孙健敏，译.北京：中国人民大学出版社，2022：125.

疑问。第一，法约尔的管理理论是来源于管理活动还是来源于管理眼光（管理者的认识）？如果来源于管理活动，那么别人怎么提不出来，甚至当别人也看到、遇到或者面临着同样的问题时，为什么没有提出类似的解决方案？正如《管理思想史》一书所写的："自从在科芒特里煤矿担任采矿工程师，他就开始记录发生在煤矿并且影响产量的事情。例如，早在1861年法约尔就观察到，由于一匹马在圣埃蒙德煤井劳动时摔断了腿，所有的工作不得不停止。由于煤矿经理不在，所以找不到另外一匹马来替代，而且马厩管理员拒绝提供替代马匹，因为他没有权力自作主张。"该书明确指出，"法约尔对这个问题的解决办法并非来自他受到的技术训练，而是来自一种管理眼光：责任和权力必须对等，否则就会导致延迟或紊乱"。不仅如此，该书还"延迟"地总结出法约尔如此"延迟"的"预见"："法约尔似乎预见到了现代的工作团队理念"，"还预感到约50年之后的工作再设计运动"[1]，这显然来自法约尔的认识和能力。第二，法约尔还"悟"到了一个真理，"一个企业中的所有员工都或多或少地参与管理职能"，他观察到"对企业来说，一位管理能力出色而技术能力平庸的领导人往往比一位技术能力出色而管理能力平庸的领导人要有用得多"。正是基于此，法约尔提出了一份早期的管理原则目录，其中包括统一指挥、命令通过层级结构传达、不同部门之间的权力分离以及集权/分权。[2]第三，法约尔也注意到了"管理原则"的问题，认为"在管理事项中，没有什么东西是僵化的或绝对的，这完全是一个'恰到好处'的问题。在完全相同的情况下，我

---

[1] 丹尼尔·雷恩，阿瑟·贝德安.管理思想史[M].李原，黄小勇，孙健敏，译.北京：中国人民大学出版社，2022：195.

[2] 丹尼尔·雷恩，阿瑟·贝德安.管理思想史[M].李原，黄小勇，孙健敏，译.北京：中国人民大学出版社，2022：195-198.

们很少两次运用同一个原则；我们必须考虑到各种不同的和不断变化的情况……"，因此，表面僵硬的原则实际上"是灵活的，能够适用于每种需要，重要的是要知道如何使用它们，这是一门困难的艺术，它需要智慧、经验、决断力和平衡。平衡融会了机智和经验，是管理者最重要的品质之一"[1]。他同时强调："提出一系列管理原则并不意味着这个名单已经涵盖所有，人们还可以确定其他管理原则。他选择的这些管理原则仅仅是他在自己的职业生涯中发现对他最有用的原则。"[2]第四，与其说法约尔是管理思想家，不如说他是一个管理技术员。他看到了管理过程中需要解决的一些技术问题如计划、组织、指挥、协调、控制等，看到了管理需要平衡集权与分工、等级与公平等一系列关系，但处理这些关系、解决这些问题的最根本的基础和依据是什么，这显然超出了法约尔的认知。正像泰勒科学管理理论中提到的管理体制问题，实际上就是中华优秀传统文化中所讲的"素其位"（《中庸》）的问题："君子素其位而行，不愿乎其外。素富贵，行乎富贵；素贫贱，行乎贫贱；素夷狄，行乎夷狄；素患难，行乎患难。君子无入而不自得焉。"《大学》也说："为人君，止于仁；为人臣，止于敬；为人子，止于孝；为人父，止于慈；与国人交，止于信。"

五、梅奥及其霍桑实验

乔治·埃尔顿·梅奥（George Elton Mayo，1880—1949）是美国心理学家、社会学家、行为学家。1928—1932年他应邀参加了西方电气公司从1924年就已经在其下属霍桑工厂进行的旨在提高生产效率的实验，通过反思认为工业文明虽然取得了技术和物质的巨大进步，却忽视

---

[1][2] 丹尼尔·雷恩，阿瑟·贝德安. 管理思想史[M]. 李原，黄小勇，孙健敏，译. 北京：中国人民大学出版社，2022：195-198.

了人的精神和社会要求。他在1933年出版的《工业文明中的人的问题》一书中指出，在刚刚过去的50年中，工业中人的因素发生了很大变化，尽管我们在很大程度上仍然不知道这些变化的性质和范围，但它们的重要性是无可争议的。他说，在19世纪人们无根据地希望能够发现一些治疗工业疾病的政治疗法，现在这种希望已经逝去。自1918年第一次世界大战结束以来，无论是在莫斯科、伦敦、罗马还是在巴黎、纽约，作为工业文明发展的典型城市，都存在着人的问题，特别是工人的非正常状态问题。梅奥在霍桑实验以及对其他工厂的调查中发现，工人突出地存在着疲劳感和单调感明显、士气低下、无名的抱怨和怒火、对监工或工头持敌视态度、有意限制产量等问题；并且，这些现象和问题并不是纯粹的心理学或生理学意义上的，而是工业文明迅速发展所带来的人们在工作、生活、人际关系、社会合作等方面发生巨大变动的结果，这种变动造成人们信念迷失、情绪失落、社会合作失衡、对于命运无能为力等。[1]梅奥的研究表明，对于工厂的管理者来说，仅有开明的公司政策、关于生产的详细计划和蓝图是不够的，停留在这一点上，以不容讨价还价的态度来管理工人和执行生产计划，不管这种管理多么合乎逻辑，都不会使工人真正发挥自觉的积极性。[2]此外，"强加"给工人的那些抑制来自何处？梅奥认为来自工业时代生产的强大的经济逻辑，因为在原始社会和前现代社会，人类为了自身的长久存在而在工作中进行的合作，一直依赖一种非逻辑性质的社会规范的发展，这种非逻辑性质的社会规范调节着人们与他们的态度之间的关系。而现代社会对生产的经济逻辑的单纯坚持干扰了这种规范的发展，并随之在群体内引起一种人性

---

[1]刘敬鲁，等.西方管理哲学（修订版）[M].北京：中国人民大学出版社，2021：160-161.
[2][3]刘敬鲁，等.西方管理哲学（修订版）[M].北京：中国人民大学出版社，2021：163.

挫败感。[3]

中国文化是关于人的文化，不仅阐述了人的地位与作用，更揭示了宇宙人生的真相。梅奥所描述的"刚刚过去的50年中，工业中人的因素发生了很大变化"和"我们在很大程度上仍然不知道这些变化的性质和范围"，似乎反衬了中华优秀传统文化的预见性，就是未雨绸缪。春秋时期的《曹刿论战》就做出了"一鼓作气，再而衰，三而竭"的著名论断，战国时期就有人针对两极分化问题提出了规范商品经济发展的政策。同时，中国不仅早已经从人性善和人性恶两个角度探讨了人性，并从制度角度规范了人类的发展路径，还从"道"的本源上阐明了"人法地，地法天，天法道，道法自然"（《道德经》第25章）的人我一体、人与自然一体的基本原理。另外，正如我们在前面探讨管理的科学性与艺术性和培养通观的研究方法时所指出的，"测不准"不仅是超微观世界和超宏观世界（量子世界）的原理，在现实世界中也是随处可见、随时可见的。在我们的认知中有一个逻辑可以推理，但在现实中除了因果没有其他逻辑，而我们人类肉眼所见的因果又是有限的，所以不管是用西方的逻辑还是用中国的因果，在"科学"语境下对问题的解释都是有限的。[1]

六、企业文化理论与新商业文明

在西方，企业文化算是一种全新的企业管理理论，它发祥于日本，形成于美国，是继古典管理理论（又称科学管理）、行为科学管理理论、丛林学派管理理论（又称管理科学）之后，世界企业管理史上出现的第四个管理阶段的理论，也称世界企业管理史上的"第四次管理革命"。

---

[1] 冯彦明.中国经济学的哲学基础与起点[J].区域经济评论，2021（04）：29-38.

标志着企业文化诞生的著作主要包括1981—1984年在美国出版的威廉·大内的《Z理论——美国企业如何迎接日本的挑战》、理查德·帕斯卡尔和安东尼·阿索斯的《日本企业管理艺术》、特伦斯·迪尔和艾伦·肯尼迪的《公司文化——现代企业的精神支柱》（又译《企业文化》）、托马斯·彼得斯和小罗伯特·沃特曼的《寻求优势——美国最成功公司的优势》（又译《成功之路》），以及劳伦斯·米勒的《美国企业精神——未来企业经营的八大原则》等。

企业文化理论认为，企业管理的基本原则是以人为本，即以尊重人的人格、促进人的发展为中心，成功企业之所以取得成功，不在于它们有资金、技术、设备、建筑物、销售网络等硬件，而在于其有致力于人的发展的企业文化。[1]企业文化理论的出现标志着西方现代管理思想在四个方面的重大转折，一是以机器为中心向以人为中心的管理思想转变，二是以事务为中心向以灵活经营为中心的转变，三是以硬规范、硬约束为中心向以个性塑造为中心的转变，四是以短期目标和行为为中心向以长期目标和行为为中心的转变。

企业文化学派不再拘泥于"是否具有确定的人性"这一认知层面，而是在承认这一问题不可解决的前提下，强调营造企业内部共同的价值观、信仰体系、荣誉感、团队精神等。虽然他们也承认康德早就说过的不要把人当成手段，而是要把每一个人都当成目的，并由此出发开始关心人，这样的企业也不再单纯是求生的场所，而是人们实现其生命意义的所在，但我们可以设想，如果对生命的意义和人性的本质还没有得出正确的结论，企业的实践也很难达到其预期的目的。[2]正如陈继华所

---

[1] 王长根.美丽管理[M].北京：企业管理出版社，2011.
[2] 陈继华.管理思想史——西方管理思想溯源及其历史演进[M].北京：企业管理出版社，2020：199.

说:"实际上,就此理论的价值理念和精神实质而言,还是如何看待和处理'人性'与'科学性'的矛盾这一西方现代管理思想的内生性冲突问题。"陈继华引述说,自泰勒的科学管理思想提出以来,企业中的科学使工人处于被动和依附的地位,而且从他们的工作中抽掉了一切思想。就是对工人最为关心的行为科学,也把人的行为等同于"牛奶社会学",对人像对牛一样,满足它是为了获得更多的牛奶。西方现代管理思想的实证并没有摆脱以人为工具的"心魔",认知人性,顺应人性,注重"科学性"与"艺术性"的均衡——所有这些"改良"举措都不过是管理手段的调整,或管理思想的策略性转轨,而非管理思想家之前提或终极价值的改弦易辙或升华。[1]

新商业文明是2008年在国内外经历了三聚氰胺事件、汇源并购、国际金融危机等[2]之后才出现的一个概念,而且是企业界人士首先提出的概念,虽然迄今为止学术界似乎并不"感冒",应者寥寥,但实际上其并不是仅限于企业界的一个商业概念,而是国际经济、政治和文化发展到一定阶段的产物,是在各国一系列经济社会问题,特别是美国次贷危机的刺激下,在新技术革命特别是互联网的推动下,人们对以西方文化和西方经济管理学为基础的西方商业模式反思的产物,更是中国重新崛起、中华文明重新兴盛给全人类实现个人全面发展和集体可持续发展[3]带来的新曙光、新机会,是中国道路、理论、制度、文化发展为人类走向真正的现代化和高质量发展而提供的全新选择,是为真正解决人类问题贡献的中国智慧

---

[1] 陈继华.管理思想史——西方管理思想溯源及其历史演进[M].北京:企业管理出版社,2020:198-199.

[2] 雷晓宇.阵痛催生新商业文明[J].中国企业家,2008(24):74-75.

[3] 冯彦明.中国经济学的基本范畴[J].财经理论研究,2022(02):01-19.

和中国方案。

所谓的新商业文明实际上并不新，只是相对于西方商业模式而言的新模式、新文明。因为在西方资本主义商业模式下，人们除了零和博弈和胜者独食、先到全得之外不知道还有人类命运共同体和人与自然生命共同体的共享共赢，一直在走着一条与"鸟为食亡"相同的"人为财死"之路。中华文明不仅有五千多年绵延不绝的历史，而且是关于"人（做人）"的智慧，揭示的是宇宙人生的真相，体现的是以人为本、经世济民的思想，落实的是"君子爱财，取之有道""穷则独善其身，达则兼善天下"的规范发展的商品经济[1]，追求的是个人全面发展和全人类的可持续发展。因此，所谓的新商业文明不过是中华文明在新时代、新背景和新条件下的产物，是以中华文明为核心和灵魂的中国经济学、管理学在新时代的应用。新商业文明的时代价值就在于通过对当今社会最基本和最基层的组织——企业的价值观及运行方式的重塑，即企业转型，为独立的中国经济学、管理学的建立提供机遇，为实现个人全面发展和人类可持续发展提供具体的路径。

值得注意的是，对新商业文明问题的研究并不限于国内，国外的一些学者也提出了非常有价值的观点，体现出新商业文明问题的国际性，也反映出国外学者对西方传统价值观和商业模式的反思。如帕拉格·康纳（Parag Khanna）编写的《超级版图：全球供应链、超级城市与新商业文明的崛起》从基础设施大连接的角度探讨了地缘政治发展现状与趋势，认为当今世界各国通过一条条的供应链而非

---

[1] 冯彦明.中西商品经济发展路径的比较及选择——兼论中西方经济学之区别及其根源[J].区域经济评论，2020（1）：55-62.

隔离的国境线实现着新的全球化,从而改变着传统的商业文明版图。[1]这实际上是说明供应链改变了世界,形成了世界的一体化。而管理思想家乌麦尔·哈克(Umair Haque)的著作《新商业文明:从利润到价值》则从反思"盈利是否一定要以损害为代价"这一问题出发,认为过去在利润和发展面前我们来不及顾及诸多外部效应,而当它们化作一把把利刃刺来,我们觉得痛了,才开始反思这一切,思索解决办法。他提出"21世纪的商业必须为了明天更好地贮存、积攒每一种生产资源,其准则和戒律就是必须将经济损害降至最低,将真正的经济价值创造提到最高",认为"成本转嫁和利益攫取都将增加企业、国家或者经济体的负债,这将是风险高、成本大而且负担沉重的","21世纪,国家、企业和经济体面临的最大挑战就是如何创造更多高质量的价值,而非在数量上占优"[2]。美国战略管理大师加里·哈默认为,最好的经济系统在"助益企业家精神"的同时不会透支未来的幸福,其目的是减少世界的不平等而不是单纯地获取利益,是一种有良心、有责任感并且可以持续发展的商业秩序。他这里提到的"最好的经济系统"和新的"商业秩序"实际上就是新商业文明。著名管理学家德鲁克认为"利润最大化这一概念是毫无意义的,而且其危险在于它使盈利变成了企业追逐的唯一目的……利润并不是企业的行为和决策的解释、原因或其合理性的依据,而是对其有效性的一种考

---

[1] 帕拉格·康纳. 超级版图:全球供应链、超级城市与新商业文明的崛起[M]. 崔传刚,周大昕,译. 北京:中信出版社,2016.

[2] 乌麦尔·哈克. 新商业文明:从利润到价值[M]. 吕莉,译. 北京:中国人民大学出版社,2016.

察"。[1]而经历过 1975 年、1985 年、2002 年危机的摩立特集团首席执行官 Joseph B. Fuller 对新商业文明的感悟似乎更真切:"一些人在进行商业欺诈。我们应该有一种文化,防止这些事情的发生。如果每个人都做正确的事情,我们就会有一个新的商业文明了。"2019 年 8 月由近两百家知名企业的 CEO 参加的商业圆桌会议(BRT)发出声明:应重新定义企业的使命,股东最大利益不再是唯一依归,所做决策亦要把各持份者的利益纳入考量。

第三节　中国现代管理理论与实践

中国现代管理和管理理论继承并发展了一直以来的思维方式和发展理念,以中华优秀传统文化为灵魂,以"两个结合"为依据,以中华文明对"人(人性)"的认识为基础,以实现中华民族伟大复兴和包括中国人在内的全人类的全面和可持续发展为终极目标,从推进国家治理体系和治理能力现代化入手,通过全面深化改革,贯彻新发展理念,构建新发展格局,把坚持党的全面领导、坚持中国特色社会主义、发展全过程人民民主落实到丰富人民精神世界、实现全体人民共同富裕、促进人与自然和谐共生的具体目标上来,满足人民日益增长的美好生活需要,推动构建人类命运共同体和人与自然生命共同体,创造人类文明新形态。在此过程中,从企业层面讲,要建立中国特色现代企业制度,推动社会主义市场经济健康发展,构建新商业文明。

---

[1] 彼得·德鲁克. 德鲁克管理思想精要[M]. 李维安,王世权,刘金岩,译. 北京:机械工业出版社,2007.

习近平总书记在哲学社会科学工作座谈会上指出:"当代中国正经历着我国历史上最为广泛而深刻的社会变革,也正进行着人类历史上最为宏大而独特的实践创新。这种前无古人的伟大实践,必将给理论创造、学术繁荣提供强大动力和广阔空间。这是一个需要理论而且一定能够产生理论的时代,这是一个需要思想而且一定能够产生思想的时代。"不过,目前管理学界对中国现代管理理论的研究和认识还停留在学者和学术层面,特别是由于多年来受西方思想的影响,不乏就事论事、片面甚至曲解的观点和文章。

其实,就管理的一般意义来说,中国既没有所谓的传统管理,也没有所谓的现代管理。中国管理是扎根于中华优秀传统文化,因地制宜、因时而异地解决现实问题而产生的管理理论和管理方式。"中国特色社会主义文化,源自中华民族五千多年文明历史所孕育的中华优秀传统文化,熔铸于党领导人民在革命、建设、改革中创造的革命文化和社会主义先进文化,植根于中国特色社会主义伟大实践。"[1]不可否认,由于具体的条件和时代的变化,中国文化的具体内容也有差别,但从本质上讲是一致的,也是一脉相承的。在此基础上产生的中国管理也是一脉相承的。

一、关于中国现代管理理论研究的时间节点和理论渊源

中国式管理从一般的角度讲本来没有过去和现代的区分,但从具体的内容和问题上讲,可以把现代管理(及管理理论)与传统的管理(及管理理论)区别开来。不过,无论如何区分,中国现代管理理论都是从中国大地上生长起来的。当然,中国文化是开放的文化,是包容的文

---

[1] 习近平《决胜全面建成小康社会 夺取新时代中国特色社会主义伟大胜利——在中国共产党第十九次全国代表大会上的报告》。

化,并不拒绝任何人、任何国家和民族的先进的思想,因此,在中国管理理论现代化的过程中,不可避免地会引进和吸收包括西方国家在内的各国管理理论的有益成分,但既不全盘照搬西方管理理论,也不搞西方管理理论的中国化。因此,如果以辛亥革命还是中华人民共和国成立,或者1978年改革开放作为中国现代管理理论研究的时间节点尚可商榷,那么说中国现代管理理论是西方管理理论的中国化就显得盲目和幼稚了。如钟冠崙等认为,中国现代管理理论是研究与阐释关于辛亥革命以来中国的管理理论形成、发展、创新、完善的过程、条件、内容、特点及其规律性的科学,是中国传统管理理论的现代化,是西方管理理论的中国化,既是中国现代化建设管理实践与理论的系统概括与归纳,也是现代国学的管理理论部分,其研究对象是中国现代化建设过程中的管理实践活动与理论;[1]张超逸等认为中国现代管理理论作为中国传统管理思想的继承与创新以及西方现代管理理论的中国化,是关于中国现代化建设的管理理念、认识与经验的概括、总结与系统化;[2]王毅武等也认为中国现代管理理论是西方现代管理理论的中国化[3]。这类观点对年轻人也产生了一定的影响,如安徽师范大学的几位研究生也认为中国现代管理理论是一门正在开拓创新与发展完善的中国传统管理思想现代化、西方现代管理理论中国化的崭新学科,是研究与阐述辛亥革命以来关于现代化建设过程中的管理思想与理论及其

---

[1] 钟冠崙,岳方明."发展新理念"与中国现代管理理论[J].河北经贸大学学报,2017,38(01):58-63.

[2] 张超逸,王永鑫."四个全面"与中国现代管理理论[J].河北经贸大学学报,2017,38(01):45-50.

[3] 王毅武.现代管理学教程[M].2版.北京:清华大学出版社,2012.

形成、发展的过程、特点与规律性的科学。[1]与这些人的观点有所不同，武建奇虽然认为中国现代管理理论的创立也是西方管理理论的中国化、中国传统管理思想的现代化、中国现代化建设过程中管理经验与理论的系统化和现代国学的重要组成部分，但也提出疑问：通常认为，现代管理学是西方舶来之学，在中国的高等院校组建管理学院和开设管理学课程或许是实行改革开放之后的事情；已有的管理学教材又往往将弗雷德里克·泰罗（美）、亨利·法约尔（法）和马克斯·韦伯（德）视为西方现代管理学的创始者；计划、组织、领导、控制成为教学内容的基本范式，一般局限于企业管理的大致范围之内，或者是微观管理理论的拓展版，或者涉及一些管理实践方面的局部性、应用性内容；中国历史悠久、博大精深的传统管理理论和辛亥革命以来，特别是中国现代化建设过程中生动活泼、颇有特色、别具风格的管理经验及其系统概括与理论总结被排斥于高校的一系列教材和课程教学之外，现代管理学领域既无"中国理论"，也没有"中国声音"，令人不解，甚是诧异！[2]

这里，我们以易勇、张越等人的论述进行深度评价。易勇认为现代管理是西方舶来品，中国现代管理内容体系经历了一个不断丰富完善的发展过程。20世纪80年代中期，中国管理从主要关注对科学技术的管理逐步转向重视工商管理，不仅关注世界新技术革命给管理带来的挑战，同时开始关注经济体制改革给各行各业管理带来的挑战。20世纪90年代，中国对科学技术的管理以及对工商业的管理达到一个新的高

---

[1] 郭肖云，谢金芳，杨柯. 关于中国现代管理理论的几点思考[J]. 中外企业家，2015（31）：56-57.

[2] 武建奇. 构建现代管理学领域的"中国理论"——兼评"中国现代管理理论"新学科[J]. 河北经贸大学学报，2015，36（01）：24-29.

度，中国管理界开始思考具有中国特色的管理学科体系。管理科学主要研究国家宏观管理层次和企业管理层次上的一些重要问题，可以分为国家长远发展问题、近期发展问题和管理科学基础问题，提出战略管理应受到高度重视。进入21世纪以来，管理深入政府部门、企业界、理论界各个领域。中国管理在科技发展、经济改革和社会建设三大要素驱动下，先后历经主要对科学技术的系统工程管理、对企业经济的工商管理后，逐步进入对社会建设的公共管理。当前，中国现代管理的内容体系正处于管理科学与工程、工商管理和公共管理三大门类齐头并进的百家争鸣"内容丛林"时代。[1]张越等人认为就学科特征而言，中国现代管理理论革新了传统管理学的研究对象与范围，其研究视野不局限于企业方面，而是以中国特色社会主义市场经济为平台延展到了政府机构与社会组织等全覆盖，将现代管理视为"第三配置方式"，注重微观研究与宏观研究相结合，着力揭示中国现代化建设过程中管理的内在联系与逻辑趋势；中国现代管理理论的研究对象是中国实现现代化的管理实践活动及其思想、理论，即对中国现代化进程的管理实践（包括管理理念、思想、理论、学说）及其规律性的归纳、概括与总结，具体而言，是对辛亥革命以来我国追求与实现现代化过程中的管理实践活动及其规律性的理论概括与总结，即研究并阐释辛亥革命以来现代化进程中的管理理念、思想、理论与学说及其产生、发展、完善的环境、条件、特点与规律性的科学。[2]从中可以看出，一方面，易勇等人对具有中国特色的现代管理和现代管理理论做了很好的总结，认为中国式管理不仅仅包括相对于企业的工商管理，更包括公共管理；但从另一方面讲，他们似乎又

---

[1] 易勇.中国现代管理内容体系研究及政策建议[J].中外企业家，2016（15）：7-9.
[2] 张越，周建波，张亚光.中国现代管理理论的学科考察与启示[J].河北经贸大学学报，2017，38（06）：42-48.

不清楚什么是管理，不知道管理是人类的一种日常活动，或者说日常行为，自从人类产生就有管理。为此，他们对中国现代管理的研究和总结是特殊和具体（只是针对20世纪80年代以来，或者辛亥革命以来）而非抽象和一般的，他们的话语体系是从西方舶来的而非中国的，他们心目中的中国现代管理理论也是西方舶来品而非中国内生物。正像我们在前面说过的，虽然管理的具体对象和内容随着人类活动内容的变化而变化，但管理的必要性、日常存在以及原理始终存在；中国过去虽然没有独立的管理学，但对管理问题的研究和总结也从来没有停止。事实上，管理成为一门学科也并不见得就是一件好事，至少迄今为止并没有发挥"好事"的作用，人类生活和生产实践的问题从来没有像现在这样多，从来没有像现在这样复杂，就说明管理学没有发挥作用，至少可以说没有很好地发挥作用。

也正是由于"使用"了西方的学术体系和话语体系，一些中国人的研究也出现了自相矛盾的情况。如张越等人认为中国现代管理理论从辛亥革命后的历史与实际出发，解析了从单极主体性哲学到多元博弈性哲学的结构性历史更迭，表明中国现代管理理论将历史唯物主义与辩证法作为自己的哲学基础与基本方法，并将以人为本、从实际出发为现代化建设服务视为中国现代管理理论的价值取向，客观、正确地体现了中国特色社会主义道路、理论体系与制度的基本要求。他们提出"中国现代管理理论是以辛亥革命以来中国管理实践、理念、理论及规律性为研究对象的新学科，既是中国传统管理思想的继承与发扬，也是西方管理思想的借鉴与改造，同时又是中国现代化建设管理经验的概括、总结与升华和现代国学的管理理论部分"，但在同一篇文章的后面又提出"中国现代管理理论的主体是研究中华人民共和国成立以来管理实践与理论及其规律的科学，重点探求中华人民共和国成立以来现代化建设过程中的管理行为、理念及其内在逻辑性。具体而言，新时期的中国现代管理理论主要研究管理主体以市场经济为平台，协调社会各方利益，有效组织和运用各种资源，采取计划、组织、协调、控制等方式在我国现代化建设过程中所从事的管理活动及其内在规律性"[1]。其中的问题一目了然，一是时间段不统一，前面认为是"从辛亥革命后""辛亥革命以来"，后面认为是"中华人民共和国成立以来"；二是前面提出"是中国传统管理思想的继承和发扬"，后面"忘记"了中国的传统；三是前面明确提出"是西方管理思想的借鉴和改造"，但在后面则直接采用了西方的理论和方法。

二、关于中国现代管理理论的几个基本问题

中国现代管理理论的宗旨与目的是什么？这是首先要解决和回答的问题。正像我们在前面所说的，管理的目标有多个层次，相应地，管理学的目标也有多个层次。最初级的目标是统一行动完成组织任务；中级的目标是提升每一个成员的认识，把大家的思想统一到组织目标上来；但最终目标则是助力实现人的全面和可持续发展。康星华等人认为中国现代管理理论作为现代管理理论的新领域，随着党的十八大以来一系列新思想、新理论的推出而日趋丰富与完善。"第三个解放"即解放与增强社会活力，既是中国现代化建设的强大动力，也是现代管理的重要理论创新。解放、激活、呵护和创新社会活力，不仅是中国现代管理理论的目的与宗旨，而且社会活力的解放、激活、呵护和创新表明现代管理的中国化与科学化，是实现中华民族伟大复兴"两个一百年"奋斗目标

---

[1] 张越，周建波，张亚光. 中国现代管理理论的学科考察与启示 [J]. 河北经贸大学学报，2017，38（06）：42-48.

的动力源。[1]这种认识和说法有着明显的问题，因为到底什么是社会活力，社会活力的方向是什么，康星华既没有阐述清楚，也没有说明其与"以中国式现代化全面推进中华民族伟大复兴"和"实现人的全面、可持续发展"的关系。也许有人会说这里的"社会活力"是在当时的语境中提出的，有着既定的内容，不需要再做探讨和阐述。即便如此，无论如何，把"社会活力"作为宗旨和目的都是"前所未有"的。《大学》讲"大学之道，在明明德，在亲民，在止于至善"，《周易》开篇讲"天行健，君子以自强不息；地势坤，君子以厚德载物"，这里的"亲民"（即"新民"）和"自强不息"包含着不断创新、不断进取的社会活力，但这不是最终目的，最终目的是"止于至善"，也就是全面和可持续发展。事实上，无论哪一个"解放"，首先都要解放思想，改变和提高认识水平。显然，单单一个"解放和增强社会活力"不足以构成中国现代管理理论的宗旨和目的。卫彦琦等人认为"治理现代化"是党的十八届三中全会的重要理论创新，也是中国现代管理理论新学科的实质性内容。"治理现代化"不仅是中国现代管理理论的宗旨与实质，是其理论形式和实现方式，而且上升到了"完善和发展中国特色社会主义制度"的战略高度，成为全面深化改革的总目标的重要构成内容。[2]这一观点也有待商榷。治理现代化是动态演变过程和理想目标状态的统一体，而不是就"一般"情况而讲的。中国现代管理理论不是关于中国现代化的管理理论，也不是关于中国现代的管理理论，而是中国管理理论的现代

---

[1] 康星华,郭静如."第三个解放"与中国现代管理理论［J］.河北经贸大学学报，2017，38（01）：51-57.

[2] 卫彦琦,王永鑫."治理现代化"与中国现代管理理论[J].河北经贸大学学报,2016,37(01):55-60.

化,是运用中国管理理论解决人类管理问题的一般性理论。因此,其宗旨和目标只能是助力实现人类的全面和可持续发展,而不是具体的某一方面。

关于中国现代管理理论的主线。我们知道,主线是贯穿始终的主题,是统筹各方的灵魂。中国文化是关于人的文化,中国现代管理理论也必然是关于人的管理理论。因此,中国现代管理理论的主线是民生与发展,"发展新理念"正是改善与提升民生的基本追求与科学发展的理论诉求,是中国现代管理理论对于经济社会发展的理论愿景。[1]中国现代管理理论以现代化建设及其管理实践为基础,将理论主线归结为"民生与发展",这一理论主线既是中国现代化建设宗旨与主题的反映与升华,是中国特色现代管理理论的起点与归宿、特点与过程、目的与运行的逻辑归结;同时也与中国的基本国情相一致,与中国特色哲学社会科学发展的基本要求相一致,与中国现代化建设的主旨与主题相一致,与富民强国、尽快实现中华民族伟大复兴相一致。[2]

关于中国现代管理理论的基本任务。这本来是与其宗旨和目的相一致的,但目前一些人把两者分隔开来进行阐述。如钟冠崙等认为中国现代管理理论的基本任务包括:探索与把握中国现代化建设中现代管理实践与活动的内在规律,推进管理理论的中国化;提高管理绩效,实现科学发展要求;服务经济与社会发展,促进中国特色社会主义市场经济建

---

[1] 钟冠崙,岳方明."发展新理念"与中国现代管理理论[J].河北经贸大学学报,2017,38(01):58-63.
[2] 张越,周建波,张亚光.中国现代管理理论的学科考察与启示[J].河北经贸大学学报,2017,38(06):42-48.

设；提升现代化管理水平，构建和谐社会。[1]张越等也认为中国现代管理理论的研究任务在于探索中国式管理科学的内在规律，推进中国传统管理思想的现代化与西方现代管理理论的中国化，同时，实现科学发展要求，提高管理绩效，并在服务经济社会发展、促进中国现代化建设的同时提升各层面、各方面、各环节的管理质量与水平，构建和谐社会。简言之，中国现代管理理论的研究任务在于认识规律、提高效率、促进发展、服务社会。[2]这种叙述从字面上看没有什么问题，但从中华优秀传统文化的角度看，则显得过于狭隘，缺乏中国特色、中国风格和中国气派。因为正如我们前面说明的，中国现代管理理论不仅仅是对中国管理经验和管理规律的总结，而是对人类发展做出的贡献，因此，其揭示的不是中国的管理规律，而是包括中国在内的世界各国的管理规律，构建的是人类文明新形态。

关于中国现代管理理论的核心范畴。范畴是最高级的概念，是人们思维对客观事物本质的概括的体现，涉及对事物本质的理解和分类。中国现代管理理论的核心范畴涉及中国现代管理学的构建和完善，反映中国特色社会主义文化在管理领域的应用，是中国特色哲学社会科学学科体系、学术体系和话语体系的重要组成部分，需要长期的探索和总结。一些学者提出将科学化作为中国现代管理理论的核心范畴，包括管理理论科学化和管理实践科学化[3]，认为"科学化"一方面是对于中国现

---

[1] 钟冠崙,岳方明."发展新理念"与中国现代管理理论[J].河北经贸大学学报,2017,38(01):58-63.

[2] 张越,周建波,张亚光.中国现代管理理论的学科考察与启示[J].河北经贸大学学报,2017,38（06）:42-48.

[3] 钟冠崙,岳方明."发展新理念"与中国现代管理理论[J].河北经贸大学学报,2017,38(01):58-63.

代化建设管理实践的基本要求,另一方面是对于中国现代管理理论的本质要求[1],这显然有些想当然,很不严谨。一般来讲,一门学科的基本范畴应该是其独有的、基本的,甚至区别于其他学科的特殊概念,既不应该是一个一般性的概念,也不应该是一个统一的"公理"。这里我们且不谈科学化是否正确,仅就"科学化"本身来讲,其作为西方各学科的一个基本原则和特征,不可能,也不应该成为管理学的基本范畴。试问,在西方的学科体系中,哪一门学科不需要科学化?科学化又如何代表管理学的独特性呢?

关于中国现代管理理论的研究方法。虽然有学者提出从总体看是辩证唯物主义和历史唯物主义[2],但又有学者提出因受中国现代管理理论的研究对象和任务决定,在运用上述根本方法坚持实事求是、客观、全面、系统、深入地分析和研究中国现代管理理论的相关问题时,又有若干具体形式如对比法、过程法等,要从一般逻辑说明与实证分析到以规范研究为主,重视量化分析与案例方法,综合经济学、管理学、心理学和行政学等学科的适合、有效方法,特别是对于系统法与过程法的阐释与运用别具一格。[3]显然,这与我们前面所说的中国传统文化的方法一元论是有着根本区别的,特别是所谓的实证研究、量化分析,深受西方"科学化"的影响,因缺少素材积累和理论造诣,千篇一律地搞假说提出、实证分析、结论总结,不仅在形式上看不出彼此,在内容上也

---

[1] 张越,周建波,张亚光.中国现代管理理论的学科考察与启示[J].河北经贸大学学报,2017,38(06):42-48.

[2] 钟冠崙,岳方明."发展新理念"与中国现代管理理论[J].河北经贸大学学报,2017,38(01):58-63.

[3] 张越,周建波,张亚光.中国现代管理理论的学科考察与启示[J].河北经贸大学学报,2017,38(06):42-48.

是一"模"所生；不仅不能反映和揭示纷繁复杂的物质世界和人类社会运行和变化的机制与规律，反而把相关性分析变成了因果分析；不仅没有解决问题，反而使管理问题越来越复杂。这既是忘记了初心而不得始终，也是吃人"嚼食"而不得营养，还是脱离现实而不得实用。

三、关于中国现代管理理论研究的主要内容

中国现代管理理论区别于西方之处在于其是为了实现人的全面和可持续发展而构建的管理理论。由于人的发展不仅是个人的事情，也是整个社会和国家的事情，甚至还是整个人类的事情，为此，中国现代管理理论围绕着如何发展人这一主题，从宏观、中观和微观各个层面展开研讨，助推中华人民共和国成立以来中国经济持续高速发展奇迹的产生。"中国特色社会主义进入新时代，意味着近代以来久经磨难的中华民族迎来了从站起来、富起来到强起来的伟大飞跃，迎来了实现中华民族伟大复兴的光明前景；意味着科学社会主义在二十一世纪的中国焕发出强大生机活力，在世界上高高举起了中国特色社会主义伟大旗帜；意味着中国特色社会主义道路、理论、制度、文化不断发展，拓展了发展中国家走向现代化的途径，给世界上那些既希望加快发展又希望保持自身独立性的国家和民族提供了全新选择，为解决人类问题贡献了中国智慧和中国方案。"[1]

关于国家治理方面的研究。随着习近平新时代中国特色社会主义思想的确立和学习传播，学者们围绕着国家治理体系和治理能力现代化的问题进行了多角度的探讨。从整体看，这些探讨确实在一定程度上推动

---

[1] 习近平《决胜全面建成小康社会 夺取新时代中国特色社会主义伟大胜利——在中国共产党第十九次全国代表大会上的报告》。

了中国现代管理理论的探索和总结。如康星华等从中国现代管理理论的目的与宗旨角度进行研究，认为"第三个解放"即解放与增强社会活力，既是中国现代化建设的强大动力，也是现代管理的重要理论创新。解放、激活、呵护和创新社会活力，不仅是中国现代管理理论的目的与宗旨，而且社会活力的解放、激活、呵护和创新表明现代管理的中国化与科学化，是实现中华民族伟大复兴和"两个一百年"奋斗目标的动力源。[1]钟冠崙等人从新发展理念重要作用的角度进行研究，认为"发展新理念"具有很强的求是性、集群性、统领性、切实性、具体性；中国现代管理理论是"发展新理念"的理论体现与现实愿景，也是关于经济社会发展的逻辑要求与理论归结。[2]张超逸等人从"四个全面"战略布局角度进行研究，提出中国现代管理理论作为中国传统管理思想的继承与创新以及西方现代管理理论的中国化，是关于中国现代化建设的管理理念、认识与经验的概括、总结与系统化，与"四个全面"战略布局密切相关、相辅相成。他们认为"四个全面"是中国现代管理理论学科建设的战略规划，中国现代管理理论是"四个全面"战略布局的切实体现。[3]王毅武等从"五位一体"总体布局角度进行阐述，提出中国现代管理理论作为研究我国现代管理理论形成、发展、创新的新学科，其内容应包括政治、经济、文化、社会、生态等各方面的管理及其理论。他们认为将"生态管理"纳入中国现代管理及其理论的研究范围，是对于

---

[1] 康星华,郭静如."第三个解放"与中国现代管理理论[J].河北经贸大学学报,2017,38(01)：51-57.

[2] 钟冠崙,岳方明."发展新理念"与中国现代管理理论[J].河北经贸大学学报,2017,38(01)：58-63.

[3] 张超逸,王永鑫."四个全面"与中国现代管理理论[J].河北经贸大学学报,2017,38(01)：45-50.

中国现代管理理论的重要补充与创新，对于中国特色社会主义伟大事业的开拓和提升有重要意义。[1]卫彦琦等人直面"治理现代化"的问题，提出"治理现代化"是党的十八届三中全会的重要理论创新，也是中国现代管理理论新学科的实质性内容。"治理现代化"是中国现代管理理论的宗旨与实质，是其理论形式和实现方式。深刻理解中国现代管理理论的实质内容有助于客观认识和把握中国现代化建设及其管理的实践意义，有助于深化并提升治理现代化理论层面的设计，有助于推进并落实"四个全面"战略布局。[2]此外，钟冠崙、方金燕论述了市场的决定性作用，认为"市场决定性"作为中国现代管理理论的运行平台与基本规则，是中国现实国情、实现现代化建设的客观要求及中国现代管理理论的内在逻辑共同作用的结果。"市场决定性"为中国现代管理理论新学科的创建与发展提供历史背景、基本环境与运行平台，使得中国现代管理理论的实现形式呈现出与"市场决定性"相一致的客观性、适合性、规范性与科学性。[3]

在企业管理方面，张越等论述了管理与生产力的关系，认为理论与实践都证明，管理是重要的生产力，现代管理理论对于中国现代化建设绝对不可或缺。中国现代管理理论的研究依托更开放的学术视野和更广阔的社会平台，兼收并蓄、批判承启、开拓创新、与时俱进，既借鉴西方相关理论的有益成分，又充分汲取其教训，既容纳国内多种认识与意

---

[1] 王毅武,燕云."五位一体"与中国现代管理理论[J].河北经贸大学学报,2017,38(01):37-44.

[2] 卫彦琦,王永鑫."治理现代化"与中国现代管理理论[J].河北经贸大学学报,2016,37(01):55-60.

[3] 钟冠崙,方金燕."市场决定性"与中国现代管理理论[J].河北经贸大学学报,2016,37(01):49-54.

见，又伸张正义与支持正能量，从而把中国现代管理理论的学科发展建立在客观、全面、充分、科学的学术交流与讨论的基础之上，使其研究成果能够更好地为现代化建设与中国特色社会主义市场经济服务。[1]陈祥敏、朱蓉等从配置的机理与功能角度阐述了中国现代管理理论的问题。他们认为，现代管理理论对于"计划、组织、领导与控制"职能与机理的阐释构成其理论层次，而其具体功能与践行过程实现则为其实践层次，处于职能理论层次与管理实践层次之间的"战略与决策、配置与协调"则组合并构成其传导层次，从而形成了中国现代管理理论的"三层次论"。具体而言，中国现代管理理论的传导层次又可进一步划分为第一传导层面"战略与决策"与第二传导层面"配置与协调"，即管理职能理论通过"传递、导入等管理行为过渡到实现具体组织目标的衔接性功能、机制与程序，体现为衔接、导向、有序、系统的动态性管理行为与管理过程"的理论。在现代市场经济条件下，配置既是管理的重要行为，是管理过程中的基本内容、方面与环节，也是管理传导理论的基本内容，与协调共同构成对第一传导层次"战略与决策"的贯彻与实施。以往的管理学理论中并无配置概念，作为中国现代管理理论基本内容的配置是依据组织目标实现资源与要素基本配备与组合的行为与过程。"适合、有效与最优"是现代管理资源配置遵循的基本原则，这既是资源有限性的必然，也是由资源使用的有效性决定的，否则，"用日益减少的资源最有效地满足日益增长的人类物质需求目标"是不可能的。配置意为配备与设置。作为各种配置行为与功能的重要内容与方面的资源配置，一般是指在资源数量已知或确定的情况下，怎样合适、有

---

[1] 张越，周建波，张亚光.中国现代管理理论的学科考察与启示［J］.河北经贸大学学报，2017，38（06）：42-48.

效地把有限的人财物力以及技术与信息等资源投向相关方面,以实现效率、效益最大化,从而使得组织能够稳定、协调和持续发展。作为配置对象的资源,其范围宽窄、数量多寡直接影响配置的深度和广度。有限的资源与日益增长的人们的需求是一对矛盾,为实现社会效益最佳,要求人们基于效率、效益最佳原则对各种资源在不同使用方向与获益之间进行选择,以得到相对最优的抉择结果。[1]

在这里,我们不否认这些探讨的意义,但也需要深究这些阐述的准确性。第一,管理是生产力吗?前些年曾喊出"关系也是生产力"的口号,与此相类似,管理作为处理和协调关系的一种活动,到底属于生产力还是生产关系,这是需要弄清楚的。否则,这种似是而非、似非而是的说法,不仅不能把问题说清楚,不能把人心条理化,反而会使事情复杂化,把理论混乱化。实际上,造成这种情况的原因就在于没有按照一元论的观点和方法分析和解决问题。按理说,无须讨论,关系就是关系,属于生产关系的范畴;管理作为一种建立和落实规则的实践,属于上层建筑(制度)的范畴。但实际上,如果用生产力、生产关系(经济基础)、上层建筑的矛盾运动原理去分析,就会出现在强调生产力时,一切都是生产力;在强调生产关系时,所有都可归结为生产关系;在强调上层建筑时,所有的又都归结为上层建筑。而如果我们按照一元论的观点和方法来看待和处理,所有这些都是人的问题,从认识的角度讲是生产力问题,从关系的角度讲是生产关系问题,从规则的角度讲是上层建筑问题。实际上我们这里并不是要讨论管理是不是生产力的问题,而是要说明管理本身并不天然具有分明的生产力属性或生产关系属性,而

---

[1] 陈祥敏,朱蓉. 中国现代管理理论的配置机理与功能 [J]. 河北经贸大学学报,2017,38(06):34-41.

可能是兼具二者。[1]第二，现代管理理论是如何对理论层次与实践层次进行区分的，所谓的"理论层次"的计划、组织、领导与控制要做什么？所谓的"实践层次"具体功能与践行过程又是指什么和做什么？在这两个层次之间又是如何插入了"战略与决策、配置与协调"？这好像很荒谬，又好像很"创新"。一方面，理论与实践如何在"实践"中区分并严格分割开来？这既可能是现实的反映，更可能是对现实的误导：一些研究理论的人不管实践落实，一些负责落实的人不考虑和寻求理论的指导。那是不是意味着理论研究脱离实践而闭门造车，实践落实脱离理论而"胡打乱撞"？另一方面，如果没有"战略与决策"，又"计划"什么？如何"计划"？如果没有"配置与协调"，又"组织、领导与控制"什么？如何"组织、领导与控制"？显然，管理学不同于现实的工业生产：工业生产可以分成多个工序，进而分割为多个生产单位（企业），形成一个完整的供应链和价值链，在这个链条上，每一个环节和单位只负责其中一个方面的工作；但管理不同，我们既不可能让一个或一部分人只管决策而不管落实，也很难让一个或一部分人只管落实而不参与决策——事实上，虽然目前把决策与落实分开，但实际上只不过是把某些决策与某些落实分开，现实中的决策随时需要，落实也随时需要，甚至可以说决策就是落实的一种形式，落实也是决策的一种形式，没有纯粹的决策，也没有纯粹的落实。此外，虽然一些学者"敏锐"地意识到了用日益减少的资源满足日益增长的物质需求是不可能的，但就是没有考虑如何解决这个问题，就是没有反思过去的增长模式是不是存在问题和存在什么样的问题，就是"没有从历史中学到任何教训"，反

---

[1] 冯彦明. 对西方区域经济发展理论的思考——兼谈实现经济可持续发展的中国思路[J]. 财经理论研究，2020（01）：1-10.

而是继续开着无头的列车前行。这就是对中华优秀传统文化的忽略和忽略的结果。

第四节　关于传统文化与现代管理的研究

正如第二次世界大战之后德国（联邦德国，即西德）、日本由于创造了经济起飞的奇迹而被广泛研究一样，随着中国实行改革开放政策以来经济持续增长，GDP 占全球比重在短短四十余年的时间内从约 1.8%、第 11 位（1978 年）上升到 18% 和第 2 位（2023 年），也引起了国内外专家学者的密切关注。国外学者大都把投资、消费和出口称为拉动经济（GDP）增长的"三驾马车"，但实际上，仅仅用投资、消费、出口来分析和解释经济发展的动力和原因，显然是思维的局限和方法的错误，没有看到生产力、生产关系和上层建筑相互作用这一根本原因。从根本上讲，投资、消费和出口的增长首先是经济发展的结果，是生产力、生产关系和上层建筑共同和相互作用的结果，然后才可能是经济发展的原因，否则就无法解释发展中国家发展滞后、投资缺乏、消费不足、出口无力的原因。其实，投资、消费和净出口只是核算 GDP 的一种方法，既不是 GDP 增长的目的，也不是 GDP 增长的源泉，表现在投资、消费和净出口上的数字结构体现了 GDP 的"落地"结构、"去向"结构、"结果"结构，而非"源泉"结构。因此，用这三者核算 GDP 的数值是可以的、可行的，但以三者作为拉动 GDP 的"三驾马车"就不是十分合理。[1] 与此相对比，虽然国内一些学者也由于受西方经济学的影响而

---

[1] 冯彦明. 中国经济发展的经验与引擎研究 [J]. 区域经济评论，2019（01）：57-68.

做错解释、开错处方,但也有一些人从中国文化的角度进行阐释,特别是从中国传统文化角度解析企业管理,取得了一些进展。

一、中国传统文化与作用定位

对于什么是中国的传统文化,确实存在着误解。我们所说的中国传统文化是指以以四书五经为代表的儒家、以《道德经》为代表的道家为本源,以释家为发展的儒道释文化。这既不同于民间的迷信,也不同于通常所说的封建文化,更不同于各说各理的私人文化。正如佛法修学的四个准则"依法不依人,依义不依语,依智不依识,依了义不依不了义"所表明的,学习、解读中国传统文化既不能靠"为我所用"或"偏知偏解",也不能靠道听途说或鹦鹉学舌,更不能被西方的话语体系所迷惑,而必须通过"学习"[1]经典,通过放下自我的知行合一,也就是诚意正心,才能了解和通达,才能获得修身齐家治国平天下之效果。所谓"说食"不能饱,悟后才算修,而"迷信"既包括"迷"而"信",也包括"迷"而"不信"。

齐善鸿、李宽、孙继哲对当前存在的一些误解和误用做了很好的分析和评述。他们认为当前中国的经济发展虽然取得了相当突出的成绩,但经济发展和文化发展却存在着不均衡的现象。一方面,在资本的驱动下,企业的管理者可能更追求企业经济效益的最大化。在该目标的驱动下,员工会变成企业赚钱的工具,企业也只会计算员工带来的经济收益,而根本不会考虑员工对尊重、成长和人文关怀等精神方面的需求等。很显然,这种做法基本上将作为生命体的员工个体变成了工具。另一

---

[1] 此处之"学习"是"学而时习之,不亦说乎"的意思,不同于现在所存在的"学而未习,不亦苦乎"。关键是要体会到"习"的含义:不是复习,不是温习,而是体验,是实践。

方面，现实中一些企业一边提倡传统文化，一边却仍在运用科学管理的有关工具来进行管理，出现了文化与管理"两张皮"的现象。当前阶段，大部分企业家还是在思量如何把企业做得更大，将钱赚得更多，对于这些企业家来说，文化也只是辅助企业增加经济收益的工具和手段而已。由此，企业在进行文化建设时，往往是在已有一大堆管理规矩的基础上又提出了一系列的思想规矩，并强迫员工识记和遵守。毫无疑问，这是在对人们进行行为控制的基础上，又加上了一系列思想的控制。在经济先进、文化落后的错位模式下，产生了很多社会问题，近些年来从食品行业的某些"毒食品"，到金融行业的"毒产品"，再到不惜伤害人居环境为自己牟利的"毒企业"，都是例证。这些问题的存在，究其根本，还在于人的思想、价值观等方面出现了偏差，从而走到一个错误的方向——唯利是图，以满足一己私利为第一要务。在这样的状况下，重视文化对人思想和心智的引领性作用已成当务之急。此外，那些没有理解文化的管理者在推进企业文化建设时，往往会把文化变成一种行政式的命令和权威式的压制，于是文化又被扭曲成为一种对人们思想的"软性强制"，而这样一种建设文化的方式根本无法赢得人心，更难以完成帮助生命成长的使命。[1]石萍萍通过研究发现，在经济发展的同时，人们对于公平、平等、正义、诚信等传统的道德规范已经有所遗忘，甚至出于经济目的做出道德失范行为，因此经济发展也需要从传统文化中获得启示，只有坚持诚信为本，坚持公平正义，市场经济才能持续发展。她认为中国传统文化富有人文精神和时代感召力，中华文化所体现出来的精神正是中华民族精神，自强不息、厚德载物的文化思想正是中华民族屹立于世界民族之

---

[1] 齐善鸿，李宽，孙继哲. 传统文化与现代管理融合探究[J]. 管理学报，2018，15（05）：633-642.

林的关键要义。她注意到现代管理思想中比较注重人的作用,重视发挥人的主观能动性,这一点在我国传统文化思想中就有体现;同时,为有效地实施人本管理,也应从传统文化之中汲取养料。[1]

显然,在这里,泛泛地谈文化的作用是不足的,因为很多问题的出现恰恰是西方文化作用的结果。因此,我们不仅要看到文化的作用,更重要的是要看到中华优秀传统文化的矫正和塑造作用。石萍萍认为中国传统文化是中华民族经过几千年发展创造出来的民族精神,对于人类文明发展具有深刻影响。中国传统文化蕴含丰富的管理思想,如诚信、仁义、中和、法治等,这些朴素的管理思想虽然形成于封建社会制度下,是对社会经济发展的理论概括,但其所蕴含的思想精髓仍具有普遍借鉴意义。当代中国现有的文化体系都是对传统文化的继承和创新,都具有中国传统文化的影子,中国传统文化体系勃兴,也就是中国传统文化与时代发展相结合,实现文化传统应有的价值体现。[2]齐善鸿等认为中华优秀传统文化能够为人们提供一个文明的标尺,来重新审视自己企业所存在的漏洞和系统的缺陷,有助于人们将自己的人生理想变成组织的有机系统。中华优秀传统文化当中智慧的闪光点完全可以组合成一个系统,变成审视现实管理系统的一把尺子。没有尺子就不知长短,不知长短,长处可能丢失,短处也可能放大;或者短处发生了作用,却把长处的效果完全抵消。由此,中华优秀传统文化的作用和价值是不言而喻的。[3]

---

[1] 石萍萍.传统文化的勃兴与现代管理思想的变革[J].人民论坛,2017(20):138-139.
[2] 石萍萍.传统文化的勃兴与现代管理思想的变革[J].人民论坛,2017(20):138-139.
[3] 齐善鸿,李宽,孙继哲.传统文化与现代管理融合探究[J].管理学报,2018,15(05):633-642.

二、中国传统文化与管理的关系

在管理学领域，关于传统文化与管理关系的探讨由来已久，虽然很难达成共识，但对传统文化在管理中的作用却无一不赞。

赖永海对传统智慧与现代管理的关系问题做了较深入的探讨，认为从某种意义上说，现代管理理论是传统的管理思想在现当代条件下的延续与发展，而传统管理理论之所以必须并且能够向现代管理理论转变，既有生产力、生产方式乃至整个社会条件变化的原因，也常常借助于某种传统思想资源而实现。第一，儒家"人学"曾经助力近现代管理思想的转型。在东方，日本的企业家率先提出一种"以人为中心的经营文化"，日本松下电器公司的创始人松下幸之助有一句至理名言，即"事业在人"，他公开提出，松下公司"既生产人，也生产机器"，他认为，"就事业经营而言，最重要的首先是寻求人才，培养人才"。松下幸之助的这一番话，反映了一种被称作日本的经营文化的基本精神。所谓日本的经营文化，是由日本的乡田浩平提出的。他在对日本经营方式与欧美经营方式进行比较后指出："日本的经营文化以人为中心，而欧美的经营是以机器和合同为核心。"从日本把美国的科学经营作为学习对象，到后来日本的经营管理模式成为欧美经营管理者的学习目标，他认为促成这一转变的最主要原因，是日本的以人为中心的经营管理方式优于当时注重机器和合同的欧美的传统经营管理模式。有一种现象十分耐人寻味，在当时的日本，有许多企业或单位的成员常常以"我家"来表示自己的工作单位或公司，用"你家"表示对方的工作单位或公司。这种称呼往往不仅具有比喻的意义，而且具有实际的意义，如果所有成员都能把自己所属的单位视为自己的家，大家都能够做到亲如一家、患难与共，对于企业或公司在各种条件下的生存和发展都将发挥至关重要的作用。日本企业的这种颇具家族主义的特点，与中国儒家思想注重家庭、家族的观念不无关系，实际上，这种家族主义的组织形式，在相当程度上是改造儒家以血缘关系为纽带的宗法管理制度的结果。正如日本著名社会学家中根千叶所指出的："在日本，通常被看作重要和基本的人类情感的血亲关系，似乎已经被工作集团里的人伦关系所取代。这种人伦关系包含了社会生活与经济生活的各重大方面。"

第二，东方传统智慧曾经提升了现代企业的经营管理水平。就对人的管理而言，有一个不断变化发展（或者说"深化"）的过程。如果说松下幸之助的具有人本主义倾向的管理理论和梅奥的人际关系理论等，主要从调整人际关系乃至人与企业的关系方面去提升员工的工作热情和积极性、主动性，进而提升生产效率，那么具有佛家思想倾向的稻盛和夫，则更为强调心智和思维方式在管理中的重要作用，进而打开了一扇从传统的心法智慧中寻找思想资源的大门。稻盛和夫选拔人才的标准，道德是最重要的，也就是人格第一，勇气第二，能力第三。在经营理念上，则强调利他之心。他认为，利他之心表面上看是为对方着想，似乎伤害了自己的利益，但往往会带来意想不到的成果。实际上利他主义是长远的利己行为，这是经济学的铁律之一。稻盛和夫的管理哲学还有一点非常值得深入关注，就是他十分强调心智在企业管理中的作用，他在实践中摸索出了一个创造力方程式：工作的结果 = 能力 × 热情 × 思维方式。所谓能力，是指才能或智能等先天的资质；所谓热情，是指努力的意愿或热心等后天的情绪；所谓思维方式，是指哲学、思想、价值观等生活的姿态和人格因素。在三者之中，稻盛和夫特别注重思维方式的作用，认为能力和热情的作用表现为 0 分到 100 分的区别，但是思维方式的作用则有负 100 分到正 100 分的区别。对于管理理论，人们通常把它局限于企业的经营管理，实际上，广义的管理理论应当包括对人类社会活动的管理，其中就涵盖社会治理。社会活动的主体是人，因此在相当程度上可把社会治理归结为对人的管理。[1]

　　习近平总书记在党的十九大报告中指出："文化是一个国家、一个民族的灵魂。"不言而喻，文化也是管理之魂，中华优秀传统文化正是中国现代管理和中国现代管理理论之根。管理不仅需要文化灵魂的指导，实际上也是文化的再现和实践，管理促进和实现了文化的传承和创新，因此，管理本身就是一种文化。齐善鸿等也认为管理作为由人的意志所驱动的行为，本身就属于文化的范畴，换言之，管理本身就是一种文化。他说，人的思想、价值观、素养、思维方式决定着管理的形态。即便是掌握着相同管理知识的管理者也会因为各自文化的不同而形成不同的管理风格与模式，并得到不同的结果。形成于2500年前的中华优秀传统文化承载着中华民族至高的精神追求和优良的道德传统，是中华民族的根脉所在，深刻地影响着中国人的价值观、思维方式、个人素养以及行为模式等。换言之，中华优秀传统文化孕育出来的管理，必然带有中华优秀传统文化的特色和独有的价值。对于管理研究者而言，如果不能正确地看待管理这样一种特殊的文化现象中所蕴含的特殊的文化规律，仅仅是把管理视作一系列的技术过程，就会背离管理所蕴含的文化特质，从而一味地加强管理技术和管理手段的管控，以致制造出人间更多的对立、矛盾与冲突。管理本身就是人类的一种特殊的文化现象，管理本身天然具有文化属性。[2] 由此，齐善鸿等提出必须用文化的方式去建设文化，激发人性中的优点，放大人的美德，并使人人都能够审视和管束自身的弱点，让人人成为文化管理的主体。这样的文化才能使每个鲜活的生命变成优秀的人——君子、贤人、圣人，这就是基于文化规

---

[1] 赖永海. 传统智慧与现代管理[J]. 阅江学刊，2022，14（01）：15-18，171.
[2] 齐善鸿，李宽，孙继哲. 传统文化与现代管理融合探究[J]. 管理学报，2018，15（05）：633-642.

律的对文化的管理，也是管理的文化。也许这才是人们所追求的文化的智慧和管理的文明——真正的文化和真正的管理。文化的核心规律就是尊重每一个生命，而不是强迫大家去学习和相信某一种文化。需要指出的是，人们必须明白在文化与管理的结合过程中，是用优秀文化升级企业中人的人生理念、思维方式，进而优化每一个人的行为方式，形成一套集体的思想与行动体系。尤其要注意的是，文化不能光说不做，也不能说一套做一套，真正把文化落实到人的身上，就是要完成人的理念、思维方式、行为、结果，以及对结果的态度完整循环的优化和螺旋式上升。[1]

　　道家的哲学智慧，尤其是道家提出的无为思想，对于现代社会中的各种管理工作效率的提高有很多值得借鉴的地方。目前很多人对道家与现代管理的关系的研究集中在无为而治上，不过，由于这些研究并不是在无我基础上的体悟，而是用西方所谓的科学方法，通过综述文献，结合自己的一点想法而得出结论，因此在很多情况下都远离其本义。如黄信阳研究了《道德经》与现代管理的关系，认为老子揭示的道的根本法则是"道常无为而无不为"，其目的则是"无不为""民自化"。他虽然提出老子无为思想要求管理者在思想观念上持无执态度，这种无执态度绝非无所用心、懒惰懈怠、消极等待[2]，但他并不知道无为实际上是"无我"，即所谓的"圣人为腹不为目"（《道德经》第12章），无为即不执着，无不为即不逃避，行动上无为而心理和欲望上无欲无求。这并不是黄信阳所认为的"管理者防止不顾客观实际、单凭主观意志想问题办事情的虚妄态度"。实际上，在老子看来，并不是"矛盾法则及其各

---

[1] 齐善鸿，李宽，孙继哲. 传统文化与现代管理融合探究[J]. 管理学报，2018，15（05）：633-642.

[2] 黄信阳.《道德经》与现代管理[J]. 国学，2014（01）：21-23.

种反理现象昭示，主观意志越是强执于某种事情越难成功，主观上淡然待之反易成功"，而是做与不做，没有成与不成。老子也并不认为有一个实在的"自然"存在，只是说"道法自然"，亦即道的法则是自然存在的，因而是客观存在和不以人的意志为转移的，因而并没有要求"顺应人的自然本性，保障人类自然存在、自由生活的权利，使国家社会和谐有序"，而是主张通过"常无欲以观其妙"和"常有欲以观其徼"而发现道，并使自己的思想、认识和行为符合道。

李艳婷研究了《老子》"三宝"思想对现代管理的启示。她引用《老子》中的话："天下皆谓我道大，似不肖……我有三宝，持而保之：一曰慈，二曰俭，三曰不敢为天下先。慈，故能勇；俭，故能广；不敢为天下先，故能成器长。""慈"是仁民爱物的管理品格，"俭"是抱朴守真的管理人格，"不敢为天下先"是无为而治的管理原则。李艳婷虽然提出无为的真正含义并不是完全的、彻底的无所作为，也不是要人们无所事事，更不是主张懒汉哲学，但她认为是要"为"得少一些，不要违反自然任意地"为"。[1] 孟季娟认为要做到无为有两条很重要，一是贵柔，二是处下。无为思想对现代管理的启示，一是管理者要"有所为，有所不为"，二是管理者要学会处下。[2] 这种解释几乎没有任何现实意义，因为到底什么是该有所为的，什么又是该有所不为的，通过这些解释显然很难实用。正如戴国良所说：老子无为而治的管理思想蕴含着精妙的管理智慧，但由于管理思想不是即学即用的具体管理工具，且长期以来中国传统管理思想重道轻术，甚至标榜有道无术，因此无为而治的管理思想虽为许多领导干部、管理人士奉为圭臬，却在实践

---

[1] 李艳婷.《老子》"三宝"思想对现代管理的启示[J].领导科学，2014（26）：52-53.
[2] 孟季娟.道家的"无为"思想及其在现代管理中的启示作用[J].管理观察，2013（28）：102-103.

中因为缺乏可操作性而不能很好地实行。[1]此外，这种解释也是误解了老子的思想和言辞。在老子看来，不存在多为还是少为的问题，是该为与不该为的问题，该为则为，不该为则不为，该与不该不是个人的选择和取舍，而是尊道养德的要求和必然。此外，慈为"兹心"，与"悲"的"非心"相对相应，无不为，故能勇。俭为不取，既是收敛又是节俭，惠顾天下，故能广。不论是慈还是俭，都是从世间的表现来说的，"不敢为天下先"亦是如此，既有"慈"和"俭"，就不可能"争"而"费"，当然也就不可能争强好胜，这里没有"人怕出名猪怕壮"之"怕"，只有尊道养德之行，故能成就"不器"之优势。正如《道德经》所讲："天下皆知美之为美，斯恶已；皆知善之为善，斯不善已。有无相生，难易相成，长短相形，高下相盈，音声相和，前后相随，恒也。是以圣人处无为之事，行不言之教；万物作而弗始，生而弗有，为而弗恃，功成而弗居。夫唯弗居，是以不去""不尚贤，使民不争；不贵难得之货，使民不为盗；不见可欲，使民心不乱。是以圣人之治，虚其心，实其腹，弱其志，强其骨。常使民无知无欲，使夫知者不敢为也。为无为，则无不治"。这也与《心经》的"无智亦无得""心无挂碍，无挂碍故，无有恐怖，远离颠倒梦想，究竟涅槃"同义。在这里，如果把"慈"和"俭"放在一起来解释，可以理解为"慈"为无不为，奉行众善；"俭"为无为，莫作诸恶。

王晓涵等认为道家思想对现代管理有三点启示，一是天人合一的思想；二是道法自然的思想，管理应该符合科学规律；三是无为而治的思想，领导者要秉承无为而治的管理原则，以求"无不治"的管理效果。

---

[1] 戴国良. 老子"无为而治"领导艺术的现代管理诠释[J]. 重庆科技学院学报（社会科学版），2014（01）：79-80.

此外，领导者要保持清虚自守、知人善任的品质，以人为本、善用众智的管理模式与决策思想；企业家的身上要流淌着道德的血液；应塑造企业形象，重视企业文化。[1]戴国良试图用现代管理理论对无为而治的管理思想进行诠释，认为无为而治是高超的领导艺术，道法自然是无为而治的最高指导思想。无为而治的领导要敬畏规律、掌握规律、按规律进行管理。人性至善是无为而治的管理假设，"无为而无不为"是无为而治的理想管理境界。现代管理理论注重管理的工具和方法论，具有很强的实践性。[2]这些阐述似是而非，似非而是，可能说出了目前的症结所在。人们都知道无为而治的思想很好，却不知道如何将其运用于管理。从表面上看，这是由于"重道缺术"，实际上则由于根本就不懂得道，也就是根本不懂得什么是无为而治。第一，领导如何认识和是否认识规律的问题没有解决，如何能敬畏、掌握和符合规律？第二，无为而治是最高的境界，道法自然是无我的结果。如果"有我"，即所谓有"我相、人相、众生相、寿者相"（《金刚经》），不能把"常无欲"与"常有欲"合二为一，不会"知止"，不能"诚意正心"，又如何能格物致知？不能格物致知，又如何能认识和掌握规律？第三，中华优秀传统文化揭示的是宇宙人生的真相，也就是宇宙人生的最高规律和最高法则，它告诉我们"得"的前提是会"虑"，"虑"的前提是心"安"，"安"的前提是心"静"，"静"的前提是"定"于一处，"定"的前提是知"止"，即去除杂念，聚精会神。如果我们思绪纷飞、胡思乱想，即所谓"无志者常立志"，又如何能"得"到宇宙人生的真相和法则？

---

[1] 王晓涵, 张欢. 道家主要思想及在现代管理中的应用[J]. 科技创业月刊, 2014, 27（02）: 90-92.

[2] 戴国良. 老子"无为而治"领导艺术的现代管理诠释[J]. 重庆科技学院学报（社会科学版）, 2014（01）: 79-80.

余红光从乾卦与管理的关系入手，探讨了《周易》对现代管理的作用。他说，从哲学的角度看《周易》，它是世界上第一部哲学著作，其中充满了辩证思想和系统思维，儒家思想、道家思想都可以看成《周易》思想的分支。其中儒家思想以孔孟思想为代表，提倡积极入世，强调学以致用，学而优则仕，属于"阳"；道家思想以老庄思想为代表，强调保存自己的重要性，这是"避世"的角度，属于"阴"。这两种思想归结起来就是《周易》的思想，就是"变"的思想，也是我们中华文化的根本。管理学是哲学的一个分支，它们的基础都是对人性的了解，对于现代的管理者尤其重要，在现代企业管理中，把"变易"的、"不易"的事情变成"简易"的事情，是管理者的职责。[1]实际上，"易"既是变异，又是容易，既说变化，又说不变，变化的是形式，不变的是本质，由于变化才有了六十四卦，由于不变才归结为乾坤二卦、阴阳两极。乾卦告诉我们"天行健，君子以自强不息"，坤卦告诉我们"地势坤，君子以厚德载物"，不变的就是自强不息和厚德载物，变化的就是理解和践行自强不息和厚德载物，体现在管理上，无非自强不息和厚德载物，以及践行自强不息和厚德载物。过于复杂的阐释或许只能是画蛇添足。如果我们对《周易》的理解停留在辩证和系统之上，只看到变化而看不到不变，只看到无极生太极，太极生两仪，两仪生四象，四象生八卦，八卦生六十四卦，而看不到六十四卦源于八卦，八卦源于四象，四象源于两仪，两仪源于太极，太极源于无极，无极与太极是一不是二，无极即无名，太极即有名[2]，就没有，也不能真正理解其原意，就不能理解中国传统文化"家"和"道法自然"的概念，也就不能理解

---

[1] 余红光.《周易》与现代管理：乾卦与管理[J].公关世界，2015（02）：60-62.
[2]《道德经》第1章"无名天地之始，有名万物之母"。

构建人类命运共同体和人与自然生命共同体的意义，当然也就不能真正解决管理中存在的组织与个人、上级与下级、雇主与雇员、组织与组织、组织与社会（国家）、个人与社会（国家）等的关系。

此外，虽然我们把中华优秀传统文化分为儒、道、释三家，但认为三家不同甚至对立的观点都是浅显和字面理解的结果。实际上，儒家、道家、释家三位一体，只是针对的对象不同，讲解的程度（深度、难度、高度）不同，就像我们有小学、初中、高中的区别，有学士、硕士、博士的划分。我们不可能，也不应该把小学、初中、高中对立起来，也不能把学士、硕士、博士割裂。孔子讲的"未能事人，焉能事鬼"和"未知生，焉知死"就说明了子路的水平，从而体现了儒家教育针对的对象（的水平）。陶维新提出儒家文化是中华优秀传统文化的精髓，是中华民族的根和魂，在我国传统文化体系中占有重要地位；儒家文化孕育了顺道、重人、人和、守信、利器、求实、对策、法治、节俭等中国传统管理思想；现代管理应以儒家思想为指导，构建两端相合的整体观，天人合一的人本观，止于至善的创新观，知行一体的实践观，居安思危的风险观，诚信公平的道德观，德才相合的用人观，和而不同、修己安人的处世及团队观。[1]依照我们的理解，显然既不能肯定也不能否定这一论述，因为儒家文化是中华优秀传统文化的有机组成部分，其所包含的思想在道家、释家文化中都有体现。也正如王进所说的，管理的本义意味着管理就是对秩序的确立和追求。"良知""致良知"及现代权利观因抽象、绝对、超越的特性使它与具体、相对、特殊的秩序之间存在着紧张对立关系。管理者必须对此有着充分的认识，从

---

[1]陶维新. 基于儒家文化的现代管理理念构建［J］. 武汉冶金管理干部学院学报，2021，31（02）：28-30.

而努力寻求超越管理"知识"的管理"智慧"。他敏锐地指出,现代思想在价值上将古典文明智慧等同于落后,从而决定了对古典文明智慧的吸收只能是断章取义的利用;同时,现代思想也降低了智慧的内涵,将"知识"等同于"智慧",从而更增加了管理的难度。对中国古典文明智慧来说,这样的遭遇更加明显。要建立中国管理哲学学科,就必须超越现代的视野。[1]

三、中国传统文化与西方管理理论对比

随着中国经济社会的发展,特别是随着文化自信的增强,越来越多的人从对西方的迷信中逐步清醒,对中国传统文化从忽视和蔑视转向重新审视和重视。特别是在管理学领域,过去一段时间存在的言必称泰勒、法约尔、韦伯,把西方管理思想奉为圭臬的情况正在改变。王晓涵等指出,西方传统管理思想大多导向一种硬性管理方式,重视制度而忽视人,在时代的发展中逐渐显示出弊病,越来越难以适应现代化管理的需要,而在现代管理中,只有强调以人为中心的管理,即塑造正确的人的理想观念、价值取向和行为准则,组织管理中其他具体的问题才可以迎刃而解。因此,软性管理日益受到各组织的重视。道家管理思想很少谈及具体的管理制度方面,更多突出的是"无为""清静"等软性管理,而这正符合现代管理的趋势。以中国式管理为主题的学术活动和研究成果不断涌现,在对西方传统管理思想的弊端进行反思的基础上,不少管理者和管理学家从道家思想里寻求哲学智慧和新的思维模式,把道家管理思想运用于现代组织管理中,并且取得了良好的效

---

[1] 王进. 良知、秩序与管理——王阳明"致良知"思想与现代管理刍议:兼论中国管理哲学学科的建立 [J]. 贵阳学院学报(社会科学版),2015,10(01):46-52.

果。[1]黄波认为儒家思想作为我国传统文化的核心内容，对现代管理有着重大影响，推动现代管理的中国化发展，主要体现为"内圣外王"的管理目标、"民贵君轻"的管理理念、"中庸权变"的管理模式和"修齐治平"的管理方法。[2]

不仅如此，同属于儒家文化圈的日本，也学习并运用中华优秀传统文化进行企业管理。松下集团的经营哲学是追求幸福，追求和平，他们最主要的理念就源于中国的儒家思想，就是孟子的理念。松下公司强调孟子的"人性善"理念，公司中有一个横匾就写着"自诚如神"，人只要有这种诚心诚意投入的意愿，结合上下的一些关系，就能发挥人性的力量。经营铁路的西武集团强调"学习再学习"，这也是荀子早期提出的学习理论，由于学问是无限的，所以人要不断学习才能够熟能生巧，才能够找到一个好的行为方式，才能够使社会走向一种合理的秩序。所以，在日本公司的近现代管理当中已经有了中国儒家的因素。日本管理之所以别树一帜，能和西方的科学管理相对应，就是因为其掌握了中国的人性哲学。[3]

显然，中西方管理的区别也不仅仅在于对人性的认识，根本的在于文化的不同。中国文化是真相学，西方文化是现象学；中国文化是智慧，西方文化是知识；中国文化的掌握靠体悟，西方文化的学习靠综述。正如成中英等所说的，西方掌握的完全是知识哲学，就是管理的知

---

[1] 王晓涵，张欢．道家主要思想及在现代管理中的应用[J]．科技创业月刊，2014，27（02）：90-92．

[2] 黄波．基于儒家思想的现代管理模式探析[J]．湖南财政经济学院学报，2016，32（05）：148-153．

[3] 成中英，张金隆．中国管理哲学与现代管理实践[J]．管理学报，2015，12（10）：1413-1417，1528．

识化、市场的知识化、生产的知识化、决策的知识化，知识化就是技术化，他们仅从这一方面来掌握事物。与西方不同，日本的管理思想来自中国文化，日本的工业取得成功也得益于此。日本有一段时间很成功，就是突出了集体化、团队化意识。但由于日本掌握的只是中国文化的皮毛，只会入世而不会出世，学会了"钻牛角尖"而又"钻不破"牛角尖，因此陷入某种模式之后，不能跳出来。这说明科学化讲究科学的严谨性，但不能应付实际变化的需要，因此也不能说要完全的科学化，不然科学化就会变成完全的机械化。也就是说，不能根据形势的变化而变化，不知道应变也是不行的。当然，如何去控制，还是需要考虑人的因素，需要人的眼光，需要人的智慧，需要人对策略的一种掌握，需要理解具体情况，也就是要根据实际处境来认识这个问题。[1]

为什么西方所谓科学的管理理论和方法实践了数百年后，人们又开始寻找中国文化和中华文明，试图从中华文明中找到管理的真谛？这是因为，第一，西方的管理实践暴露了很多问题，不论是经常发生的经济、政治和社会危机，还是企业倒闭、战争威胁，都证明了西方管理实践的失效。第二，西方管理理论的局限已彻底显现，头痛治头脚痛医脚已把资本的"经利济资"的本性暴露无遗，这也有效地"教育"世界和人类。第三，"管理理论丛林"不是百花齐放，而是相互争斗、相互否定；而百花齐放是相互映衬、相互协调，提出不同的角度、相同的目标。

---

[1] 成中英，张金隆. 中国管理哲学与现代管理实践 [J]. 管理学报，2015，12（10）：1413-1417，1528.

第六章
以中华优秀传统文化为灵魂构建中国特色管理学

严格来讲，按照我们的逻辑，提"构建"中国特色管理学并不准确。正如前面我们已经说明的，中国并不是没有自己的管理学，而是没有西方式的管理学；而且目前对管理学的专门化研究也并不利于管理学的发展和完善，更不利于管理实践的有效和可持续。不过，基于目前的话语基础和思维体系，我们还是提出"构建"，实际上主要是恢复中国特色管理学的学术和实践地位，体现和验证中国文化的预见性和文明性。

第六章 以中华优秀传统文化为灵魂构建中国特色管理学

第一节 构建中国特色管理学的条件已经成熟

中国特色管理学是依据中国人的世界观和方法论，对管理问题和管理规律进行的揭示和阐述。因此，中国特色管理学不仅仅是中国人的管理学，不是单纯研究中国的管理问题和管理规律的管理学，更不是单纯研究当代中国问题的管理学，而是依据中国文化解决人类管理问题、揭示人类管理规律、指明人类发展（和管理）方向的一般管理学。

一、世界各国的教训及人类对这些教训的认识水平前所未有

西方资本主义有多种模式，但无论是美国模式、德国模式，还是日本模式、法国模式，或者斯堪的纳维亚模式，从现象上说，所存在的直接问题就是周期性的经济、金融危机和持续不断的战争。

从经济、金融危机来看，自1825年英国第一次发生普遍的经济危机之后，资本主义世界在1836年、1847年、1857年、1866年、1873年、1882年、1890年、1900年、1907年、1914年、1921年、1929—1933年、1937—1938年每隔不到10年的时间就发生一次经济危机。第二次世界大战后的最初40年里，美国在1948—1949年、1953—1954年、1957—1958年、1960—1961年、1969—1970年、1973—1975年、1980—1982年共发生了7次经济危机，日本在1954年、1957—1958年、1962年、1965年、1970—1971年、1973—1975年、1981年共发生了7次经济危机，联邦德国在1952年、1958年、1961年、1966—1967年、1971年、1974—1975年、1980—1982年共发生了7次经济危机，英国于1951—1952年、1957—1958年、1961—1962年、1966年、1971—1972年、1973—1975年、1979—1982年共发生了7次经济危机，法国在1952—1953年、1958—1959年、1964—1965年、1974—1975年、1980—1982

年共发生了 5 次经济危机。20 世纪 90 年代以来，又发生了 1992—1993 年的欧洲货币体系危机、1994—1995 年的墨西哥金融危机、1997 年亚洲金融危机、2007 年的美国次贷危机四次世界范围的金融危机。

从战争情况来看，早期的欧洲一直处于战争状态。近代的荷兰、法国、英国等瓜分世界的侵略扩张仍使人痛恨难忍，而当今资本主义的代表——美国则更加"突出"：1776 年以后，美国所参与的战争和对外的军事行动多达二百多次，对印第安人的掠夺战争就多达百次，仅 1945 年至 1990 年，进行的海外战争就有 124 次，从 1991 年至今，又参加了 40 多次的海外战争。从联合国成立以来，除了海湾战争是美国经联合国"批准同意"才发动之外，其他诸如 1950 年朝鲜战争、1961 年入侵古巴、1968 年越南战争、1986 年入侵格林纳达、1989 年入侵巴拿马、1994 年入侵海地、1999 年入侵南联盟、2001 年入侵阿富汗、2003 年入侵伊拉克、2011 年入侵利比亚等，都为美国单方面发动。特朗普在其总统告别演说中表示自己"特别自豪地成为几十年来第一位没有发动战争的（美国）总统"。妮科勒·施莱和莎贝娜·布塞通过对美国 38 次战争的动机、背景、持续时间、战争进程、结局等的记录和分析后不得不得出结论：美国是一个好战的国家[1]。

从现实来看，资本主义的管理方式和制度决定了人的异化、退化和社会分化乃至分裂的必然性，资本主义对解决其面临的问题已黔驴技穷。西方国家曾经走过了"黑暗的中世纪"，在上千年的历史中不仅没有创造出令自己满足的财富，也没有出现令世界惊叹和崇尚的思想家，没有见到"文明的曙光"；进入资本主义阶段，虽然创造了前所未有的

---

[1] 妮科勒·施莱，莎贝娜·布塞. 美国的战争：一个好战国家的编年史 [M]. 陶佩云，译. 上海：生活·读书·新知三联书店，2006.

物质财富，但伴随着这种财富创造的并不是值得骄傲且给人类指明方向的伟大的思想，而是越来越令人不齿的剥削、掠夺和越来越让人警醒的虚伪、欺诈。时至今日，西方国家的"制度性疲劳"日益加重[1]，资本主义已"疲乏不堪"[2]。近些年，表面上统一的欧元区内部矛盾重重，受新冠疫情考验的欧盟暴露了靠利益"联姻"难以建立互帮互助精神的弊端[3]；昔日的"日不落帝国"英国不仅"失去"了英联邦，而且退出了欧盟，自身还面临着分裂的危险；在美国，截至2021年1月19日特朗普卸任前一天，新冠疫情已经导致超过40万人死亡，这个数字超过了第二次世界大战中死亡的美国人总数，甚至还超过在第一次世界大战、朝鲜战争和越南战争中死亡的美国人总数。

纵观人类演化的进程，自西方资产阶级革命以来，随着以英国为代表的西欧等国的殖民扩张和科技创新，人类在创造了前所未有的物质财富的同时，也把自己推到了崩溃和毁灭的边缘：自然环境被破坏和污染影响人类的身体健康，而唯利是图造成利令智昏，更是给人类的思想造成了极度的混乱。缺乏良知指引的技术社会犹如单翅之鸟，扑棱得越欢，危机越重，毁灭得越快：失业、贫困、腐败、不公平等社会危机越来越严重；生存压力导致心理危机，进而造成人的心理扭曲和人性异化，使人越来越远离"人"的本来面目，人类逐渐陷入内心无所适从的困境。

可持续发展是人类久远的理想，但要实现这一理想当前面临很多亟待解决的问题。可持续发展问题是基于人口、资源、环境之间的冲突提

---

[1] 走尾正敬.日益加重的发达国家制度性疲劳[N].参考消息，1992-12-09.
[2] 帕特里斯·皮卡尔.经济：专家们和政治家们不知所措[N].参考消息，1992-10-30.
[3] 青木，王逸.意大利暗示或与欧盟"同归于尽"[N].环球时报，2020-04-09.

出来的，这种冲突正是西方经济社会管理模式的产物。从我们能完整记录、记忆以来，几乎当代所有的问题都是从西方工业革命和文艺复兴、启蒙运动发生后开始出现并日益迅速恶化的。当然，如果我们不是那么目光短浅和行为懒惰，而是把目光放长远一些，手脚和思维再勤快一些，去深挖西方早期的思想和实践，比如被称为伟大时代的古希腊、古罗马时期，就会更清楚地认识到，工业革命发生在西方不是偶然的，文艺复兴和启蒙运动亦非偶然，其后产生的问题也不是偶然的，而是西方管理思想乃至社会文化、哲学思维方式发展的必然结果。

  20世纪60年代至80年代，人类经历了一系列全球性生态环境恶化问题之后，西方才开始反思传统经济模式的弊端，寻求既能提高经济效益，又能保护资源、改善环境的发展模式和发展战略。罗马俱乐部于1972年发表的研究报告《增长的极限》认为，由于石油等自然资源的供给有限，人类将面临不可持续增长的世界性灾难。与西方一般的和传统的研究相比，罗马俱乐部研究的最大特点是把全球看成一个整体，提出了各种全球性问题相互影响、相互作用的系统性观点，倡导从全球入手解决人类重大问题。这表明西方人被迫跳出过去短视和狭隘的思维模式，开始站在新的、全球的角度来认识人、社会和自然的相互关系。罗马俱乐部提出全球性问题和开辟全球问题研究领域，也标志着西方开始尝试综合运用各种知识来解决那些最复杂并属于最高层次的问题。罗马俱乐部研究报告、书籍的传播，不仅对世界范围的未来学问题研究产生了重要影响，而且唤起了公众对世界危机的关注，增强了人们的未来意识和整体意识，从而促使各国政府的政策制定更多地从全球视角来考虑问题。基于此，1987年挪威首相布伦特兰夫人代表联合国世界环境与发展委员会提交了《我们共同的未来》的报告，在理论上提出可持续发展是人类解决环境与发展问题的根本原则，认为，"我们需要一个新的发展途径，一个能持续进步的途径，我们寻求的不仅仅是几个地方、几年内的发展，而是在整个地球遥远将来的发展"，"人类有能力使发展持续下去，既保证当代人的需要，又不损害子孙后代的需要与发展"。但令人遗憾的是，不仅罗马俱乐部的整体性研究思路昙花一现，在强大的西方传统思维模式的惯性中没有继续下去，联合国世界环境与发展委员会可持续发展的倡议也在资本集团的垄断利益面前不堪一击。

进入21世纪，中国的快速崛起和可持续发展让我们重新审视中华传统文化和中国传统发展模式，重新审视一度被主流化的西方文化和西方资本主义发展模式，探索能够实现个人全面发展、人类持续发展的理论和道路。由此，中国经济学，或者说经济学中国学派应运而生。

二、主体认识"峰回路转"且更加自信

所谓主体，就是我们人类自己，当然，在这里主要是指我们中国人的认识及其变化。如果说前面对西方现实和中国道路的反思是相对于认识对象即客体的话，那么，对认识主体的认识和反思也许更重要，也是更缺乏的。中国文化讲究反省，提倡"吾日三省吾身"。每个人只有更好地认识自己，才能更好地认识别人；人类只有真正认识自己，才能真正认识人类的生存条件和环境；人类也只有更好地认识自己的认识，了解人类自身的思维方式（及其局限），才能更好地了解和认识自己认识的结果。近代的被动挨打和落后贫穷使我们失去了自信，导致我们盲听盲信、偏听偏信，一度失去了自我。好在这样"迷信"的时段并不长，由于西方的日渐穷途和中华文明的绵延滋润，我们得以重新反省自我的认识，拾起丢失的信心。

第一，从"唯物"到唯"物"再到"一元"。马克思主义是辩证唯物主义，其中的物质不是我们每天看得见、摸得着的实物，而是一个哲

学概念，是标志着客观实在的哲学范畴。但在西方理论的影响下，一些人从马克思唯物主义一下"跨越"到了西方资本主义的唯"物"主义，从唯利是图到利令智昏，在实现物质财富增长和满足物欲的同时，却陷入了道德堕落、思想萎靡、生活腐化的境地。中国共产党成立后，经过了近三十年的艰苦斗争和七十多年的建设，中国实现了从站起来到富起来的转变，也经过了从"步子时代"到"票子时代"再到"身子时代"[1]的跨越，现在要进入高质量发展时代，也回归到了中国传统的一元论时代：中国传统文化的代表儒与道都是典型的唯物主义一元论，儒家讲"止于至善"，道家讲"道生一，一生二，二生三，三生万物"乃至阴阳相依、五行生克。作为高质量发展基本内容的"五位一体"总体布局在强调根本在经济建设的同时，也没有忘记保障在政治建设，灵魂在文化建设，条件在社会建设，基础在生态文明建设，所有这些都统一于人民的美好生活，统一于小康，统一于社会主义现代化国家。这不仅体现出经济、政治、文化、社会和生态文明五个方面是一个有机的整体，也强调厚德载物这一精神与物质的统一性，改变了西方经济至上、利润第一、突出物欲的理念和思维，实现了和谐共赢的一元化发展。与此同时，包括管理学家在内的各领域研究者越来越体会到西方学科划分的局限和跨学科、跨行业研究的必要。西方管理学与其他学科一样，善于细分而不善于整合，造成了盲人摸象的狭隘和片面。中国哲学既见树木也见森林，即积木成林、透林见木。习近平总书记在哲学社会科学工作座谈会上明确指出："总的看，我国哲学社会科学还处于有数量缺质量、有专家缺大师的状况，作用没有充分发挥出来。"[2]如果我们的研究不

---

[1] 冯彦明．中国经济发展的经验与引擎研究[J]．区域经济评论，2019（1）：57-68．
[2] 习近平．在哲学社会科学工作座谈会上的讲话[N]．人民日报，2016-05-19．

能跨越学科的界限，抱残守缺，就永远也不可能培养出大师，也永远不可能真正解决问题。

第二，从人到动物再到人。但丁认为："人不能像走兽那样活着，应该追求知识和美德。"这说明了人与一般动物的区别。在西方社会中，"文明"一词的首用者，英国政治家、哲学家托马斯·霍布斯在其《利维坦》一书中认为，人（人类）全是狼一样"平等"的动物。西方管理学由于解决不了管理中的问题，时而把人假设为经济人，时而又假设为社会人、复杂人或自我实现的人，并根据社会达尔文主义接受丛林法则的选择。现代化的资本主义生产方式还使人变成了连动物都不如的"零件"："每一个人都只隶属于某一个生产部门，受它束缚，听它剥削，在这里，每一个人都只能发展自己才能的一方面而偏废了其他各方面，只熟悉整个生产的某一个部门或者某一个部门的一部分。"[1]中国特色社会主义秉承中华优秀传统文化诚意正心修身齐家治国平天下的精髓，倡导"穷则独善其身，达则兼善天下"的理想，践行创新、协调、绿色、开放、共享的新发展理念，不仅提出了以人为本的科学发展观，而且推出了"坚持以人民为中心""坚持人与自然和谐共生"和"坚持推动构建人类命运共同体"等十四条基本方略。在抗击新冠疫情的过程中，中国共产党和中国人民表现出国际主义情怀和共产主义精神，体现出中华文明与西方文化的根本区别，反映了中国特色管理学以人为本、经世济民与西方管理学以物为本、经利济资的根本区别。

第三，从五千多年持续文明到昙花一现再到中华民族伟大复兴。中华民族有着五千多年的连续不断的文明史，在解决人与自然、人与人、

---

[1]《马克思恩格斯选集（第1卷）》。

人与社会、人与制度等的关系方面为人类的发展提供了样板。虽然西方资本主义在三百余年的时间内创造了前所未有的物质财富，但这也仅仅是物质财富而已，而且三百余年相对于五千多年及整个人类历史来说不过是昙花一现。这些物质财富不仅没有满足人类的需要，恰恰相反，还严重影响了人类的可持续发展。

三、中国的发展成就使文化自信和管理自信前所未有

我们对中国的发展史有很多误解，这表现在一是用封建专制概括中国长达两千年的封建社会，同时又用封建统治、官僚腐败、闭关锁国来解释中国近代受到的西方资本主义侵略；二是用封建统治者的思想和做法代替儒道文化，或者把封建统治者的错误归结于儒道文化；三是认为中国经济高速发展仅仅是1978年改革开放以来的事情。这些误解或许出于我们的认识不足，学习了解历史和实际情况不够，但更多的是由于近代以来西方的宣传误导。显然，历史不是虚无和书本，现实需要客观和系统的认识，思想更要拨乱反正，否则，我们将不是被现象迷惑，而是被西方误导，失去辨别是非的能力。

中国几千年的持续发展，正是中华优秀传统文化指导的结果，也是中国特色管理学最重要的实践基础。中国"家"文化这一独特的思想认识，以及与之相适应的"家国"制度体系、家庭经济形式的生产关系不仅支撑了两千多年的封建社会，也创造了商品经济作用被适当限制的独特的中国经济发展模式[1]。同样，中国共产党成立后，特别是中华人民共和国成立以来，中国的政治家们正是凭借着对中国文化和智慧的深

---

[1] 冯彦明. 中西商品经济发展路径的比较及选择——兼论中西方经济学之区别及其根源[J]. 区域经济评论，2020（1）：55-62.

入了解和把握，发挥其高超的理论造诣，创造出了以中华优秀传统文化为核心，以马列主义为基础，以中国问题和中国实际为对象，把中华优秀传统文化、马列主义与中国实际有机结合并与时俱进的理论成果，并从生产力—生产关系（经济基础）—上层建筑的一元化运动中研究经济社会问题，把生产力、生产关系（经济基础）和上层建筑融合为一个以人为中心的有机整体，从解放人的思想、改变收入的生产和分配方式、改革各方面的管理体制和制度、扩大对外开放等全要素综合入手，推动中国在实现经济高速发展的同时逐步向经济、政治、文化、社会、生态文明"五位一体"的高质量发展迈进。因此，理解中国文化是理解和解读中国经济社会持续发展的金钥匙。

可持续发展的概念在20世纪80年代提出来之后虽然也名噪一时，但由于这段时间西方文化和经济观念的主流化，人们"享受"了一时超前消费的快感，对可持续发展的研究和落实进展缓慢，可持续发展的内涵固定在了"既保证当代人的需要，又不损害子孙后代的需要与发展"，对于如何实现和如何判断可持续发展也没有明确结论。进入21世纪，特别是中国的持续发展，不仅给了世人新的启示，更增强了人们实现可持续发展的信心。

对于可持续发展的内涵，布伦特兰夫人的概念点出了其中的关键，但并不全面。其实，中国文化早已给出了答案："施诸己而不愿，亦勿施于人。"这里的"己"既可以理解为主体的"我"，也可以理解为空间上的"本地"，还可以理解为时间上的"当下""当时""现在"；这里的"人"既可以理解为客体的"你"或"他"，也可以理解为空间上的"边缘"和"异地"，还可以理解为时间上的"过去"和"未来"。也就是说，我们不能只顾个人、眼前和本地能否发展，而要兼顾包括我们的子孙后代在内的所有其他人、其他地区的发展。习近平总书记指出：

"中国共产党是为中国人民谋幸福的政党,也是为人类进步事业而奋斗的政党。"[1]"世界长期发展不可能建立在一批国家越来越富裕而另一批国家却长期贫穷落后的基础之上。只有各国共同发展了,世界才能更好发展。"[2]因此,我们可以说,凡是能够突破个人、时间和空间的限制,实现三个维度的"三赢"目标,即实现我你他、本地周边异地和过去现在未来共赢的认识才是正确的。而判断是否能够实现可持续发展的标准也就在此,凡是兼顾你我他三个主体、过去现在未来三个时间和本地周边异地三个空间的发展就是可持续发展,否则就是不可持续发展。

2016年5月17日,习近平总书记主持召开哲学社会科学工作座谈会时指出"要加快构建中国特色哲学社会科学,按照立足中国、借鉴国外、挖掘历史、把握当代、关怀人类、面向未来的思路,着力构建中国特色哲学社会科学,在指导思想、学科体系、学术体系、话语体系等方面充分体现中国特色、中国风格、中国气派"[3]。2020年8月24日,习近平总书记主持召开经济社会领域专家座谈会时再次强调,希望广大理论工作者"从国情出发,从中国实践中来、到中国实践中去,把论文写在祖国大地上,使理论和政策创新符合中国实际、具有中国特色"。[4]

---

[1] 习近平《决胜全面建成小康社会 夺取新时代中国特色社会主义伟大胜利——在中国共产党第十九次全国代表大会上的报告》。
[2] 中共中央党史和文献研究院. 习近平扶贫论述摘编[M]. 北京:中央文献出版社,2018:147.
[3] 习近平. 在哲学社会科学工作座谈会上的讲话[N]. 人民日报,2016-05-19.
[4] 习近平《在经济社会领域专家座谈会上的讲话》(2020年8月24日)。

其实，中国现代管理既不是辛亥革命以来的管理，也不是对辛亥革命以来的管理实践的总结，而是依次体现为毛泽东思想、邓小平理论、"三个代表"重要思想、科学发展观、习近平新时代中国特色社会主义思想等，并由此构成的反映与中华优秀传统文化的血脉延续、与中国当代实际的紧密结合、活学活用马克思主义的一系列管理实践和管理理论。在此背景和前提下，"十个明确"（党的十九届六中全会决定）、"十四个坚持"（党的十九大报告）、"十三个方面成就"（党的十九届六中全会决定）以及"四个自信"、"五大发展理念"、"四个全面"战略布局、"五位一体"总体布局、"三大全球倡议"等，都是现代管理思想的重要组成部分。

从企业管理实践与理论创新看，中国经济体制改革历经四十多年时间，创造了举世瞩目的发展奇迹。在此过程中，中国企业伴随市场经济快速发展，商业模式与管理实践不断创新，涌现了一大批世界级的企业。这些企业根植中国本土，在走向成功的过程中形成了具有中国特色的管理实践和管理经验，需要学者们进行系统梳理、总结与传播，为全球管理学科的发展提供有中国特色、中国风格和中国气派的管理理论。吴晓波也认为随着中国特色社会主义建设的快速推进，中国经济快速崛起，而中国经济崛起的背后则是中国企业的崛起。应该看到，中国企业迅速追赶并站到世界前沿是走了一条现代化的"不寻常路"。其中，认清"创新"和"追赶"在我国现阶段发展中的辩证关系和特殊战略地位，系统地研究和构建具有中国特色的管理学体系，有效指引企业管理能力建设，推进企业能力整体性提升，进而带动我国经济升级，建设创新型国家，无论是在基于中国实践的管理理论体系的提升与完善上，还是在提供有效的现实企业指导上，均具有重大理论意义与现实意义。更进一步看，基于中国企业实践的管理理论不仅具有引领中国企业转型升级的作用，更具有影响世界，特别是影响发展中国家的企业管理提升的作用。[1]

四、管理学研究要有灵魂

文化是一个国家、一个民族的灵魂。包括管理学在内的所有学科，特别是人文社会科学不能没有灵魂，做任何学问也不能没有良知，经济社会发展不能没有方向，经济社会发展的方向不能偏离以人为本和可持续发展这一目标。

当前包括管理学在内的一些社会科学的研究"僵尸化"现象严重，缺少了灵魂和良知：或者只有一些就事论事的"问题"对策，犹如头痛治头脚痛医脚的庸医，严重缺失系统指导解决问题的"主义"；或者全面照搬西方观点和方法，忘记了，或者根本就没有考察西方管理学等理论及其观点、做法的思想文化基础、研究目的和前提假设。早在1943年，徐天一就提出构建"民生主义经济学"。他认为当时流行的经济学说"基础是在个人的私利的追求"，"是站在个人主义的立场"，"形成一种自然的机械的经济生活"，正是这种机械方法论使经济学"沦为一种与数学或物理学一样的自然科学"，所以不能成立。他倡导"全体主义经济学"，从"现实的具体的经济体"出发，"要求人人为全体的福利而活动"，这样一来，便把经济学提高为"生活的科学精神的科学之经济学"。[2]显然，经济学如此，管理学也不例外。

山无水不灵，水无山不活，山水无人不用，人无灵魂则僵。灵魂乃生命之精神、人类之良心、产品之功用。管理学的灵魂就是贯穿于

---

[1] 吴晓波.着力构建中国特色管理学体系[N].学习时报，2017-06-28.
[2] 张申，信瑶瑶.近代学人构建中国经济学的努力[N].文汇报，2020-01-17.

管理学之精神、潜藏于管理学人之良心、管理学研究之功用，是管理学扎根于广大人民群众，帮助广大人民群众实现个人全面发展、集体可持续发展的精神依据和文化内核。"文化是民族的血脉，是人民的精神家园"[1]，"中华文明五千多年绵延不断、经久不衰，在长期演进过程中，形成了中国人看待世界、看待社会、看待人生的独特价值体系、文化内涵和精神品质，这是我们区别于其他国家和民族的根本特征"[2]。"独特价值体系、文化内涵和精神品质"就是由中国文化决定的，是中国特色管理学内存于神、外显于形的灵魂所在，是包括中国特色管理学在内的中国各门社会科学区别于包括西方管理学在内的西方各门社会科学的本质所在。习近平总书记明确指出："哲学社会科学的特色、风格、气派，是发展到一定阶段的产物，是成熟的标志，是实力的象征，也是自信的体现。我国是哲学社会科学大国，研究队伍、论文数量、政府投入等在世界上都是排在前面的，但目前在学术命题、学术思想、学术观点、学术标准、学术话语上的能力和水平同我国综合国力和国际地位还不太相称。要按照立足中国、借鉴国外，挖掘历史、把握当代，关怀人类、面向未来的思路，着力构建中国特色哲学社会科学，在指导思想、学科体系、学术体系、话语体系等方面充分体现中国特色、中国风格、中国气派。"[3]。

---

[1] 胡锦涛《坚定不移沿着中国特色社会主义道路前进 为全面建成小康社会而奋斗——在中国共产党第十八次全国代表大会上的报告》。
[2] 习近平.在敦煌研究院座谈时的讲话[N].人民日报，2019-08-19.
[3] 习近平.在哲学社会科学工作座谈会上的讲话[N].人民日报，2016-05-19.

第二节　中国特色管理学的任务

中国特色管理学不同于西方管理学之处就在于它的实践性、时变性、统一（同一）性、延续性和系统性。也就是说，中国特色管理学不是学者们的玩偶，不是书本上的文字，不是官员们的口头禅，它基于一元论的中华优秀传统文化，源于、用于和指导着"明明德""亲民"和"止于至善"的社会实践，最终要指导人类实现个人全面发展和人类可持续发展的目标。为了体现这些特点，为了实现这一目标，中国特色管理学研究要处理好以下四个方面的关系，实现四个统一。

一、主体与客体的统一性

这是管理及其理论最根本的特点，具体体现为推己及人、推人及物以及推物及人。在这里，不仅体现和要求作为人的管理主体与作为人的管理客体的一致与统一，也体现和要求实现作为人的管理主体与作为物的管理客体的一致和统一。所谓"情与无情，同圆种智"，"无极生太极"，用现在的话来说，就是要构建人类命运共同体和人与自然生命共同体。

西方管理既怕劳资双方对立，又怕物不能尽其用。由中华优秀传统文化智慧可知，当遵循管理的主体与客体相统一这种原则去进行管理活动时，就奠定了领导者和管理者做管理的一个重要前提和基础，那就是自我管理。自我管理开启了君子的模式和"合于道"的模式，而不是自以为是和独裁专制的模式，这才是正确的领导和管理的模式。离开了这一点，领导与管理就必然会误入歧途。这样一个借助于哲学的智慧来认识这种关系、摆正这种关系并按照这种关系去行动的过程，以及对自己的行动不断审视、纠偏和完善的过程，在中华文化中被称为"自我修行"。由此，要成为一个合格的领导者和管理者就必须先成为一个修行者，如果缺乏对这一本质的认识，缺乏对自己状态的观察、审视、修正与完善，也就不能正确地领导与管理。鉴于此，领导者和管理者应有的一个文化身份就是修行者，修行的出发点就是将自己定位为组织的奉献者，帮助自己的部下、员工和客户摆脱痛苦、提升价值。若是没有这样的定位，领导者和管理者的心性定位和在众人眼中的地位就会出现严重的问题，如果领导者在帮助大家的同时又总是在规则之外为自己谋私利，幻想将组织变成忠诚于其个人的组织，就很难赢得人们的尊重、信赖和忠诚。如果一个领导者和管理者没有将奉献作为自己的责任，以及领导伦理的核心，那么其他的一切都会因为他的身份而被质疑，从而使管理的效力大打折扣。由此，作为修行者的领导者和管理者，部下的任何问题都不能简单地视为部下的问题，而应该将问题的解决视为自己的责任。这是自省、罪己，也是管理者面对管理中具体事务时一个基本的伦理。概而言之，作为具有知识、经验优势的领导者和管理者，他们要先于员工成为修行者，并且做好对自己的管理，运用自己在这方面积累的优势来帮助员工也成为修行者，共同完成自我管理。[1]

二、历史与现实的统一性

不可否认，管理作为一种实践活动，确实带有一定的时代性特征，因而也就体现出时变性。也就是说，不同时期、不同行业、对不同对象的管理的具体内容会有不同，这就是公共管理与工商管理的区别、古代管理与现代管理的区别。但同样不可否认的是，不同时期、不同行业对

---

[1] 齐善鸿，李宽，孙继哲.传统文化与现代管理融合探究[J].管理学报，2018，15（05）：633-642.

不同对象的管理所实现的最终目标都是一致的,其基本要求也都是一样的,最终目标都(应该)是实现个人全面发展和人类可持续发展,基本要求都是要实现各方面关系的协调,就像在奴隶社会要协调好奴隶主与奴隶的关系,在封建社会要协调好地主与农民的关系,在资本主义社会要协调好资本家与工人的关系,而协调好这些关系的基本途径(管理方法)没有别的,就是实现利益共同体到命运共同体,破除各种等级差别。这显然与中国"家"文化是一致的。

宗和静等人认为19世纪中后期,洋务运动开始了中国现代化的艰难历程。经过新民主主义革命,赢得国家独立和民族解放的中国人民,在中国共产党的领导下,又开始了艰难而又复杂的现代化建设,为现代国学的丰富与发展贡献了颇具中国特色和中国风格的中国现代管理理论。中国现代管理理论的时代特征直接体现着中国现代化建设过程中的国情特点、社会要求、发展逻辑与理论特色。历史悠久的中华优秀传统文化是中国管理理论的源泉,中国现代管理理论也应该根植于中华优秀传统文化。现代社会的经济发展、社会生活、价值观念、领导方式和管理模式都有了巨大的变化。[1]不错,现代社会与过去相比,特别是与古代社会相比,已经发生了天翻地覆的变化,不论是生产的对象还是生产的内容,不论是技术条件还是生活水平,都与过去大不相同;但是,我们也不能不承认,现代社会仍然是人的社会,现代社会的问题仍然是人的问题,现代社会发展的目的仍然是解决人的问题和满足人的需要。虽然具体的问题和需要也有不同,但基本的问题和需要似乎仍然未变,有的不仅未变,似乎还回归了——回归到原始的问题上去了。

---

[1] 宗和静,陈羽逸.中国现代管理理论的时代特征[J].河北经贸大学学报,2014,35(02):42-47.

三、理论与实践的统一性

这是由管理学的实践性所决定的。实际上，在中国文化和智慧之中，既没有纯理论的科学，也没有纯应用的实践，实践都是主观见之于客观的行动，是理论与应用的统一体。列宁曾说"没有革命的理论就没有革命的运动"，没有理论指导的实践是盲目的；没有实践检验的理论是虚无的。西方教育把学校与社会割裂开来，把理论与应用对立起来，这恰恰是造成精神分裂、人格畸形的原因。中国特色管理学要实现理论与实践的统一，实现学习、生活、工作的三位一体，用学校学到的理论指导生活和工作，把生活、工作中遇到的问题带回学校，寻找到解释和解决的方法。这才是真正的知行合一，这才是真正的管理学。

四、目的与效果的统一性

所谓"不忘初心，方得始终"，初心就是我们的目的，就是我们管理的出发点，效果则是管理的成效，是实践的结果。中国文化是一元论的文化，是关于人（做人）的文化，中国特色管理学是研究如何通过协调、怎样进行协调以实现做人（做大人、做圣人）的学问，因此，只有把目的与效果统一起来，才能体现中国文化的本质，才是达到了预期的效果。如果目的与效果不统一、不一致，不是效果偏离了目的，就是目的本身存在问题，或者管理措施存在缺陷。这种情况就要引起管理者反思，重新设计管理规划，重新审视管理过程。在此过程中，尤其要避免出现南辕北辙的情况，避免出现事与愿违的事件。当然，在这里需要注意的是，管理效果可以有眼前与长远的区别。西方式管理注重的是眼前效果，因此不可避免地陷入了"短期行为"的泥坑；中国式管理更注重长远效果，即所谓"人无远虑，必有近忧"，因此可以将眼前与长远结合起来，必要时可以放弃眼前利益（效果）而争取长远利益（效果）。

第三节　中国特色管理学的学科定位

学科定位源于西方思维方式和学科划分。学科划分是把本来一体化的知识划分成了文、史、哲、经、管、法、理、工、医、教、艺、农、军十三大学科门类，中国基于学科划分的问题和局限，在十三大学科门类的基础上增加了一个"交叉学科"，并提出了新文科、新工科、新农科、新医科四个具体的交叉学科，比如新文科的核心内涵主要体现为文理交叉与综合性的跨学科学习，立德树人与传统文化的发展，创新发展与国际化，跨学科融合与创新，用中国理论、中国范式、中国标准、中国自信讲好中国故事。但毋庸讳言，虽然在现实中没有学科划分，各类研究都是交叉融合进行，但人为地把学科进行细分，即便是提出学科交叉，实际上也落实得不好。我们常听说不同学科要用不同的研究方式和思维范式，如经济学研究似乎不能用田野调查，民族学研究不能用经济学思维；还比如我们提出"课程思政"，一些人不是把思想政治教育融入、贯穿于专业课教学之中，而是一部分时间讲专业课，另一部分时间讲"思政课"。诸如此类的现象似乎很有道理。如此培养出来的人才只能是专才，只能是专家，无法成为大师。这里我们不谈被利益绑架和迷惑的问题，近些年出现的"专家"一词贬义化，甚至很多人调侃"建议专家不要再建议"，不仅体现出这些被培养出来的"专家"严重脱离实际，更反映出"专业化"教育的问题。

关于管理学的学科定位问题，黄速建、黄群慧在其所著的《中国管理学发展研究报告》中从探讨管理学是科学还是艺术这一问题出发，一方面他们提到，一些极端反对管理学理性、强调管理艺术性与非理性的学者认为，管理学自诞生之时就步入了"科学"的误区，管理科学化的发展方向使得管理理论与管理实践严重脱节。他们认为从一般所认可的科学标准看，管理科学化和管理学的发展中的确存在着许多重大问题亟待解决，如管理理论或者原则具有模糊性，缺乏对管理实践的针对性和指导性。他们引述赫伯特·A.西蒙的话："……管理原则总是成对出现。无论就哪个原则来说，几乎都能够找到一个看来同样可信、可接受的对立原则。虽然依据成对的管理原则会提出两种完全对立的组织建议，可是，管理理论里并没有指明究竟哪个原则才适用。"[1]另一方面，他们探讨了管理学是人文社会科学还是自然科学的问题。不仅如此，他们还引述比彻（Becher，1989）提供的学科属性定位分析框架分析管理学的学科定位。我们看到比彻的学科属性定位分析包括两个基本维度、四个基本衡量指标：第一个维度是学科认知维度，具体包括"硬/软"度指标和"纯/杂"度指标；第二个维度是学科规范维度，具体包括"趋同/分野"度指标和"城市/乡村"度指标。"硬/软"度指标衡量一个学科领域对特定研究方式或理论体系的认同程度，硬度大意味着认同程度高，学科研究方式相对单一。"纯/杂"度指标衡量一门学科知识应用于实践的程度，学科越致力于解决"是什么"的问题，则纯度就越高；越致力于解决"如何做"的问题，纯度越低。"趋同/分野"度指标描述一门学科内研究人员的思维方式和价值观的差别程度，如果差别程度低，学术标准类似，则趋同度高。"城市/乡村"度指标用于分析一门学科内研究人员相对于研究领域或者问题的相对集中度，如果一门学科具有清晰的学术边界，具有严格界定的学术团体，相对多的研究人员处于相对狭小的研究空间，研究人员具有充分的交流，则这门学科城市度高。由此，黄速建、黄群慧得出"管理学是一门地地道道的'纯'度不

---

[1] 赫伯特·A.西蒙.管理行为[M].北京：机械工业出版社，2004：26.转引自：黄速建，黄群慧.中国管理学发展研究报告[M].北京：经济管理出版社，2007：4.

高的'软'科学"的结论。[1]此外,概述还介绍了孔茨等人提出的从初步研究即前学科状态到科学研究即普遍原理科学状态的条件,对于人文社会科学而言,能否实现从前科学状态到普遍原理科学状态的转变取决于五个方面的条件:一是能否发展一种比较主义的研究方法,将研究者的主观倾向剔除,使研究者的研究从主观个人中心转向客观出发点,即实现"比较主义去中心化";二是是否存在足够的、合适的本学科研究对象的历史资料,从而能够利用历史资料排除主观倾向解释相关的各种发展的因果关系;三是自然科学的方法和模型能够在多大程度上被成功移植应用到人文社会科学领域;四是是否可以通过界定所研究的问题,把不可能达成一致的问题撇在一边,而在可以达成共同判断和可证实的领域中发展该学科;五是能否发展出专门的、适合其问题的研究方法,将那些可以证实的东西(通过实验证实或者数学形式化证实)与那些仅仅依靠反思或者知觉得到的东西区分开来。为此,孔茨提出提升管理学科学性的首要任务是划定管理研究领域和知识体系,对分析和研究的范围进行必要的限定,因为如果把整个文化世界和物质世界都叫作管理领域,那么管理学不可能取得很大进步。西蒙在构建管理理论时就提出要明确区分价值要素和事实要素,然后逐步排除价值要素,从而可以判断事实命题的真伪,从而构建科学的管理理论和真正的管理科学。

  对于上述观点其实我们无须多言,因为这基本上体现的是西方的思维方式,是用西方的"科学"来研究和界定管理学,这在前面我们已经做了阐述。同时我们还看到西蒙等"幼稚"的一面,即试图抛弃主观的"价值要素",只考虑"事实要素";看到孔茨等的无奈,即为了实现管理的管理学化,要"人为"地去除文化世界和物质世界中那些不

---

[1] 黄速建,黄群慧.中国管理学发展研究报告 [M].北京:经济管理出版社,2007:5.

属于"管理"的内容，限定管理学研究的范围。但实际的效果是，"迄今为止，管理学家的这些努力还远远没有使管理学成为一门普遍原理的科学"。[1]

黄速建、黄群慧认为"一门学科区别于另一门学科的关键在于研究对象和研究方法的不同"，"科学的研究方法是一门学科能够成为科学的保证"。[2]显然，这是一种用"科学"界定科学、用"科学"定义科学的方法，就像问什么是人——人就是长得像人的动物，或者说能够直立行走的就是人，如此说来，猿人是不是人？袋鼠是不是人？实际上，界定学科的研究对象是必要的，问题的关键是能否清晰界定，正像目前通用的十三大学科门类划分，表面上看边界清晰，对象稳定，但实际上彼此渗透，相互包含，文中有史、哲、经、管、法、理、工、医、教、艺、农，理中也有文、史、哲、经、管、法、工、医、教、艺、农，就连作为研究世界观和方法论的哲学，其"世界观"也包含着所有的门类。从研究方法方面看，这种相互的渗透和共用性就更普遍了，虽然在某些情况下某种方法可能占主要地位，如西方偏重归纳推理，东方（中国）偏重演绎推理，但也不能说西方没有演绎，东方没有归纳。最后需要说明的是，我们现在所用的标准"科学"本身就是西方思维的产物，其不过是循证的结果，实际上就是归纳的结果，我们迄今为止并不能说归纳的东西就是对的，就像通常所说的"少数服从多数"并不意味着"多数"就是正确的。说来说去，我们最后还要从最基本的标准"正确"入手讨论问题。离开了是否正确的判别标准，所有的问题都用"相对性"（先要说明，这并不是中庸，中庸并不是做"老好人"、墙头草）来

---

[1] 黄速建，黄群慧.中国管理学发展研究报告[M].北京：经济管理出版社，2007：6-7.
[2] 黄速建，黄群慧.中国管理学发展研究报告[M].北京：经济管理出版社，2007：8.

搪塞，那么这个世界、人类也就失去了意义，更不用说讨论这些学术问题了。

实际上，正如前述，本来就没有严格的人文社会科学和自然科学的区分。人类是一元的，人与自然也是一元的。一些人认为包括物理学、化学、生物学以及工学等在内的自然科学完全属于自然科学，可以用"科学"方法来研究和阐释的观点是值得商榷的，实际上也是错误的。因为对这些学科问题的研究就像牛顿力学一样，尚处于一个低层次的位置，我们也可以用"中观"这样一个词来表达，即迄今大部分的研究都处在"中观"层次，既没有研究微观层次也没有研究宏观层次，更谈不上超微观和超宏观的问题。而现实中人类处于多层次、多维度，与人类相关的管理问题也就处在不同的层次和不同的维度。一方面，在自然科学领域量子力学的双缝干涉实验已经证明主观因素的不可排除性和自然领域的主观性之后，试图在人文社会科学领域排除研究者和管理者本身的主观性及其影响，这是不是天方夜谭？另一方面，说起学科划分的标准，这本来就是一个非常难探讨和阐述的问题，因为世界是一元化的，关于世界真相的知识也是一元化的，尽管从不同的角度看可以得出不同的结论，但我们深知盲人摸象的局限，即便是把各个盲人摸索出的结果相加，如"一根鞭子＋一堵墙＋一把扇子＋几根柱子＝？"，这能得出"大象"的结论吗？也就是说，如果"专家"们不仅不知道自己的局限，反而还像那些摸象的盲人一样固执己见、盲目自信，即便很"纯"很"硬"，很"趋同"很"城市"，对现实又有什么意义呢？

如此说来，是不是管理真的就没有标准，怎么做（管理）都对，管理学也没有标准，怎么谈都好？显然也不是这样，也不应该是这样。中国特色管理学是从管理角度，也就是从关系协调的角度，对实现个人全面发展和人类可持续发展的问题和规律进行的研究、揭示和总结。第一，中国特色管理学不是中国的管理学，也不是关于中国问题的管理学，更不是关于中国现代问题的管理学，而是依据中国文化对管理问题和管理规律进行的研究和总结。第二，中国特色管理学的研究对象可以明确界定为"（如何）协调"，就是协调各种关系。当然，这里的协调既不是简单的协调，也不是随意协调，更不是"老好人"的协调，而是根据"道"的协调，是把管理客体协调到"道"的要求上来。因此，形成符合"道"的正确见解（认识）是协调的首要内容，把人们的行为统一到符合"道"的要求上来是协调的根本任务，让所有人和组织"一以贯之"地符合"道"、实现"道"，实现人的全面和可持续发展是管理的最终目标。第三，中国特色管理学与其他学科之间是相互联系、相互依存、相互统一的关系。管理的"协调"建立在其他学科的正确认识基础之上，其他学科的研究成果是否正确和有效，就取决于是否实现了，或者助力实现这种协调。这意味着如果管理即协调出现任何问题，肯定是其他学科提供的"认识（知识）"出现了问题。第四，中国特色管理学与其他管理学如工商管理学、公共管理学等学科之间是一般与具体的关系，不是理论与应用的关系。中国特色管理学是集理论与应用于一体的一般管理学，或者说是管理学原理，而工商管理学和公共管理学等是关于具体的行业的专业管理学。一般与具体既不矛盾也不冲突，而是相互补充、相互映证。第五，关于研究的方法，中国特色管理学研究除了一元论之外没有其他固定的、不变的研究方法。我们既不否定经验性的案例总结，也不反对科学化的实证分析，我们认为这两种方法不是对立的，而是相辅相成的，各自有其存在的基础和条件，当然也有各自存在的必要性。一些问题，用经验性的案例总结可以说清楚，就没有必要再用实证分析；有些问题，除了需要经验总结外，还需要实证分析加以补充说明，就应该加入实证分析部分；还有些问题可以用数据进行直观和简单的对比描述，让人一目了然，那么只需实证分析就足够了。

第四节　中国特色管理学的前景：塑造新商业文明

习近平总书记在《在庆祝中国共产党成立 100 周年大会上的讲话》（2021 年 7 月 1 日）中指出："我们坚持和发展中国特色社会主义，推动物质文明、政治文明、精神文明、社会文明、生态文明协调发展，创造了中国式现代化新道路，创造了人类文明新形态。""人类文明新形态"不是体现在哪一个方面、哪一个地方，而是全方位全角度。所谓"百发失一，不足谓善射；千里跬步不至，不足谓善御；伦类不通，仁义不一，不足谓善学"（荀子《劝学》)，体现在管理学上，就是创造出了区别于西方商业模式的新商业文明。

一、新商业文明提出的背景和条件

新商业文明是 2008 年国内外经历了一系列问题和危机之后出现的一个概念，实际上并不"新"，只是相对于西方商业模式而言的新模式，是人类社会和人类认识螺旋式上升的产物，是在对以不断发生经济、社会危机，造成人类发展不可持续为特征的西方社会管理模式进行长期反思后提出来的，也是基于对遭受百年耻辱的中国重新崛起，绵延五千多年的中华文明重现生机，一度崇洋媚外的中国人对自己的道路、理论、制度和文化更加自信的现实的深刻感悟而提出来的。

决定新商业文明提出的直接因素：美国的次贷危机。西方资本主义商业模式在创造丰富的物质财富的同时，由于其畸形的文化根基和发展方式,也将在造就西方制度性愚蠢的同时,培养出自己的"掘墓人"。正如舒马赫所说:"如果人的贪婪和嫉妒之类的罪恶是通过系统培养而形成的,必然的一个结果只能是完全丧失智力。一个人受贪心或嫉妒心驱使,就会失去认识事物本来面目、认识事物全貌的能力。"[1]

2007年发端于美国的次贷危机从表面看是一场经济金融危机,实际上是一场由美国垄断集团自导自演、进行全球收入的重新分配、对美国普通民众和世界各国"薅羊毛"的闹剧。一方面,从美国次级贷款的产生看,表面上是"误操作",即向不具备信贷条件的人发放了过多的贷款,转而又通过证券化来转移风险;深入看则是西方一直信奉的"理性人"或"经济人"所致。次级贷款就是按揭贷款人缺乏收入和还款能力,或者负债较重,所以资信条件较次。美国历史上标准的房贷首付比例是20%,但在次贷危机之前,一些金融机构不仅将首付比例降到了零,甚至出现了负首付;放贷中的专业人员评估也变成了电脑自动化评估;有的机构则利用资产证券化的机会故意将高风险的按揭贷款打包到证券化产品之中,向投资者推销这些按揭贷款证券且不披露其中的风险。与此同时,享有国际声誉的资信评级机构则利用资信评级市场的不透明而通过推波助澜造成火上浇油,使这些高风险资产顺利进入投资市场,将风险转移给投资者。如此,这些次级贷款的还款风险就由潜在变成了现实。另外,从美国货币管理当局和美国政府的管理行为看,一系列疯狂但"聪明"的操作更充分地展现了西方的制度性愚蠢。实际上,从21世纪初开始,美联储就通过"失智"性操作为新危机创造条件。继2000年2月2日、3月21日两次调高利率50个基点之后,5月16日又一次调高50个基点,使美国利率水平达到了创纪录的6.50%;

---

[1] E. F. 舒马赫.小的是美好的[M].虞鸿钧,郑关林,译.北京:商务印书馆,1984:11.

进入 2001 年之后美国突然进入利率下调通道，一年之内连续 11 次下调利率，使利率水平骤降至 1.75%；之后又在 2002 年 11 月 6 日下调 50 个基点，2003 年 6 月 25 日再下调 25 个基点，从而使利率达到了 1.00% 的低位。而这一时期正是美国上上下下鼓励人们购房、商业银行疯狂发放次级贷款、投资银行疯狂实施证券化的阶段。令人不解的是，这样的宽松货币政策在 2004 年之后突然被收紧，经过 2004 年 5 次、2005 年 8 次、2006 年前半年 4 次连续上调，美国利率又回到了 5.25% 的高位。再看看美国货币当局应对次贷危机的措施。正如一些人指出的，在次贷危机爆发之前美国有关部门和机构就已注意到次级抵押贷款蕴含的市场风险，但直到 2007 年 7 月后房地产抵押贷款市场急剧恶化、大批借款人难以还款时，美国货币管理当局才推出再贷款计划，并寻求通过条款修正等方式增加抵押贷款融资。这些治标不治本的措施显然不会扭转局势。危机爆发后，面对美国经济复苏疲软、失业率升高而通胀率较低的形势，布什政府与历届政府一样，迷信西方经济学提供的财政政策和货币政策，但由于财政政策丧失空间，传统货币政策也已失效，美联储不得不推出非传统的货币政策——量化宽松。其中第一轮量化宽松政策购买的是由房地美、房利美和联邦住宅贷款银行发行的债权及其担保资产支持证券，第二轮购买的是财政债券和机构债券，第三轮购买的是住房抵押贷款债券，第四轮购买的是国债。可以看出，量化宽松政策宽松和挽救的是垄断资本集团，其结果不是让美国普通民众得利，而是通过操纵美元与世界其他货币的汇率，从国外牟取金融货币利益来缓解国内经济问题，让美国普通民众和世界为危机买单。

不过，已经习惯了"薅羊毛"的美国垄断资本集团已经利令智昏，认识不到在封上别人大门的同时也会堵了自己的出路。当前严重的通货膨胀及经济萎缩，将进一步使美国顾此失彼，进一步彰显西方模式由金融机构"失能"、征信机构"失聪"、监管机构"失智"和美国政府"失相"所反映出的愈来愈严重的制度性愚蠢问题。

最初提出新商业文明概念的人们认为，新商业文明产生的直接原因和条件就是在2007年发端于美国的次贷危机。实际上，美国次贷危机的影响远不限于此，单独一次次贷危机也难促成新商业文明的诞生，西方频繁且周期性的经济、社会、政治危机也许惊不醒已深陷制度性愚蠢的垄断资本集团，但也会让一些人逐步领悟到西方文化和西方管理学理论的局限与缺陷，看透资本主义的本质。而这一次金融和经济危机则完全暴露了西方模式的问题：垄断资本集团以经济达尔文主义为依据，为了一己私利，不是在解决问题，而是在挑起问题；不是在平息危机，而是在制造危机；不仅要挑起和制造经济金融危机，更要挑起和制造政治和社会危机。这也让越来越多尚存一丝理性的人认识到，要想实现人类的持续发展，必须寻找新的模式，发现新的商业文明。

决定新商业文明被认识的物质条件：新技术革命与互联网的广泛应用。迄今为止人类社会大体上经历了两次可以说是颠覆性的价值观冲击，即商品经济的冲击和互联网科技的冲击，也正是这两次冲击将人类社会划分为熟人社会、众人社会和网人社会三个阶段。熟人社会最典型的代表是原始社会和中国家庭经济社会[1]，其特点是亲情合作、以人为本、不计成本，只有零星的商品生产和商品交换，人与人之间虽有亲疏远近，但交往范围有限，人品高于一切，"酒好不怕巷子深"就是熟

---

[1] 冯彦明.中国小农（家庭）经济的重新认识和评价[J].北部湾大学学报，2021（01）：55-70.

人社会人际关系和商业模式的真实写照。这样的熟人社会在经过了相当长的时间之后，由于生产分工，"三孩儿"特别是"坏孩儿"出现[1]，凯恩斯的"恶实用"观念，出现了产品据为己有和交换，也出现了知识产权和专利权等，商品生产出现并逐步占据主导地位，犹如泻地的水银，无孔不入，不仅改变了社会的生产方式，更改变了人的思维方式和价值观，造成了对熟人社会的全面且深度冲击，形成了众人社会。众人社会的特点是商品规模化生产，交换范围无限，社会分工细化，产成品从形成到最终消费的中间环节增多，生产者与消费者之间靠"广告"联系，造成生产者和质量难以追溯，因而形成了资本雇佣劳动的社会生产方式，股东至上，销售为王，为了利润不择手段，社会失去诚信，表面上的契约约束被话语权垄断，表面上的民主决策被大股东操纵，表面上的上下游一体被核心企业控制，从而形成了"如果有百分之二十的利润，资本就会蠢蠢欲动；如果有百分之五十的利润，资本就会冒险；如果有百分之一百的利润，资本就敢于冒绞首的危险；如果有百分之三百的利润，资本就敢于践踏人间一切法律"的西方资本主义商业模式。

显然，西方商业模式是建立在"坏孩儿"通过"羊吃人"或侵略殖民、奴隶贸易等途径实现了其原始积累的基础之上的，是建立在利润第一（唯利是图）、股东至上（资本雇佣劳动）的基础之上的，是建立在契约调节、寡头统治基础之上的。在这样一种商业模式中，充斥的只能是野蛮和谎言，存在的只能是愚昧和欺骗，行使的只能是掠夺和侵略，造成的只能是人的短视和短期行为，以及自然资源的破坏和环境的污

---

[1] 冯彦明."三孩儿"现象的经济学分析——兼谈经世济民的中国经济观[J]. 财经理论研究，2020（4）：12-22.

染。虽然其中也有零星的文明的火花,但掩盖不住其野蛮和粗鲁的本质和必然;虽然其中也不乏所谓的文艺复兴和民主革命(主要是资产阶级革命),但所有这些主要都是为了强化自私和对自私合理性的认识;虽然其中也不乏技术进步和革命,并且在目前话语体系中的几次技术革命几乎都发生在西方模式主导的社会中,但所有这些不仅没有帮助人类很好地认识和利用自然界,反而成为垄断集团统治人民、发动战争的工具,成为人类社会畸形发展(物质至上)和不可持续的原因。

当然,我们也不是简单否定商品经济的作用。商品经济也是人类的创造和选择,也是人类历史的必然。人类社会的神奇之处就在于有一个"道"的自然约束和矫正,正是这个"道"使得螺旋式上升的人类认识总会回到初心,波浪式前进的人类社会总会回归平稳。本来,随着商品经济发展和分工的细化,人类社会会越来越散,众人社会的特征会越来越明显,彼此间的不信任甚至敌意会越来越严重,但互联网的出现却为人类社会回归新的熟人社会带来了曙光。与商品生产和交换类似,新技术革命和互联网的出现,犹如新洒了一地的水银,迅速融入人类生产和生活的方方面面,甚至可以说,互联网的影响比商品经济有过之而无不及;如果说商品经济在不同的国家、不同的行业尚有不同的限制,互联网则是直接超越了年龄、行业、地区、国家的界限,几乎实现了全民网民化、全时全过程网络化;不仅如此,如果说商品经济是一个自发发展的过程,那么网络科技则是加入了巨大的前所未有的行政力量,当前的信息化、数字化、智能化既是网络科技发展的必然,也是各国政府工作的重点所在。互联网使人类社会生活生产模式迅速发生变化:从起初的生产互联发展为生活互联,从物理互联发展为精神互联,从熟人互联到网人互联,从区域内互联到全球互联,发挥网络和信息的作用,利用大数据和云计算的便利,通过供应链和区块链,把众人社会中分散、隔离、自私的个人（及法人）重新"真实"地联系在一起，形成了超越亲情和血缘、超越代际和空间的社会生产、生活和交易网络，进而对人的价值观即认识产生了前所未有的冲击，带来商业模式的根本性变革。在价值观方面，如果说不加限制和规范的西方传统商品经济让人们失去了自我，那么，网络在让人们重新发现自我的价值、重新找回个体自信的同时，也使人们感觉到并逐步认识到了人类的共同体本质，体现为一体化即共同体意识的形成；在商业模式方面，则体现为以人为本、全球联通、精准定制、终身追责的可追溯、多批次、小批量以及当前与未来统一、局部与整体统一的新形态，进而让人重新发现了彼此之间的相互依赖性，使人们真正认识和体会到了命运共同体的含义和价值，也把过去看不见、摸不着但实际存在的人与人之间千丝万缕的关系表面化，把过去一直认为是"看不见的手"转化为"看得见的心"，这就形成了新的社会形式——网人社会，也就是新熟人社会。

　　显然，网人社会的基本特征就是透明化和一体化。所谓透明化，就是改变了过去由封闭造成的信息不对称状况，形成了信息及时传递且能够长期保存、实时更新、随时查阅，因而可以随时追溯和证明的状态。在此过程中，虽然各人由于认识和数据处理能力的差异而对信息接受的程度有区别，但总的来说信息的可得性及传输速度、传播范围、准确程度等都是过去无法比拟的，这就形成了人们通过社交软件经常沟通、通过商品交换与消费经常联系的"虽未直接谋面，彼此早已了解"的熟人状态。不仅如此，由于信息如此丰富，传递如此便捷，彼此沟通变得十分方便，也由于商品随着信息快速且方便地流通，从而实现了生产者与生产者、生产者与消费者、消费者与消费者之间通过商品的物理沟通（供应链与价值链）的便利化，形成跨越时空的供应网和价值网，从而形成了一体化的社会，体现出"人类命运共同体"的架构和价值。在这种情况下,众人社会的商业模式已经不适应网人社会的需要,必然呼唤新的反映并适应透明化和一体化需要的商业模式出现,新商业文明的价值逐步被认识。

决定新商业文明被接受的思想文化条件:中国重新崛起和中华文明的新生。各国的文化不同,表明各国对世界、社会和人生的认识不同,发展道路、理论、制度也就不同,发展模式当然也就不同。中国之路不同于西方,但过去人们并不知道,主要是西方不知道还存在着一种不同于他们那种唯"物"主义、唯利是图的道路、理论、制度和文化。在新技术革命的推动下,互联网的普及应用实际上推动了传播和媒体革命,现实已经几乎没有封闭和秘密,互联网造就了"直接联系"和"直接传播",因而实现了"直接接受",传统的封闭方式已经难以发挥阻止人们了解实际、了解真相的作用,西方民主、自由、博爱的神话被戳穿,西方式发展不可持续的必然被反思。从微观基础看,西方是自私理念的倡导者和"恶"观念的实践者。英国早期的重商主义者约翰·海尔斯早就提出贪婪是经济行为的主要动因,他说:"我认为贪婪是其中的主要原因;但是,我们能够想出办法使所有的人不再贪婪吗?不能,正如我们不能使人们没有愤怒、没有欢乐、没有怨悔和没有各种感情一样。"[1]西班牙殖民者赫尔南·科特斯更是形象地说:"我们西班牙人人都受着一种心病的折磨,这种病只有黄金才能治愈。"[2] 20世纪30年代末期凯恩斯曾表示:"至少在100年内,我们还必须对己对人扬言美就是恶,

---

[1] 伊拉莎白·拉蒙德.论英国本土的公共福利[M].马清槐,译.北京:商务印书馆,1991:126.
[2] 米歇尔·博德.资本主义史1500—1980[M].北京:东方出版社,1986:6.转引自:高德步.世界经济通史(中卷)[M].北京:高等教育出版社,2005.3.

恶就是美，因为恶实用，美不实用。"[1]正是这样的文化和世界观，决定了从中观看的西方所谓完善的企业法人治理并不能成为解决企业破产、提高管理水平的灵丹妙药，西方的金融创新并不能减少金融经济危机的发生和对人心的摧残；从宏观看，造成从两极分化到多极分化，人类发展面临"增长的极限"和不可持续问题。

与此相对比，中国可以说一直是世界各国发展的榜样和人类社会进步的楷模。虽然其中也有不幸，尤其是19世纪中期之后西方国家从贩卖鸦片在身体上摧垮中国人，到"八国联军"兽性大发在军事上打垮清政府，最后到学术领域贩卖西方文化和西方经济学等，用逻辑体系、学术体系、学科体系在思想上控制中国的部分知识分子，在话语体系和话语权上影响甚至控制了中国人，但"十月革命一声炮响，给我们送来了马克思列宁主义"，以毛泽东主席为代表的中国共产党人从中国革命的具体实际出发，创造性地构建起毛泽东思想，指导了中国革命的伟大胜利和中国特色社会主义建设的初步胜利。党的十八大以来，以习近平同志为核心的党中央，把马克思主义基本原理与中国革命和建设的具体实际相结合，与中华优秀传统文化相结合，不仅取得了重大理论创新成果，形成了习近平新时代中国特色社会主义思想，而且使"近代以来久经磨难的中华民族迎来了从站起来、富起来到强起来的伟大飞跃，迎来了实现中华民族伟大复兴的光明前景"[2]，这"意味着中国特色社会主义道路、理论、制度、文化不断发展，拓展了发展中国家走向现代化的途径，给世界上那些既希望加快发展

---

[1]冯彦明.对西方区域经济发展理论的思考——兼谈实现经济可持续发展的中国思路[J].财经理论研究，2020（01）：1-10.

[2]习近平《决胜全面建成小康社会 夺取新时代中国特色社会主义伟大胜利——在中国共产党第十九次全国代表大会上的报告》。

又希望保持自身独立性的国家和民族提供了全新选择，为解决人类问题贡献了中国智慧和中国方案"。[1]

事实上，我们并不否定商品经济的积极作用，但也不能不认识到自发发展的商品经济所存在的根本缺陷。如果说前者会刺激技术进步，后者则会造成人类畸形。

中国很早就产生了圣人，实行的是"天下一家"的社会生产关系形式，落实的也基本上是"天下一家"的社会制度，因而在很长时间内存在的是一种熟人社会（家庭经济）的经济模式。与此相对比，西方则完全是另一条道路：西方从原始公有制解体之后形成了"私天下"的庄园和城堡制度，为商品经济的自发发展"创造"了条件，也就为西方国家的野蛮和侵略扩张奠定了基础。新技术革命和互联网的普及在展示商品经济技术进步成果的同时，也把中华民族从"百年耻辱"到"站起来"，再到"富起来""强起来"的现代化道路一览无遗地展示给世人，把中国"治国平天下""太平世界，环球同此凉热""构建人类命运共同体"……传递给世人，让中国人更加坚定"四个自信"，让世人特别是西方人了解中国的理论和制度，了解决定中国道路、理论、制度的中国文化，了解由中华文明决定并指导，与新商业文明不谋而合、异曲同工的中国商业模式，进而了解新商业文明的必然、根基和本质。这也注定了中华文明的新生和新商业文明的诞生。

新冠疫情与俄乌冲突对新商业文明价值的验证：深化对人类命运共同体的认识。2019年开始流行的新冠疫情给世界各国带来巨大影响，也展示了全球供应链的价值和人类命运共同体的意义。而2022年年初

---

[1] 习近平《决胜全面建成小康社会 夺取新时代中国特色社会主义伟大胜利——在中国共产党第十九次全国代表大会上的报告》。

爆发的俄乌冲突在进一步暴露西方资本主义本质的同时，引发的全球性经济困难特别是美欧经济陷入衰退更体现了全球经济的相互依赖性，让世人深刻体会到了"地球村"和人类命运共同体的价值，体会到了西方商业模式的局限和缺陷，证明了新商业文明的必要和必然。

二、新商业文明的内涵与特征

文明是一个有意义的主题，这不仅仅在于有了文明，就有了人与动物的区别，更在于有了文明，也就有了人与人的区别，人类因而也就有了努力的方向：因为有了文明及其标准，就可以判断个人的思想与行为是否文明，从而为矫正个人的不文明思想和行为提供依据和指导；因为有了文明，就可以判断一个团体（公司）甚至国家的思想、行为、战略是否文明，从而为制定正确、文明的国家战略，维护和实现人类的可持续发展指明方向。

中国很早就使用了文明一词，还赋予该词以丰富的内涵。如在《易经》中有"其德刚健而文明""内文明而外柔顺"等，《易·文言·乾》中有"见龙在田，天下文明"，《易·象·贲》中有"刚柔交错，天文也；文明以止，人文也。观乎天文，以察时变；观乎人文，以化成天下"，《尚书·舜典》中有"浚哲文明"，其疏解将"文明"解释为"经天纬地曰文，照临四方曰明"。可以看出，中国"文明"的概念不仅产生很早，而且表达的既是一种状态或者说境界，也是一种方法和实践，还是一种价值指向。作为一种状态或境界，文明是人类对个人自身、人与人之间、人与社会之间、人与自然界之间关系的正确认识及其行为表现，是人类智慧的结晶，表现出的是高尚的道德修养；作为一种方法和实践，文明体现的是在正确认识（道德修养）指导下的知行合一和教化止观，是人的行为规范；作为一种价值指向，文明体现了全人类共同的价值观和努力方向。在这里，道德修养、价值指向和实践方法三者是统一的，也就是说，中国文化中的文明不是说教和形而上学，而是"天命之谓性，率性之谓道，修道之谓教"，是与"诚意正心修身齐家治国平天下"完全一致的概念，反映的是"有德此有人，有人此有土，有土此有财，有财此有用"的厚德载物之理。

与中国文化中的"文明"相对比，英语中的 civilization 和法语的 civilisation 都来源于拉丁文的 civis 一词，是市民的意思，实际上就是资产阶级，也是对城市资产阶级和资产阶级国家的概括，这似乎暗含着，只有"市民"这一群人、这样的行为方式才是文明的。黑格尔将市民社会看作私人利益的体系，马克思把市民社会看作市场经济中人与人的物质交往关系和由这种交往关系所构成的社会生活领域。我们都知道西方的资产阶级是靠"羊吃人"的圈地运动和侵略掠夺而来的，是私有制社会发展和私有观念一再被强化的结果，因此，西方的"文明"一词及其内涵是为以市民为代表的资产阶级及其行为正名的工具，与中国文化中的"文明"完全不是一回事。

文明应该是人类对包括其自身在内的自然界、社会、人类思维的系统、全面、正确的认识及其表现形式，是关于宇宙人生的真相，是人类智慧的结晶，体现为人类对宇宙人生的正确认识、基于这些认识所表现出来的行为以及所产生的结果三个方面。因此，真正的文明不是各种不同形态的物质，虽然这些物质作为人类行为的结果在一定程度上可以代表文明；文明也不是各种不同群体和个人的认识，虽然有的认识是文明的，构成了人类文明的组成部分。判断人的认识和行为是否正确、是否文明的标准只有一个，这就是"三赢"，即同时满足主体的我你他、空间的本地周边异地、时间的现在过去未来三个维度、三个方面的需要。既如此，文明就能超越时空，当然也就能够超越任何个人和团体，不以任何个人和团体的意志为转移。既如此，文明就不能是多义的，虽然文明观可以有多种，但文明只能有一种，文明就是文明，不文明就是不文明，虽然很多东西并非非黑即白，但这种相对性也不能被简单地绝对化，而需要，也必须从是否符合和有利于人类的目标即个人全面发展、人类可持续发展出发做出判断，否则，就意味着失去了共同的语言，失去了判断和推理的基础，也就最终失去了彼此之间沟通的条件。当然，文明的这些特性并不否定其在具体表现形态上的可变性，并不否定其具有的与时俱进性，就像新商业文明与旧商业文明（非西方商业模式）是文明在不同时空条件下的不同表现一样。

其实，商业文明既不是商业的文明，也不是商业中包含的星星点点的文明成分，而是指文明的商业模式或管理模式，是商业活动折射出的整个社会的文明状态和水平，是社会文明的一种集中体现。人们用商业文明指代的是文明的管理模式，并以此与西方传统经济模式相区别。我们知道，商业在中国不仅产生很早，而且出现了商业鼻祖（商代）王亥的"肇牵车牛远服贾"，既能做官又会经商的第一位儒商、孔老夫子的高足子贡，热心公益事业而被后人称为商圣的范蠡，第一个爱国商人、智退秦师入侵的弦高[1]等。不仅如此，中国在很早就开始限制和规范商品经济的发展，也正是这种限制和规范决定了中国既没有走西方"羊吃人"之路，也没有对外掠夺侵略；既保证了中华五千多年文明的连绵不断和经久不衰，又实现了中国的长期持续发展和多次繁荣。[2]因此，新商业文明是在新的时代和条件下的一种文明的商业模式或管理模式，是区别于传统的、旧时期的商业文明而言的。如果说商业文明与西方非

---

[1] 赵鹏. 河南新商业文明让商业文化先行[J]. 商业文化, 2017 (17): 60-65.
[2] 冯彦明. 中西商品经济发展路径的比较及选择——兼论中西方经济学之区别及其根源[J]. 区域经济评论, 2020 (1): 55-62.

文明经济模式的区别是本质上的，是根本的不同，那么，新商业文明与旧商业文明的区别则是形式上的，是存在的具体条件不同，即后者主要存在于熟人社会，前者则存在于由互联网造就的网人社会。

所谓的新商业文明，就是网络时代基于网络而构建的反映时代和条件变化、助力人类实现个人全面发展和集体可持续发展的一种新的商业管理模式，具体体现为由诚信为根、服务为魂、员工为本、普适为宗、网络为手，以及代表着新时代特征的共享为准这六个要素构成的商业运行和管理方式。

（一）诚信为根

《中庸》上说："诚者，天之道也；诚之者，人之道也""自诚明，谓之性；自明诚，谓之教。诚则明矣，明则诚矣""唯天下至诚，为能尽其性；能尽其性，则能尽人之性；能尽人之性，则能尽物之性；能尽物之性，则可以赞天地之化育；可以赞天地之化育，则可以与天地参矣"。诚信是做人之根本，也是文明之本义，当然也就成为新商业文明之根。

"诚即天道"，真实无妄；"信"者人道，表里如一。《说文解字》云"诚，信也"，又说"信，诚也"，故虽"诚"重内修，"信"重外化，但莫不要求诚实守信，莫不揭示宇宙人生的真相，莫不体现文明之本质。中国文化就是关于诚信的文化，也是关于如何做到诚信的文化。《大学》八目"格物致知诚意正心修身齐家治国平天下"说明了诚信的基础和做到诚信的条件，而"止于至善"则说明了诚信的最高境界。

从方法论上讲，中国文化和中华文明区别于西方的根本之处就在于前者既不是学问，也不是哲学，更不是单纯要求别人的规则，而是探求宇宙人生的真相，是人类生产生活的智慧，当然也是人类生产生活的准则，正如《中庸》所讲："道也者，不可须臾离也，可离，非道也。是故君子戒慎乎其所不睹，恐惧乎其所不闻。"了解、学习和应用中国文化和中华文明既不能靠"文献综述"，也不能靠当前流行的研究，而必须"学而时习之"，必须"知行合一"和"吾日三省吾身"，而所有这些本就是诚信的具体表现。

从历史传统看，中国是人情社会，中国的"天下一家"决定了人情社会的必然。一些人认为这样的人情社会只有亲疏远近，缺乏诚信意识和契约精神。其实不然，中国社会，天下一家，虽有亲疏远近，但整体亲如一家，所谓"好事不出门，坏事传千里"，因此，人们更注重自己的名声，更强调自己的"老实""本分"，也才有了"酒好不怕巷子深"。不仅如此，从整个社会和国家的治理来说，所谓"道之以政，齐之以刑，民免而无耻；道之以德，齐之以礼，有耻且格"（《论语·为政》），正是全社会的上上下下都提倡并践行"慎独"和"成年养德"，君子的人格才受到社会普遍的推崇，"君子爱财，取之有道"的商业伦理和文明标准才能深入人心。

到了众人社会阶段，由于受西方文化和经济模式的影响，也由于信息不对称和对商品经济的误解，导致了唯利是图，并由此而出现了各种形式的不诚信问题。正如王日根（2015）所分析的，在改革开放开启了中国走向市场经济的大门之后，一些人在过多强调追求利益最大化的同时却过少地关注到诚信与利他观的树立，忽略了中华优秀传统文化的传承；个别政府部门和行业组织也没能及时、有效地制止那些有悖诚信的行为，于是，"三聚氰胺奶粉""化学火锅底料"等现象层出不穷，一些企业通过媒体舆论搞不正当竞争，雇用网络水军争夺客户……诚信、公平的市场秩序难以建立，商业道德沦丧，商业运行失去了良好生态。他说，我们在高喊市场经济是"法治经济"时也不应忘却市场经济是"道德经济",以诚信为根本要素的道德约束是走向成熟市场经济的前提。[1]也正如管益忻所说的,现在好多企业都在那儿大搞表态,一说社会责任就出了好多的承诺,天花乱坠;企业不能老停留在承诺上,要从消费者实际体验使用价值当中检验这个价值怎么样,检验值不值那么多钱。[2]

当今网人社会,人们不论亲疏远近,也不论民族国界,不论贫富丑俊,也不论老幼强弱,网络把大家的生产消费连接起来,把大家的心得感触反映出来,舆论控制已掩盖不了真相,网络水军也难以长期诱导大众。不仅如此,由于网络的长期可记忆、可储存、可搜索,一失足可酿千古恨,一句谎会遭千人唾。西方模式"只论成败不问是非,新商业文明则是先问是非再问成败"[3],这样,"诚信"将会"东山再起",成为网人社会的特征和构成要素之一。

(二)服务为魂

如果说诚信是新商业文明之根,那么,服务就是新商业文明之魂。所谓服务,其实就是社会成员之间的互相满足,相互提供方便。商业活动,就是人与人之间通过商品和劳务交换实现彼此满足的过程。从本质上讲,人是多维一元的,是个人与社会的统一[4],因而构成了人类命运共同体,不仅个人与个人之间存在着千丝万缕的联系和依赖,公司与公司之间通过供应链和价值链也结成了难以隔离的供应网和价值网;不仅国家与国家之间因为国际贸易和商品服务的流通而连接在一起,人类与自然界也因为"天人合一"而成为人与自然生命共同体。正因如此,

---

[1] 王日根.新商业文明的核心理念依然是"诚信"[J].商业文化,2015(20):17-20.

[2] 管益忻.新商业文明的起点在哪里——《论语》管理解读[J].企业研究,2010(01):35-36.

[3] 李晔."长命"企业秘诀:践行新商业文明[N].解放日报,2010-6-1(008).

[4] 冯彦明.中国经济学的哲学基础与起点[J].区域经济评论,2021(04):29-38.

习近平总书记指出:"我们主张,各国和各国人民应该共同享受发展成果。每个国家在谋求自身发展的同时,要积极促进其他各国共同发展。世界长期发展不可能建立在一批国家越来越富裕而另一批国家却长期贫穷落后的基础之上。只有各国共同发展了,世界才能更好发展。"[1]他说:"如果奉行你输我赢、赢者通吃的老一套逻辑,如果采取尔虞我诈、以邻为壑的老一套办法,结果必然是封上了别人的门,也堵上了自己的路,侵蚀的是自己发展的根基,损害的是全人类的未来。"[2]

一些人对商品经济有着严重的误解,认为商品生产和交换产生的前提之一是私有制,其结果也是为了维护私有制,为了实现个人的利益。其实,商品经济是服务经济,因为在商品经济条件下,商品(包括服务)是用来交换的劳动产品,而交换成功除了要满足由效率所决定的价格合理的前提,最根本的就取决于在用途和质量等各方面满足对方的需要。也就是说,企业盈利的前提是商品交换成功,而商品交换成功的前提则是满足对方的生产或生活需求。因此,从本质上讲,商品经济社会并不是自我封闭、相互隔离的社会,而是我为人人、人人为我的社会,因而也是相互服务的社会。[3]也正因如此,马克思说,商品交换是一次"惊险的跳跃",如果这个跳跃不能成功,打碎的不是商品,而是商品生产者。

所谓服务为魂,一方面是说商品经济的本质就是服务,这在网人社会体现更为明显;另一方面就是要在真正认识到人与人相互依存的必然

---

[1] 中共中央党史和文献研究院. 习近平扶贫论述摘编[M]. 北京:中央文献出版社,2018(08):147.

[2] 中共中央党史和文献研究院. 习近平扶贫论述摘编[M]. 北京:中央文献出版社,2018(08):162.

[3] 冯彦明. 中国经济学的基本范畴[J]. 财经理论研究,2022(02):01-19.

性和必要性、人与人相互服务的必然性和必要性的基础上，用"己所不欲，勿施于人"的标准来约束个体的行为，用"一体化"的理念指导人们的行为，践行人类命运共同体和人与自然生命共同体的精神。有了这样的认识和行为，就不会有"羊吃人"的圈地运动和贪得无厌的侵略扩张等殖民行动，新的商业文明，即体现和反映创新、协调、绿色、开放、共享新发展理念的中国商业模式也就自然而然形成。

（三）员工为本

员工为本是以人为本的中国文化在新商业文明中的体现和反映，是网人社会中对诚信为根和服务为魂的具体落实，因而是新商业文明的内容和重要特征之一，也是区别于西方商业模式中"股东至上"观念的重要方面。

在西方商业模式中，一方面，人们认为是资本雇佣劳动，是资本（家）为劳动（者）提供了生产乃至生活的条件，因而，公司的利润为资本家所得；另一方面，虽然员工是公司生产和服务的直接提供者，但他们在大规模生产的流水线中只充当螺丝钉的角色，产品和服务的质量很难与员工直接挂钩，而是主要与公司的所有者和管理者相关。这就造成了"股东至上"和利润第一的状况。

从现实看，虽然公司的经营决策和战略控制在"三会一层"的高管手中，但实际的生产者则是广大的员工，"微观"且分散的员工个人虽然不影响公司的大政方针，却直接影响着产品和服务的质量和生产效率，从而直接影响着公司的销售和利润，以及下游厂家和消费者的生产和生活。尤其是在网络社会，由供应链和区块链提供的记录、储存技术不仅把一个公司的所有者（股东）和生产者（员工）联系起来，也把整个社会的所有的股东和员工联系起来，形成了一个任何个人都无法脱离的命运共同体。此外，由于每一个人都是消费者，而消费者最关心的就是商品的质量，在员工为本的情况下，保证了员工的利益，也就是保证了商品的质量，当然也就有利于全体消费者，从而有利于全体公民。因此，员工为本既改变了西方商业模式中"股东至上"的观念，认识到现实的生产者是员工，真正创造价值的是员工，决定社会上商品供给数量、质量的也是企业的员工，又考虑了消费者和所有人的今天和明天，解决了员工的后顾之忧和社会的和谐发展问题。

新商业文明以员工而非股东为本，实际上也重塑了公司的商业目标和社会的生产目的。过去讲发展才是硬道理，这是错把发展作为目的，把人当成了发展的手段。人力资源也好，人力资本也罢，都没有把人当成人，都还是把人当成了手段，当成了工具，当成了生产的要素。现在我们提出以人为本，以人民为中心，这是强调人才是发展的目的。实际上，人是目的和手段的统一，发展依靠人，发展也是为了人。当然，这里的"人"不是哪一个人，也不是哪一部分人，而是所有人，是所有地区、所有国家、所有时代的人。所谓一切依靠人，一切为了人，一切服务人，就是这个道理。一个地区、国家的发展如何，最终体现在人的发展上，体现在人民的生活上，体现在人们对美好生活的追求和实现上。公司的商业价值和结果也要通过重塑商人精神、看是不是公司的所有员工及利益相关者得到发展来检验。王吉鹏（2016）提出"做生意不等于做企业，发财不等于发展"的观点。[1]吕力（2018）也认为新商业文明的核心是价值创造，因而新商业文明的逻辑之一是员工第一、激发员工的创造力。[2]也正因如此，新商业文明要求"重估一切价值"，重新思考和定义企业与股东的关系、企业与客户的关系、企业与员工的关系、

---

[1] 王吉鹏. 重塑商业伦理，创造新商业文明[J]. 时代经贸，2016（18）：24-25.
[2] 吕力. 财富的正义与正义的财富：中国新商业文明的基石、核心、条件与路标[J]. 现代商业，2018（29）：172-173.

企业与社会的关系、企业与环境的关系、企业与人类未来的关系,并做出实质性的改变。[1]同时,新商业文明倡导共有的分享机制,认为新商业文明下的主体"既是生产者又是消费者","既是学习者又是赋能者","既是体验者又是传播者"[2]。

(四)普适为宗

工业时代的一个基本特点就是专业化,不仅公司实行专业化生产,公司的员工也仅仅掌握着专业化的知识和技能;不仅学校对学生实行专业化培养,教师也只能是专业课老师,至多可以发展为"专家"而成不了"大师"。这样,口头上的"平等、自由"被现实中的"专业、分工"所扭曲,本来具有综合能力的人被物质利益(表现为利润、金钱等)和专业技能所限制,从而在商品经济的大潮中公司"船小难调头",个人"技专难转行",进而使个人全面发展变为畸形存在,公司综合经营变为"专业户拼凑"。

正如前述,商业文明绝不仅仅是商业活动中的文明,而是社会文明在经济过程中的集中体现。西方工业革命在强调通过专业化分工提高效率、创造物质财富的同时,也强化了人的自私自利意识,迷惑了人的本性,不仅严重降低了人们适应社会的能力,也造成了西方的制度性愚蠢。中国文化讲"知止而后有定,定而后能静,静而后能安,安而后能虑,虑而后能得"(《大学》),又讲"常无欲以观其妙,常有欲以观其徼"(《道德经》第 1 章),唯如此,方可达"不出户,知天下;不窥牖,见天道。其出弥远,其知弥少。是以圣人不行而知,不见而名,不为而成"(《道德经》第 47 章)。这不仅说明了诚信的方法(知止),也说明

---

[1] 崔尚祖. 以仁为本——新商业文明的核心[J]. 装备制造,2010(12):74-75.

[2] 张党珠,顾赛宇. 国有企业从企业文化到新商业文明的演进——以 Y 企业为例[J]. 现代管理科学,2019(04):61-63.

了诚信的意义（全面发展）。中国文化之所以被称为"慧学"，即智慧之学，中华文明之所以能够延续，成为实现人类可持续发展的基本遵循，就在于它让每个人由"知止"开始，到"能得"而终的"君子不器"，即能够实现个人的全面发展，也就是普适。

其实，即便不谈中国文化中的"君子不器"的至高境界，就算是针对生产过程，恩格斯也早就说过："阶级的存在是由分工引起的，到那时现在这种分工也将完全消失，因为要把工业和农业生产提高到上述的那种水平，单靠机械的和化学的辅助工具是不够的，还必须相应地发展运用这些工具的人的能力。当18世纪的农民和手工工场工人被吸引到大工业中以后，他们改变了自己的整个生活方式而完全成为另一种人，同样，用整个社会的力量来共同经营生产和由此而引起的生产的新发展，也需要一种全新的人，并将创造出这种新人来。生产的社会管理不能由现在这种人来进行，因为他们每一个人都只隶属于某一个生产部门，受它束缚，听它剥削，在这里，每一个人都只能发展自己能力的一方面而偏废了其他各方面，只熟悉整个生产中的某一个部门或者某一个部门的一部分。就是现在的工业也渐渐不能使用这样的人了。由整个社会共同地和有计划地来经营的工业，就更加需要各方面都有能力的人，即能通晓整个生产系统的人。"[1]

吴晓燕等（2009）指出，工业时代最大的特点就是标准化、流水线、大规模，为低成本付出的代价是"一致"，即所有人都买一样的东西。但到了网络时代，由于数字化和信息化，由于应用共享平台，可以更便宜、更快速地生产多种产品和服务，这意味着低成本、大规模且个性化的定制成为可能。所以电子商务的未来就是范围经济（多品种、小

---

[1]《马克思恩格斯全集（第4卷）》。

批量）加规模经济的大规模定制时代，这是全新的商业模式。[1]吴玉征（2011）也认为，由于在互联网上一切都是透明的，企业知晓消费者喜好，也知道企业该要什么，因此，企业就能围绕自身和消费者的需求，建立以消费者为中心的生产和营销模式，适应不同消费者需求。[2]实际上，互联网经济本质上是平台经济，是由供应链和价值链高度发展之后形成的以供应网和价值网为特征的一种经济模式，这样一种"网络"或"平台"犹如一个直接生产和销售百货，并且可以提供私人定制的公司，几乎可以供应社会需要的各种商品，因而成为可以全天候运行、全方位应对的"航空母舰"。

（五）网络为手

新商业文明不仅在"文明"，更在于"新商业"，即新经济模式。而新经济模式的"新"就在于网络。正如前面所说，网络给人类社会带来的冲击堪比当年的商品经济，甚至超过了当年的商品经济。因为商品经济作为一种经济形式可以被限制，而网络作为一种技术或抓手，只能被利用，而且是自上而下在主动推广。网人社会区别于熟人社会和众人社会，数字经济区别于家庭经济[3]和工业经济，新商业文明区别于旧商业文明和西方商业非文明，主要就源于网络成为一个现实的抓手，通过网络，当年亚当·斯密的"无形之手"转变为了有形的数字（信息）。因此我们说，网络是新商业文明出现的物质基础。

网络不仅积累了海量的数据，而且将这些数据变成了有价值的活数

---

[1] 吴晓燕，曾鸣. 新商业文明已现曙光［N］. 中国经营报，2009-12-21（B12）.
[2] 吴玉征. IT驱动新商业文明［N］. 计算机世界，2011-04-25（29）.
[3] 冯彦明. 中国小农（家庭）经济的重新认识和评价［J］. 北部湾大学学报，2021（01）：55-70.

据[1]提供给了云计算。姜奇平（2010）认为，云计算的一个典型特点是把网络而不是节点作为基本的经营单位。他认为西方在经历了家庭和企业两种经济组织形式后，现在正在形成网络这种新的经济组织形式——社会企业。这种社会企业是企业与其社会生态网络的一体化，在商业生态系统中，已经很难区分哪些是企业本身的经济利益，哪些是共同的经济利益，甚至哪些是社会利益。甚至跨国公司都在全球化的过程中与本地利益相关人打成一片，力图融入当地社会网络。[2]而吴晓燕等（2009）认为，IT行业将进入一个公用计算时代：任何一个企业未来在使用IT计算的时候只要说需要多少计算能力就行了，然后用互联网服务的方式直接送到你身边，而且所有的付费都可以像用电一样，每个月结束的时候给你一个报表，你的企业用了多少计算能力，按实际使用付费，非常简单、方便、便宜。[3]如此一来，社会经济活动就从一中心到多中心，从固定的中心到常变的中心，从信息不对称到几乎完全透明化，从生产与消费间的多环节（多级批发）到几乎单环节（一级快递），换句话说，正是在网络的支持下，经济模式发生翻天覆地的变化，形成了代表新商业文明的网络经济模式。

（六）共享为准

中国文化讲究以人为本，中国经济学就是经世济民之学；以人民为中心，贯彻以"共享"为目标和归宿的新发展理念，实现全体人民共同富裕，全面建设社会主义现代化国家，都体现了共享的理念和要求，反映了中国文化和中华文明的精髓。

---

[1] 曾鸣.新商业文明的DNA [J].现代企业文化（上旬），2017（11）：56-57.
[2] 姜奇平.新商业文明中的社会企业 [J].互联网周刊，2010（8）：26-28.
[3] 吴晓燕，曾鸣.新商业文明已现曙光 [N].中国经营报，2009-12-21（B12）.

所谓共享为准，就是说在网络经济时代，一个国家的发展机会、发展成果由全体人民共享，发展责任、发展任务由全体人民共担，发展过程、发展难题由全体人民群策群力，共同解决。公司要改变传统的商业时代和工业化社会中以极其细致的分工实现高效率生产和零和博弈、胜者独食且全食的方式，不仅让产业工人幸福地去做工作，而不是被动的、像一个机器人一样从事着精密的工作[1]，而且让所有利益相关者（所有股东、生产者、消费者以及整个社会）都能受惠于公司的存在和发展。

朋友之间借书或共享一条信息，邻里之间互借东西，都是共享，只不过这种共享是初级的，具有范围小、内容窄、偶然性等特点，尤其是这种共享主要限于熟人、亲朋之间，反映出传统熟人社会的局限性。到了网人社会，由于网络的串联和信息的透明化，熟人已不再限于亲情、血缘、地域等，其范围已经扩大到几乎所有的人，共享也就从原来的一种偶然的状态或结果转化为目的和归宿，因而成为一种常态；共享的对象也从原来的主要是物质形态的工具、设备等转化为信息、机会、收益以及精神的愉悦、身心的健康、环境的美化等；共享的着力点也从过去的"享"而转为"共"，即目标共谋、责任共担、成果共分。正是这三个方面的变化，不仅使共享涉及社会经济生活的各个方面，而且将成为全人类的共识和实践，进而成为新商业文明的构成要素和基本特征。

网络时代共享的实现正是基于互联网造就的透明化。第一，网络透明化实现了人员流动的无极限。人们可以通过网络为不同的对象提供分时段的工作。第二，网络透明化实现了信息传播和供销网络的无极限。消费者可以通过不同的平台选择全国乃至全球各地的不同的商品，不是

---

[1] 刘晓午.呼唤新商业文明[N].中国经营报，2010-06-07（B08）.

"货比三家"而是"货比全家（各家）"。第三，网络透明化规避了独占和独食，避免了暗箱操作和超额利润。从生产地到销售地，从生产者到消费者，从产品生产到商品消费，可以直接到达，避免了冗余的中间环节。第四，网络透明化可以实现"复活"，即不再是凯恩斯的"我们都死了"，而是"死人都活了"：商品的终身可追溯"成就"了长期以来"人过留名"的理想——不是流芳百世，就是遗臭万年。

当然，与传统社会的无偿形式、通过礼尚往来实现的共享相比，现代社会的共享可能主要表现为有偿形式的，通过等价交换而实现，但其中既不乏无偿的成分，也不同于西方商业模式中的资本雇佣劳动，更不同于西方的变相掠夺和侵略，而是通过共享实现共赢，实现人类的可持续发展。

综上可以看出，新商业文明最根本的特征就是让人回归为真正的人，而且是让所有的人回归为真正的人。具体体现为承认了"人"的存在、对应了"人"的需求、反映了"人"的价值取向三个方面。承认了"人"的存在，意即非"物"的存在，更非动物的存在。新商业文明不论是讲诚信还是重服务，不论是为员工还是能普适和实现共享，体现的都是"人"的特征，反映的都是人的存在形式。对应了"人"的需求，而非人的欲望。人的需求不同于欲望，就在于需求是人存在所必需，由人的理性所决定和选择，因而是有限的；而人的欲望由人被刺激而感应，由攀比而产生，因而是无限的。新商业文明的各个要素和内容既非商业自生，也非人类外生，更非"天外来客"，而是个人与集体共生，因而是人类自生，是人类生存和发展所必需，反映了"人"的价值取向，而非"物"的交换价值。《大学》讲"大学之道，在明明德，在亲民，在止于至善"，稻盛和夫也讲，人生的意义，就在于走的时候比来的时候灵魂更高尚一点。这实际上体现了人类对个人全面发展和集体可持续发展目标的追求,也说明了人类目标与手段的统一。新商业文明从讲究诚信开始,到实现共享为止,体现的是奉献社会和修身齐家治国平天下的情怀。总的来说,文明就是文明的人依据文明(正确)的认识,用文明的手段,实现文明的目的;不文明就是野蛮人依据自私的认识,用粗鲁的手段,在堵上别人门的同时也断了自己的路。新商业文明,作为文明在新时代的表现,就是汲取西方模式教训,继承中华文明传统,利用网络和信息技术,实现个人全面发展和人类可持续发展的一套新的经济模式。

三、新商业文明的价值

从企业层面看,追求股东利益最大化如果大到只问成败不问是非,如果大到忽略、伤害和践踏其他利益相关者甚至是人类的共同利益和未来利益,这是价值观的沦丧,是经济发展的沦丧,也是人类的沦丧。发生在美国的次贷危机不仅是全球经济发展模式严重失衡的结果,更是西方模式中人的责任丧失和过度贪婪的结果,暴露出全球商界几十年来信奉的价值体系、理论体系和行为准则已到了必须改变的时候。一时的经济刺激政策只能将全球经济从崩溃边缘拉回,唯有治本、根治世道人心中的病患与症结,才能引导人类真正走向新一轮繁荣。[1]

在中国文化和中国特色管理学中,人是一切问题的核心,所有的问题都因人而生,解决所有问题也都靠人提升认识和寻找方法,所有问题的解决也都是为了满足个人实现全面发展和人类实现可持续发展的要求。中国特色管理学,从根本上讲,是基于中国文化和中华文明,以实现个人全面发展和人类可持续发展为目标,为解决人类协调问题提供的

---

[1] 杜时国,马正国,方化祎.探寻新商业文明路径[N].河南日报,2009-12-09(007).

中国方案；从现实性讲，是以当代中国的马克思主义即习近平新时代中国特色社会主义思想为指导，把马克思主义基本原理同中国具体实际相结合，同中华优秀传统文化相结合，而产生的具有普遍应用价值的新的管理学说。第一，黑格尔曾说，对现实的抽象就是对现实的毁灭。中国特色管理学从现实的人而非抽象的假设（经济人）出发，从正确地了解和认识现实的人出发，并通过现实的人进一步正确地了解和把握现实的人群及其所处的自然和社会环境、条件、趋势，这就为正确地认识宇宙人生和经世济民创造了条件[1]，也就为构建符合新商业文明的管理模式打下了基础。第二，中国特色管理学设定了经世济民的研究目标，这与新商业文明不谋而合。一是中国特色管理学是关于"人"而不是关于"物（利润）"的管理学，是为"人"服务而不是为创利服务的管理学，揭示的是人（人类）如何从现实人（凡人、小人）向理想人（君子、圣人）的发展，而不是物质财富和利润如何由少变多；二是中国特色管理学关注的是所有人，而不是一部分人，关注的是治国平天下；三是中国特色管理学的目的是为所有人实现从现实人向理想人的发展提供管理学指导，理想人的特点就是个人实现了全面发展，整个人类实现了可持续发展；四是中国特色管理学也关心物质财富的增进，但这是因为物质财富与精神财富一样，都是人的发展所需要的，都是为人类发展服务的，这不同于西方管理学仅仅关注物质财富，并且把人变成了物质财富的奴隶。第三，中国管理学确认的发展方式和内容与新商业文明异曲同工。一方面，中国特色管理学强调的是人的发展，是所有人的全面发展（即止于至善，君子不器），既不同于西方管理学维护部分人（资本家阶层）

---

[1] 冯彦明. 中国文化与中国经济学——对建立经济学中国学派的再思考[J]. 财经理论研究，2021（04）：01-16.

的利益（利润）和国家（垄断资产阶级的代表）的GDP，也不同于当今社会的专业化（其实是畸形化）发展。另一方面，在中国特色管理学看来，人的发展不仅仅体现在物质财富的增加和物质生活的富裕上，甚至主要的不是物质财富的增加和物质生活的富裕，而是思想认识的提升和道德规范的光大，是从"明明德"开始，逐步实现"亲民（新民）"和"止于至善"即至诚的过程；社会的发展也不是刺激人的物欲的物质和精神产品出现，不是生产规模的扩大和GDP的增加，而是围绕着实现个人全面发展和人类可持续发展不断进行的思想、技术的选择和更新，是经济、政治、文化、社会、生态文明"五位一体"的全面、协调、可持续发展的过程。

新商业文明的诞生，在实践上推动和指导了企业转型。在陶都宜兴举行的以"新商业文明时代的社会责任"为主题的2010全球企业家（远东）论坛上，与会人员聚焦的一个话题就是中国企业的平均寿命不过三五年，但在长三角不仅不少企业有幸迈过这道坎儿，且有些已活了10年甚至20年。论坛提出这些"长命"企业将靠什么走向下一个10年、20年的问题。[1]企业是经济社会的柱石，是创造财富的重要力量，也是推动经济发展的关键主体之一，要成为百年甚至千年老店，而不是三五年的一现昙花，就要坚持正确的价值观，践行新商业文明，在为自己负责的同时也为社会和环境负责，形成可持续发展的生态系统和生态环境，在追求经济利益的同时，认真承担应该对社会、环境及公众承担的责任和义务。[2]

新商业文明已经并将继续使企业内部生态发生巨变。一是企业成本

---

[1] 李晔."长命"企业秘诀：践行新商业文明[N].解放日报，2010-06-01（008）.
[2] 梁瑞丽.绿色变革：新商业文明的预言[J].东方企业文化，2009（06）：8-9.

的计算方式和构成发生变化。传统商业模式下企业只计算包括资本和劳动力在内的直接成本，而往往忽视了包括自然环境污染、自然资源使用、社会资源利用和社会环境破坏等间接成本。[1]在新商业文明的背景下，企业家精神被赋予了新的内涵，除了创造利润、创新技术、增强领导力等这些传统的要求之外，更重要的是人文关怀，企业家应该关心整个行业乃至社会的未来，如果企业家只懂经商之术，没有思考为何经商这一问题，手握先进技术的企业可能带来灾难，而不是福利。二是企业内部关系发生变化。正如张党珠等（2019）所描绘的：聚天下英才于一企（一体），以知识抵御平庸，以智慧引领人生。在这样一个组织里，人与人是息息相关的，形成一种共生的生物模式，是多层次共生体系：新老员工共生，企业各部门共生，与客户共生，与本地区共生，把自己的利益和当地的利益联系起来，互相促进，带动发展，最后与民族共生，也就是从利益的共同体慢慢到价值观的共同体，从情感的共同体到生命的共同体，最后发展到更高层面的命运的共同体。[2]三是企业品牌内容发生变化。随着互联网的发展，品牌不再是按照直接成本价标注的售价，而是加入了能够与各类消费者同频共振、心灵沟通的文化的内容。[3]正如幽兰（2017）所指出的，商业需要人的文明，而不只是机器的文明或者科技的文明。人的发展是创造力最大的发展，必须把人的发展和人的长远的群体发展作为终极目标，必须以增进人的价值和社会的价值为标准。新商业文明时代，企业家要有一种分辨善恶的能力，承担责任前先明善恶，这样商家决策前才能分析是否有恶果，以及行为后的

---

[1] 幽兰.新商业文明推动企业转型升级[J].中关村，2017（03）：83-85.

[2] 张党珠，顾赛宇.国有企业从企业文化到新商业文明的演进——以Y企业为例[J].现代管理科学，2019（04）：61-63.

[3] 吴玉征.IT驱动新商业文明[N].计算机世界，2011-04-25（29）.

责任问题，而不是为恶而不自知。[1]

新商业文明也将引发企业环境发生变化，也就是社会转型。社会转型不仅仅是产品的升级、技术的更新和组织变革等，更重要的是精神层面的升级，是新的理念、价值观的形成，是对新的商业文明的追求。过去一些企业对利益相关者的理解非常狭隘，忽视了企业所在的社区和社会，如对节能减排、环保、公益等很少考虑[2]，这种状况都将会很快发生改变。在数字化、透明化和精准化的背景下，企业生产和销售已不同于过去的"独立"进行，也不同于互联网发展初期的供应链和价值链，而是从链条发展为网络，或者说是从链条化发展到了网络化，即把供应链转化为供应网，把价值链转化为价值网，形成了所有企业间的相互依存、互利共生，并深深扎根于整个社会、与社会息息相关的运营环境。

总体来看，新商业文明促成了从股东利益至上到以员工为中心的转变，从开发和营销产品到发现和提供服务的转变，从唯利是图到满足需求、促进发展的转变，从只顾现在到重视可持续发展的转变，从知识是力量到良知才是方向的转变，从一门深入的专业化到全方位调动的综合化的转变，从供应链到供应网的转变，从价值链到价值网的转变。

---

[1][2] 幽兰.新商业文明推动企业转型升级[J].中关村，2017（03）：83-85.

后　记

　　《论语·述而》讲:"述而不作,信而好古。"这句话被个别狂人误解为孔子无能,只会转述而不会创作。在我读了四书五经、《道德经》、《毛泽东选集》、《习近平谈治国理政》等著作之后,方知自己也只能"述而不作":因为这些著作已经把我们要探讨和阐述的问题探讨、阐述清楚了,如果我说我的阐述是新观点,实际上就是不自量力。由此联想到和反思本书的写作,真是偶现灵光:不论是现代管理遇到的问题、想要解决的问题,还是现代管理提供的解决问题的思路和方法,中国文化早已经阐述清楚了,我们只要照做就行,最多也只是把中华优秀传统文化结合现实"现代化"而已。如果用《道德经》第41章"上士闻道,勤而行之;中士闻道,若存若亡;下士闻道,大笑之"的标准衡量,我只能算是"下士":常笑话古人,殊不知早已把古人笑醒了。由此来说,现代人没有现代化,而是堕落化;管理者不会做管理,而是乱管理。这时我又想起两件事。一件事是1988年,有75位诺贝尔奖获得者在法国巴黎发表宣言,指出:"人类要想在21世纪生存下去,必须回到2500年前的孔子那里去寻求智慧。"另一件事是1993年,在美国芝加哥召开的没有任何中国人参加的宗教大会上,参会的六千余名代表要确定全球遵循的道德金律,大会认为,孔子的"己所不欲,勿施于人"这条伦理原则可以成为被全世界接受的普遍的价值观。

　　我不知道我所表达的观点是否有道理,是否有用,但知道要真正建立中国的文化自信需要打一场持久战,需要打一场"负负为正"的战役。无论如何,中国人具有"独特的价值体系、文化内涵和精神品质,这是我们区别于其他国家和民族的根本特征，也铸就了中华民族博采众长的文化自信"，这决定了我们的灵魂不同于西方，从而决定了我们的管理观和管理学也不同于西方。要构建具有中国自主知识的哲学社会科学学科体系、学术体系和话语体系，就必须坚定我们的文化自信，真正了解、掌握和运用自己的文化分析和解决问题。

　　莫吃"嚼食"得营养，莫忘初心得始终，莫离现实得实用，只有这样的研究和分析才能得到人民认可，经得起历史检验。因为西方各学派的营养已尽，无法持续提供经济发展和思想进步的动力；因为我们的初心就是解决现实的人的现实问题，也就是为人们对美好生活的追求，更是为人的可持续发展，离开了这样的初心，就偏离了人心的轨道，不仅失去了研究的意义和价值，还可能造成"差之毫厘，谬以千里"的悲剧；因为离开现实就是脱离现实，只有从现实出发，了解现实，研究和分析现实，才能真正解决现实的问题，才得实用。